Educar por Competências

Autores

José Gimeno Sacristán. *Universidade de Valência.*
Ángel I. Pérez Gómez. *Universidade de Málaga.*
Juan Bautista Martínez Rodríguez. *Universidade de Granada.*
Jurjo Torres Santomé. *Universidade de La Coruña.*
Félix Angulo Rasco. *Universidade de Cádiz.*
Juan Manuel Álvarez Méndez. *Universidade Complutense de Madri.*

E24   Educar por competências : o que há de novo? / José Gimeno
        Sacristán ... [et al.] ; tradução : Carlos Henrique Lucas Lima ;
        revisão técnica: Selma Garrido Pimenta. – Porto Alegre :
        Artmed, 2011.
        264 p. ; 23 cm

        ISBN 978-85-363-2296-4

        1. Educação. I. Gimeno Sacristán, José.

CDU 37

Catalogação na publicação: Renata de Souza Borges CRB-10/1922

Educar por Competências
O que há de novo?

José Gimeno Sacristán
Ángel I. Pérez Gómez
Juan Bautista Martínez Rodríguez
Jurjo Torres Santomé
Félix Angulo Rasco
Juan Manuel Álvarez Méndez

Tradução:
Carlos Henrique Lucas Lima

Consultoria, supervisão e revisão técnica desta edição:
Selma Garrido Pimenta
*Doutora em Educação pela Faculdade de
Educação da Universidade de São Paulo.
Professora Titular na Faculdade de Educação
da Universidade de São Paulo.*

2011

Obra originalmente publicada sob o título *Educar por competencias, ¿ qué hay de nuevo?*
ISBN 978-7112-528-6
© Ediciones Morata, S.L., 2008

Capa
Ângela Fayet – Illuminura Design

Preparação de originais
Lara Frichenbruder Kengeriski

Leitura final
Cristine Henderson Severo

Editora Sênior – Ciências Humanas
Mônica Ballejo Canto

Editora responsável por esta obra:
Carla Rosa Araujo

Editoração eletrônica
Armazém Digital® Editoração Eletrônica – Roberto Carlos Moreira Vieira

Reservados todos os direitos de publicação, em língua portuguesa, à
ARTMED® EDITORA S.A.
Av. Jerônimo de Ornelas, 670 - Santana
90040-340 Porto Alegre RS
Fone (51) 3027-7000 Fax (51) 3027-7070

É proibida a duplicação ou reprodução deste volume, no todo ou em parte,sob quaisquer formas ou por quaisquer meios (eletrônico, mecânico, gravação, fotocópia, distribuição na Web e outros), sem permissão expressa da Editora.

SÃO PAULO
Av. Embaixador Macedo de Soares, 10.735 - Pavilhão 5 Cond. Espace Center
Vila Anastácio 05095-035 São Paulo SP
Fone (11) 3665-1100 Fax (11) 3667-1333

SAC 0800 703-3444

IMPRESSO NO BRASIL
PRINTED IN BRAZIL
Impresso sob demanda na Meta Brasil a pedido de Grupo A Educação.

SUMÁRIO

Introdução 7
José Gimeno Sacristán

1. Dez teses sobre a aparente utilidade das
competências em educação 13
José Gimeno Sacristán

2. Competências ou pensamento prático? A construção
dos significados de representação e de ação 64
Ángel I. Pérez Gómez

3. A cidadania se torna competência: avanços e retrocessos 115
Juan Bautista Martínez Rodríguez

4. Evitando o debate sobre a cultura no sistema educacional:
como ser competente sem conhecimento 161
Jurjo Torres Santomé

5. O desejo de separação: as competências nas universidades 198
Félix Angulo Rasco

6. Avaliar a aprendizagem em um ensino
centrado nas competências 233
Juan Manuel Álvarez Méndez

INTRODUÇÃO

José Gimeno Sacristán

Moderno não é aquilo que é recente ou novidade, ou aquilo que fazemos com que assim pareça, mas sim o que perdura e o que transforma a vida e a realidade. Não se muda o mundo com o objetivo de evoluí-lo sem considerar como ele é, quem está nele e como vivem seus habitantes.

Causa certa perplexidade a facilidade com que se põem em circulação linguagens e metáforas que nos levam a denominar de forma aparentemente nova aquilo que, até então, reconhecíamos de outra forma. A mesma sensação nos produz o entusiasmo com o qual, aparentemente, nos integramos a um novo universo de formas de falar sobre preocupações que aparentam ser novas porque, anteriormente, eram chamadas de outra maneira. As novas linguagens talvez sejam necessárias para abordar novas realidades, para descobrir algo verdadeiramente novo nelas; no entanto, frequentemente, são a expressão da capacidade que os poderes e as burocracias têm para padronizar as maneiras de ver e de pensar a realidade em função de determinados interesses. São, em outros casos, criações de especialistas em busca de fórmulas para expressar suas concepções e propostas com mais precisão, mas também com a finalidade de manter seus privilégios. Essa volatilidade da vigência das linguagens deveria ser um sério motivo de reflexão, por muitas razões.

Nossa capacidade de mudar de linguagem pode ser uma manifestação, não apenas de uma forma de flexibilidade, abertura e capacidade de adaptação ante novas realidades e necessidades sociais, como também um sinal de fraqueza, de dependência e de submissão. Não queremos passar por resistentes defensores de arraigadas tradições contrárias à inovação e à mudança na educação, tampouco queremos nos tornar figuras móveis suspensas no ar que mudam com a brisa, deixando em nossa memória impressões fugazes de uma estrutura aérea que sempre retorna à posição de equilíbrio instável a que lhe obriga a lei da gravidade.[1]

Ainda como reflexão é importante pensar que, apesar de as mudanças dessa estrutura móvel tenderem à estabilidade que governa essa lei, a linguagem que escolhemos na educação nunca é neutra, porque com ela compreendemos a realidade educacional de uma forma e não de outra, adotamos um ponto de vista, destacamos determinados problemas, tomamos posição diante deles e expressamos nossos desejos. Ao mesmo tempo, estamos descuidando, esquecendo e até negando outras possibilidades. A que mundo nos leva essa forma de *educar por competências*? Para uns, nos conduz a uma sociedade de indivíduos eficientes na grande engrenagem do sistema produtivo, a qual requer uma adaptação às exigências da competitividade das economias em um mercado global. Outros consideram que é um movimento que enfoca a educação como um adestramento, um planejamento em que a competência resume o leque das amplas funções e os grandes objetivos individuais ou coletivos, intelectuais, afetivos... da educação. Para outros, estamos diante da oportunidade de reestruturar os sistemas educacionais por dentro, superando o ensino baseado em conteúdos antigos pouco funcionais, obtendo, assim, uma sociedade não apenas eficiente, mas também justa, democrática e inclusiva. O que essas esperanças têm de verdade, o que têm de ilusório, para onde conduzem suas pouco pensadas aplicações?

Lembremos o surgimento de modismos que apareceram, envelheceram e rapidamente foram esquecidos. Essa recordação está tão presente no nosso contexto e em nossa história que, de algum modo, nos protege das "novidades". Também nos provê de uma prudência e de uma boa dose de ceticismo ante a súbita aparição de qualquer fulgurante nova cosmovisão que se anuncie como solução definitiva para tudo, seja o desafio de responder, a partir do sistema educacional, às demandas do que se considera o surgimento de uma nova sociedade – que nunca é nova de uma hora para a outra –, seja a empregabilidade dos jovens, a solução do fracasso escolar ou o papel a ser desempenhado pelos professores.

Pretendemos trazer pontos de vista diversos para contrastar com o discurso dominante, para informar não apenas o que este tem de visível, mas também o que consideramos pouco conhecido (mesmo que já citado) e não dito e que pode ser proveitoso. Os capítulos foram escritos sem que nos comunicássemos de modo a garantir uma visão mais independente do significado da influência do discurso sobre as competências em diversos aspectos da educação, o que pode obrigar os leitores a suportar certas repetições.

Procuramos manter uma atitude vigilante sobre o que está acontecendo nas políticas educacionais e, em particular, sobre currículo e prática educacional, como consequência de pensar e atuar a partir dessas novas linguagens, ligadas à gestão e ao controle do currículo, à direção do projeto cultural nos centros educacionais aos quais se transfere autonomia para dirigir o funcionamento das instituições.

Finalmente, em muitas ocasiões o que nos inquieta nesse movimento é não tanto o texto que origina as propostas, mas a doutrina que gera os apóstolos dessa causa e o impacto que os desdobramentos dos textos originais produzem. São os divulgadores das propostas os que geram o desenvolvimento de expectativas irrealizáveis; esses que se tornaram técnicos necessários para desenvolver algo que eles, somente eles, parecem entender, porque são os inventores. São os que legitimam as políticas que, carente de conteúdos, preenchem esse vazio com tecnicismo. Assim, por exemplo, os textos básicos da convergência europeia utilizam muito menos o termo *competências* do que a Espanha, ao tratar de ensino-aprendizagem. Nas últimas leis adotadas na Espanha, se dá muito mais importância ao termo *competência* do que a qualquer outro conceito que denote a presença de enfoques, propostas ou simplesmente ideias alternativas, como *democracia, cidadania, cultura, solidariedade, justiça*. Basta observar que no texto da Lei Orgânica de Educação o termo *competência* (no singular e no plural), aparece quase 80 vezes, enquanto democrático(a) aparece menos de 20 vezes.

Recorrer ao construto *competências* pode produzir um duplo fenômeno de consequências contraditórias. Enquanto, por um lado, essa proposta surge como uma medida de convergência entre sistemas educacionais, ou seja, de aproximação, as diferentes interpretações de que é objeto o convertem em fator de divergência.

É paradoxal que, de um lado, as competências pretendem ser elemento de integração e de ampliação dos limitados e inoperantes currículos dos sistemas atuais, ao mesmo tempo em que a cultura escolar não é depurada para integrá-la nas competências complexas.

Sua tão propalada capacidade renovadora se choca com a falta de suficientes exemplos de experiências concretas. Lembremos que não se costumam deduzir derivações práticas a partir da teoria, mas que os professores inovam, basicamente, usando e adaptando exemplos. O movimento das competências é um chamado para que observemos os rendimentos do ensino e os apliquemos. De que forma? São os professores que estão por trás da hipotética falta de qualidade rumo à educação da boa aprendizagem?

O conceito de *competência* é tão confuso, acumula significados de tradições diversas e temos tão pouca experiência para analisar como se poderia realizar na prática, que cabe analisá-lo detidamente e discuti-lo, dando a oportunidade de que, a partir dos avanços produzidos, boas práticas surjam e se desenvolvam.

Desenvolveram-se com matizes diferentes no sistema universitário e nos níveis educacionais precedentes. As contribuições que compõem este livro, exceto uma que, explicitamente, faz referência à universidade, tratam dos problemas das competências em termos gerais, apesar de os enfoques adotados pelos autores terem em vista a educação não universitária.

No caso da universidade, o surgimento do discurso que tem como referência o construto *competências* está ligado a uma forma de homologar as titulações que as universidades concedem, obrigando-os a especificar o perfil dos formados. Por outro lado, nos ensinos fundamental e médio, o debate central é como os cidadãos devem ser formados e de que maneira utilizar as competências como referenciais ou *indicadores* para fazer as avaliações externas dos sistemas educacionais sobre uma base curricular comum. São dois modos de situar o conceito, mesmo que com pontos comuns.

No âmbito universitário, sua presença se relaciona com o processo de Bolonha, ao se propor a acrescentar uma especificação das características concretas das titulações universitárias, indicando as capacitações para as quais habilita – o que se sabe fazer – e poder facilitar a homologação das titulações acadêmicas em cada país da União Europeia. Esse procedimento serviria para favorecer a movimentação de estudantes e formados, à medida que a titulação ganha um aval que a torna mais transparente, de modo a poder satisfazer e se ajustar às demandas do mercado de trabalho.

Esse cenário é provocado pelo processo de convergência rumo à criação de um Espaço Europeu de Educação Superior (EEES) deflagrado com a declaração de Bolonha (1999), ainda que o conceito de *competência* não tenha sido explicitamente reconhecido e assumido até 2005, na Declaração de Conferência de Ministros da União de Bergen. Aqui, se adota "o marco geral de qualificações no EEES, que compreende três ciclos (...), as descrições genéricas baseadas nos resultados da aprendizagem e *competências* para cada ciclo e os intervalos de créditos no primeiro e segundo ciclo".

Não significa que até então não se trabalhasse o conceito de *competência,* pois anteriormente houve diversos trabalhos que se tornaram documentos quase oficiais, que marcaram o curso do processo, como aconteceu com o relatório *Tuning*,[2] coordenado pelas universidades de Deusto e de Groningen.

No projeto *Tuning*, a escolha das competências como referência das mudanças propostas se justifica pelas seguintes vantagens, de acordo com os proponentes:

a) Fomenta a transparência nos perfis profissionais e acadêmicos das titulações e programas de estudo e favorece uma ênfase cada vez maior nos resultados.
b) Desenvolve o novo paradigma de educação primordialmente centrada no estudante e a necessidade de se encaminhar para a gestão do conhecimento.
c) As demandas crescentes de uma sociedade de aprendizagem permanente e de maior flexibilidade na organização da aprendizagem.
d) Considera-se a busca de maiores níveis de empregabilidade e de cidadania.
e) Impulsiona a dimensão europeia da educação superior.
f) O uso de uma linguagem mais adequada para o intercâmbio e o diálogo com os interessados.

Demasiadas promessas para um programa de mudança que não questionam as estruturas, as instituições ou a cultura que predomina atualmente no ensino. Portanto, sem qualquer referência à missão cultural da educação, e, concretamente, da educação superior.

O monopólio do sentido das competências e o uso obsessivo delas nos planejamentos de ensino-aprendizagem, e do currículo e os esquemas para programar as disciplinas chegaram – cremos que equivocadamente – ao debate sobre a reforma universitária e guiaram, em muitos casos, projetos de inovação de eficácia duvidosa, falta de meios e sem previsão de resultados. As competências alcançaram tão extensa presença que, por falta de diretrizes governamentais e planejamentos oficiais mais eficientes pelas autoridades acadêmicas, acabaram por ocultar o verdadeiro debate sobre a convergência.

Embora as recomendações do relatório *Tuning* não fossem obrigatórias, a Comissão Europeia assumiu suas propostas básicas. Mesmo tendo declarado que era o fruto de um grupo de trabalho, cujos pontos de vista não tinham que ser necessariamente compartilhados, sem contraste com nenhum outro modelo, as autoridades acadêmicas e muitos professores com ajudas econômicas e apoios institucionais transformaram o *Tuning* na bíblia da reforma universitária, propondo uma espécie de pseudopedagogia total composta de esquemas para ajustar a estrutura das titulações, a dos conteúdos, o roteiro das atividades, as linhas de avaliação, dando ao *crédito* europeu ECTS o valor de unidade de medida curricular global para unificar realmente as práticas. O que, além de ilusório, é inconveniente e até contraproducente. Atualmente, se pode observar o surgimento de novos mandarins que monopolizam o novo jargão, aparecem repentinamente especialistas, inúmeros avaliadores de universidades, especialistas em avaliação curricular de professores...

Educar por competências. O que há de novo?

NOTAS

1. Faz-se referência às estruturas móveis do artista Calder.
2. Tuning educational structures in Europe. Relatório Final. Fase Um. Editado por Julia GONZALEZ e Robert WAGENAAR. 2003. Universidade de Deusto e Universidade de Groningen. www.relint.deusto.es/TUNINGProject/spanish/doc_fase1/Tuning%20Educational.pdf –

1

DEZ TESES[1] SOBRE A APARENTE UTILIDADE DAS COMPETÊNCIAS EM EDUCAÇÃO

José Gimeno Sacristán

> A consciência da complexidade nos faz compreender que não poderemos escapar jamais da incerteza e que jamais poderemos ter um saber total: "a totalidade é a não verdade".
>
> (Morin, 1994, p. 101)

Há uma grande tradição de planejamentos, práticas e realização de experiências educacionais que utiliza o conceito de *competência* para denominar os objetivos dos programas educacionais, entender e desenvolver o currículo, dirigir o ensino, organizar a aprendizagem das atividades dos alunos e enfocar a avaliação dos mesmos. Representa uma forma de identificar aprendizagens substantivas funcionais, úteis e eficazes. Os planejamentos que têm o construto *competências* como base ou referência costumam ter em comum alguns traços definidores:

1. Reagem às aprendizagens academicistas frequentes das práticas educacionais tradicionais que não tenham o valor de agregar capacitação alguma ao sujeito porque, memorizadas e avaliadas, se perdem na memória ou ficam como mera erudição. A organização da aprendizagem por competências pretende consolidar o que se aprende, lhe dando algum tipo de funcionalidade. Assim, se um idioma estrangeiro é ensinado, se deve fazê-lo de modo que traga melhora à capacidade de falá-lo e compreendê-lo, para que aqueles que aprendem essa competência sejam proficientes, fim natural, por outro lado, da introdução de idiomas no currículo escolar. Como hoje isso não acontece normalmente nos sistemas escolares, o enfoque nas competências orienta o ensino de maneira que tal competência linguística seja aprendida e melhorada com a prática. As experiências

desse tipo constituem uma alternativa regeneradora da efetividade originalmente prevista do ensino.

2. Uma orientação mais precisa desse enfoque *utilitarista* do ensino é representada pelas experiências de formação profissional, em que o domínio de determinadas habilidades, capacidades ou competências é a condição primordial do sentido da formação. Quando alguém tem que se capacitar para desempenhar o posto de maquinista de trem, por exemplo, se deve proporcionar uma formação que o leve a dominar os requisitos básicos para o cargo. Estruturar a formação de acordo ou tendo como referência as competências a desempenhar no posto de trabalho é, nesse caso, a única fórmula para obter a finalidade da formação. Isso não significa que a formação se limite ao *saber fazer*.

3. Um terceiro enfoque do ensino por competências é representado pelos planejamentos para os quais a funcionalidade é a meta de toda a educação, de modo que o aprendido possa ser usado como recurso ou capacitação adquirida no desempenho de qualquer ação humana, não apenas nas de caráter manual, mas também nas de conduta (exercer determinados comportamentos), intelectuais (utilizar uma teoria para interpretar um acontecimento ou fenômeno), expressivas ou de comunicação (emitir mensagens), de relação com os outros (dialogar)... Pedir competência nesses casos é, simplesmente, cobrar efetividade do que se pretende na educação. Acomodar o discurso e criar e desenvolver o currículo com referência às competências, a partir desse ponto de vista, é enfatizar o êxito do que se diz querer conseguir. Declarar ou pedir que "o aluno seja competente no uso de uma língua que não a sua própria" ou propor que "no ensino obrigatório todos devem alcançar a competência linguística" como meta transversal de todo o currículo é enfatizar a importância de ter presente a necessidade de um determinado êxito por meio dos campos disciplinares ou interdisciplinares. Sempre que se utiliza a competência nesse sentido se está formulando os objetivos ou metas da educação.

As competências que vamos comentar se incorporam ao discurso e à prática com outros fins. São formulações que pretendem ser uma espécie de narrativa de emergência para salvar a insuficiente e inadequada resposta dos sistemas escolares às necessidades do desenvolvimento econômico, para controlar a eficiência dos cada vez mais custosos sistemas, objetos de um fracasso escolar persistente. Seu propósito é maior, pois pretende que as competências atuem como guias para a elaboração e desenvolvimento dos currículos e das políticas educacionais; que sirvam de instrumento para a comparação dos sistemas educacionais, se constituindo em uma visão geral da educação.

TESE 1: A LINGUAGEM NÃO É INOCENTE

O universo semântico do qual se nutre o discurso sobre as competências representa uma forma de entender o mundo da educação, do conhecimento e do papel de ambos na sociedade.

Parece óbvio, mas é importante lembrar que a linguagem tem algumas funções evidentes. Em primeiro lugar, a de articular o pensamento, lhe dar forma, organizá-lo, ordená-lo e fazer com que ele tenha coerência em sua estrutura e em seu fluir. Os conceitos, argumentos e discursos são ferramentas que refletem os conteúdos do nosso pensamento, assim como a linguagem que utilizamos – pela carga semântica que contém, a ordem gramatical e a coerência sintática – condiciona a forma de pensar e os objetivos que resume, seja em argumentações escritas, exposições, etc. Os termos que utilizamos não são lentes neutras indiferentes na forma de perceber, argumentar e se situar diante do mundo e seus problemas, assim como tampouco o são a hora de ressaltar as opções para solucioná-los.

A escolha da linguagem adotada não é arbitrária, pois tem a ver com as características da sociedade em que é usada. O conhecimento dominante em um determinado momento e as instituições que os transmitem mantêm entre si uma relação singular que varia ao longo da História. Se as linguagens mudam no âmbito do conhecimento, é porque há mudanças sociais que as demandam. Ou seja, essas mudanças não ocorrem desligadas das circunstâncias concretas em que acontecem. Essa relação fica clara nos conceitos, argumentos ou necessidades priorizadas, assim como nas funções do conhecimento que serão mais valorizadas, de acordo com uma determinada hierarquia de valores.

Portanto, conforme esse princípio, deve existir por trás da linguagem uma epistemologia ou visão do conhecimento baseada em uma teoria. Haverá uma visão da sociedade, uma política do conhecimento traduzida nas instituições – as educativas, no nosso caso – e alguma previsão das funções desse conhecimento na prática.

O discurso acerca do conceito de *competência* do qual nos ocupamos é cheio de significado em diferentes âmbitos de discurso, práticas e ações que emprestam ao termo significados singulares, diferentes conforme os contextos, de sorte que o tornam flexível e interpretável. Isso implica que, ao utilizar esse conceito pretensamente novo, não podemos ignorar as tradições do seu uso, as quais são variadas e com uma função discutida atualmente.

As linguagens que versam sobre a educação expressam a diversidade de formas de entendê-la, avaliá-la e colocá-la a serviço de necessidades nem sempre coincidentes. As diferentes visões sobre o que, o como e o para que da educação nutrem a dialética sobre ela, que deve ter determinados rumos nas sociedades democráticas. Nas que não o são, a visão que triunfa é aquela que impõe o poder, às vezes camuflado nas linguagens. Por isso, a primeira condição da educação democrática é a de reconhecer que pode ser entendida por meio de diferentes discursos, com validade desigual entre eles mesmo com pesos distintos.

Barnett (2001, p. 107-108), cujo pensamento, apesar de se referir à universidade, pode ser generalizado aos outros níveis educacionais, afirma:

> O novo vocabulário da educação superior evidencia que a sociedade moderna está chegando a outras definições de conhecimento e raciocínio. As noções de habilidades, vocação, capacidade de transmissão, competências, resultados, aprendizagem pela experiência, capacidade e iniciativa, tomadas em conjunto, são sinais de que as definições tradicionais de conhecimento já não são consideradas adequadas para os problemas da sociedade contemporânea...
>
> O novo vocabulário não é um mero enfeite, mas representa uma mudança epistemológica, do que na universidade é chamado de razão.

Assim, como a linguagem não é uma ferramenta neutra para significar e comunicar, implicando opções, quando surge uma nova linguagem é preciso avaliar sua validade em função de alguns critérios: sua capacidade expressiva para comunicar o que quer transmitir, o que realmente transmite, a projeção que tem na prática e se é necessário incorporá-la a nossa bagagem cultural sobre a educação porque é algo realmente novo.

Escolher o discurso é escolher a lente para olhar e em que terreno vamos nos mover. Não é indiferente, por exemplo, falar de *esforço* e *motivação* na hora de enfocar o diagnóstico de falta de *qualidade* no ensino ou fazê-lo em termos de *formação* deficiente dos alunos. Não é a mesma coisa diagnosticar o fracasso, explicá-lo e tentar resolvê-lo como se a causa fosse a falta de esforço e motivação, por exemplo.

Com essa perspectiva, cabe deduzir que utilizar as *competências* no discurso educacional é optar por um discurso, por uma forma de entender os problemas, de ordená-los, condicionar o que faremos e também pode ser uma arma contra outros discursos, um motivo para ocultar certos problemas e desqualificar outras estratégias pedagógicas e políticas que ficam escondidas ou são excluídas. É optar por uma tradição, mesmo pensando se tratar de algo completamente novo.

TESE 2: TUDO O QUE SABEMOS TEM UMA ORIGEM

É preciso rastrear a origem das competências para compreender sua essência.

É comum que prestigiosas instituições ou foros internacionais divulguem diagnósticos e relatórios sobre o estado dos sistemas educacionais e indiquem os desafios a serem enfrentados, assim como façam recomendações sobre as medidas a serem tomadas. É uma forma de expor os sistemas a uma avaliação crítica, detectar dificuldades e buscar avanços. Essas visões e diagnósticos – que vêm a público como *relatórios* – só podem ser genéricos, incapazes de se fixar nas cruas realidades particulares de determinado país e de se referir a responsáveis concretos. Sua própria aspiração de globalizar os diagnósticos impõe limites à possibilidade de enfocar o real. Em muitos casos, são os representantes dos governos que promovem esses trabalhos e os financiam. Por isso, não apenas os problemas a tratar são formulados em uma linguagem politicamente correta, como tendem a tratar de temas do interesse de seus patrocinadores.

Mencionaremos alguns exemplos desse tipo de literatura "sobre o estado da educação" para mostrar como variou o enfoque da educação, a visão de seus fins, a orientação de suas políticas e as ênfases que indicam prioridades e valores nesse tipo de literatura. Mas, sobretudo, o que interessa é ver sua possível repercussão nas políticas educacionais.

Um dos primeiros exemplos, de 1973, foi o relatório Faure (*Aprender a ser*), promovido pela UNESCO, em que se constatavam os progressos e as dificuldades em que se encontrava a educação e se advertia sobre a necessidade de enfrentar os desafios de uma nova situação social, as consequências do desenvolvimento científico e tecnológico e a conveniência de configurar as cidades como entes educadores e solidários.[*]

Com um enfoque parecido, tratando de recomendar mudanças substanciais na educação para desenvolver uma aprendizagem de qualidade nos sistemas escolares – a partir de um enfoque mais concreto –, publicou-se o relatório dirigido ao Clube de Roma em 1980 com o título *Aprender, horizontes sem limites*, elaborado por uma equipe liderada por Boltkin.

Em 1996, Jacques Delors, ex-presidente da Comissão Europeia, elaborou outro relatório para a UNESCO (*Educação: um tesouro a descobrir*), em que se traça o perfil de um sistema educacional mais humanizado, democrático e solidário que combata o fracasso escolar, baseado em uma aprendizagem de qualidade, para o que se requer uma reformulação dos diferentes níveis educacionais. Propõe como orientação do currículo quatro pilares básicos: aprender a *conhecer*, aprender a *fazer*, aprender a *conviver* e aprender a *ser*.

---

[*] N. de R.T.: Refere-se à expressão "cidade-educativa", como passou a ser utilizada na literatura brasileira da área.

Por último, mencionamos a proposta de Edgar Morin, feita para a UNESCO em 1999, para ajudar a refletir sobre como educar para um futuro sustentável, contida na publicação *Os sete saberes necessários para a educação do futuro*, que são:

- Transmitir um conhecimento capaz de criticar o próprio conhecimento. A busca da verdade com reflexividade, crítica e correção de erros.
- Uma educação que garanta o conhecimento pertinente, revelando o contexto, o global, o multidimensional e a interação complexa, propiciando uma "inteligência geral" apta a compreender o contexto, o global, o multidimensional e a interação complexa dos elementos. Essa inteligência geral se constrói a partir dos conhecimentos existentes e da crítica a eles.
- Ensinar a condição humana para que todos se reconheçam em sua humanidade comum e, ao mesmo tempo, reconhecer a diversidade cultural inerente à humanidade.
- Ensinar a identidade terrestre. É necessário introduzir na educação uma noção mundial mais poderosa que o desenvolvimento econômico: o desenvolvimento intelectual, afetivo e moral em escala terrestre.
- Enfrentar as incertezas. A educação deve se apossar do princípio da incerteza, tão válido para a evolução social como o é na formulação de Heisenberg para a Física.
- Ensinar a compreensão, tanto interpessoal e intergrupal como planetária, mediante a abertura empática aos demais e a tolerância às ideias e formas diferentes, desde que não atentem contra a dignidade humana.
- A ética do gênero humano válida para todos.

Os relatórios desse tipo costumam ter uma finalidade *educativa* voltada para a opinião pública, àqueles mais diretamente interessados na educação e para os especialistas. Levam à reflexão sobre os problemas e as insuficiências dos sistemas educacionais e sugerem orientações a serem seguidas, propiciam uma visão globalizada dos diagnósticos sobre os sistemas e favorecem a homogeneidade das possíveis soluções, sem considerar que as realidades são muito diversas. Mesmo que denunciem os erros do currículo, da formação dos professores e as insuficiências da educação, no máximo dão orientações gerais, sem nunca fazer propostas concretas para as práticas escolares, como é lógico. Costumam citar a importância de responder às necessidades do desenvolvimento econômico, em um contexto em que contam também considerações acerca da cultura, do sujeito e do bem-estar social. No caso das pesquisas patrocinadas pela UNESCO, não podia ser diferente em se tratando da organização das Nações Unidas para educação e cultura; organismo hoje um tanto adormecido e que vem perdendo protagonismo e capacidade de liderar o discurso sobre educação para o Banco Mundial e a OCDE (Organização para a Cooperação e Desenvolvimento Econômico). Essa mudança não é ingênua, como veremos. Significa uma inflexão no discurso e nas práticas educacionais.

Propomos dois exemplos dessa nova forma de ver os problemas a partir do nível macro. Em 1983, o governo dos Estados Unidos, partindo de um relatório da *National Comission on Excellence in Education*, com o significativo título *A nation at risk*, lançou um debate sobre a deficiência do sistema educacional americano, citando os pobres resultados obtidos, manifestando o temor da perda da liderança econômica, científica e tecnológica dos Estados Unidos. Em 1981, havia começado a etapa de governo conservador do presidente Ronald Reagan, que durou até 1989. Em seus governos, triunfaram as políticas econômicas neoliberais, restritivas com os gastos sociais, favorecedoras da privatização dos serviços e que propunham a necessidade do controle do desempenho dos alunos. Essa visão economicista liberal se impôs envolta na política conservadora que afetou decisivamente a política educacional. Na Europa, essas bandeiras foram adotadas no Reino Unido pelos sucessivos governos de Margaret Thatcher (1979-1990) e seu sucessor John Mayor. Em geral, toda a política – a educacional também – se contaminou do que veio a se chamar pensamento único, considerando que o bloco do Leste Europeu se rompeu entre 1989 e 1991.

Mesmo que dirigido ao público norte-americano, o relatório ultrapassou fronteiras e se tornou referência para o pensamento e para as políticas conservadoras; seus promotores consideraram que a causa da falta de eficiência em um sistema escolar tão caro era a ausência de um controle rigoroso sobre a função dessa educação financiada. Essa demanda se ligava à prestação de contas e ao estabelecimento de comparações entre o público e o privado e entre as escolas públicas para captar clientes. Esse relatório (*A nation at risk*) destacava a baixa qualidade do sistema em comparação com outros países, detectada pelos resultados dos testes aplicados a estudantes, especialmente em leitura e matemática, inferiores aos obtidos 25 anos antes; era a preocupação com os "três R": (*reading, writing e numbering*). Problema parecido acontecia com as ciências. A culpa foi atribuída ao descuido com o *básico* no currículo e à implantação de metodologias educacionais pseudoprogressistas submetidas aos caprichos das crianças. A partir desse diagnóstico, se recomendava uma volta aos métodos e conteúdos tradicionais (*back to basic*) e que os programas se submetessem a testes externos, cujos resultados legitimavam o que era bom ou ruim, substancial, relevante, desejável. Era como se provas externas tivessem a magia de representar em seus resultados tudo o que a educação contém. Ninguém dizia isso explicitamente, mas de fato a pontuação obtida determina o que se concebe como sucesso ou fracasso, as imagens de um ou outro.

Controle, competitividade, liberdade de escolha dos consumidores, fixação do currículo em conteúdos básicos, assim como a submissão da educação às demandas do mercado de trabalho ou ao sucesso nos mercados abertos, foram as marcas das políticas educacionais das décadas de 1980 e 1990. Políticas que precisaram de outras linguagens, outros discursos, para se legitimar e se tornar mais apresentáveis e merecedoras de crédito. Políticas que deixaram um rastro que hoje contamina o que se entende por educação.

Vejamos o segundo exemplo de relatório. Na OCDE, se desenvolve há muito tempo uma linha de trabalho e pesquisa com uma importante projeção sobre as políticas dos governos dos Estados membros, centrada na avaliação externa dos sistemas educacionais. Parte-se, simplesmente, do pressusposto de que são de melhor ou pior qualidade segundo os resultados tangíveis que obtêm. Em 2000, a OCDE começou a publicar anualmente um relatório global comparativo (*Education at a glance*) sobre o estado do sistema educacional dos países membros, com uma série de indicadores. Há estatísticas básicas referentes à escolarização nos diferentes níveis do sistema educacional, dados acerca de financiamento, acesso, progresso e conclusão dos estudos, ambiente de aprendizagem e resultados do rendimento em conteúdos básicos obtidos a partir da aplicação de provas únicas externas para os alunos de 15 anos de todas as escolas e países. A mesma OCDE destacou desse modelo de relatório geral o diagnóstico dos rendimentos básicos (leitura, matemática e ciências), dando corpo ao que, a partir de 2000, se conhece como relatórios PISA.[2]

Os resultados tangíveis em aprendizagens básicas em várias áreas do conhecimento e da cultura, mesmo sendo importantes, não traduzem os diferentes sentidos e funções da educação. Contudo, determinaram o conteúdo do conceito de qualidade da educação e de competências entre os sujeitos examinados para se fazer o relatório PISA. Barnett (2001) considera que, "em princípio, não pode existir uma objeção ao uso desses termos (competências e resultados) no contexto do processo educacional. Porém, se caracterizamos os processos educacionais primordialmente nesses termos, podemos entrar em um terreno preocupante" (p. 108).

Com tais indicadores, se comparam os sistemas educacionais e cada um deles consigo mesmo, analisando sequências temporais para cada país; se buscam correlações entre esses resultados e determinadas variáveis relacionadas com os alunos, algumas características das escolas e dos aspectos metodológicos. Analisa-se, por exemplo, se os resultados podem estar relacionados a características desses países ou a variáveis dos estudantes, como o gênero.

Por mais que se afirme que não se trata de estabelecer uma hierarquia entre países com melhor ou pior desempenho, o certo é que nesses estudos aparecem frequentemente organizados do melhor para o pior ou ao contrário. A comparação é inevitável e, além disso, se realiza deliberadamente. Dessa forma, os critérios de contraste da validade do que fazemos ou o grau de satisfação pelo realizado não surgem do debate interno em cada país, das reivindicações dos envolvidos, de acordo com as demandas e necessidades em cada caso e de sua consciência histórica. A resposta à educação que queremos, nossa satisfação ou nossa situação, se reduz ao lugar que ocupamos nos resultados das provas externas. A qualidade se discute em termos de posição na escala.

Os resultados escolares são, por um lado, apenas uma amostra ou aspecto dos efeitos reais da educação. Por outro lado, se encontram correlações positivas entre esses *outputs* e a infinidade de variáveis pessoais, familiares, socioeconômicas, recursos investidos, professores, etc. Nessas condições, é difícil tirar conclusões que nos mostrem com uma certa exatidão o que podemos fazer para tomar medidas concretas, mesmo sabendo porque um sistema educacional é melhor que outro. De que adianta saber que a Finlândia está à frente da Espanha ou que ambos estão à frente do Chile? De que isso serve para o Chile? Nem sempre os que investem mais recursos são os melhores, nem os que recebem menos são os piores. Nem os países que têm mais horas de aula obtêm melhores resultados e nem mesmo uma média mais baixa de alunos por professor garante o sucesso.

Com esse enfoque, a metodologia e a escolha do campo de atenção das avaliações externas, os estudos de organismos como o que estamos tratando oferecem uma informação objetivamente delimitada, necessariamente limitada e, em geral, de caráter descritivo. Simplificando, um relatório assim permite saber se a França está abaixo ou acima da média da OCDE ou da Espanha ou se um país melhora ou piora se comparado à avaliação anterior. Contudo, não diz nada sobre como melhorar a motivação dos alunos ou o clima em uma escola, como trabalham seus professores (no questionário, os diretores respondem se os professores trabalham em equipe). A informação proporcionada pelos relatórios PISA tem uma funcionalidade que delimita e limita seu poder de uso para conhecer e melhorar seu sistema educacional e suas práticas. Tratá-lo como se tivesse mais capacidade de informar do que tem não é correto do ponto de vista técnico, intelectual e moral.

Uma avaliação externa facilita, a partir dos resultados que proporciona, o debate sobre a estrutura, fluxos, dimensões e traços gerais dos sistemas educacionais; mas não serve para abordar as relações didáticas com o aluno que aprende melhor ou pior, nem sobre os métodos empregados.

É certo que existe uma preocupação com a utilização dos sistemas de indicadores progressivamente mais complexos. Contemplando, inclusive,[3] a organização e funcionamento das escolas (tarefas diretivas, horas de aprendizagem, organização dos alunos, participação das famílias, trabalho em equipe dos professores), os trabalhos escolares em casa, as atividades extraescolares, o clima escolar, etc. Mas a análise dos dados relativos a essas variáveis se realiza sob o esquema *processo-produto*. Ou seja, considerando que o peso estatístico da correlação entre essas variáveis e os resultados tangíveis (geralmente obtidos das provas externas) corresponda a uma explicação. Dizem-nos, por exemplo, que na Espanha os estudantes de 15 anos fazem mais trabalhos em casa do que a média dos países da OCDE, sem que essa variável se relacione com os resultados das aprendizagens básicas nesses países. Por outro lado, internamente existe uma relação, mesmo que curvilínea: melhores resultados equivalem a mais tempo de trabalho, mas, se o tempo aumenta até um determinado limite, os resultados estancam e podem até piorar (ver Gimeno, 2008).

É inabalável a fé de quem acredita que uma melhora da avaliação leva a uma melhora do ensino, da aprendizagem e da educação. Há fundamento nisso quando avaliar algo de alguém serve para conhecer "o que acontece" e, por conseguinte, intervir (Álvarez, 2001) no sistema educacional, em uma escola, em uma classe, em cada aluno na realização de uma atividade concreta. Porém o processo de conhecer o que acontece e agir não pode ser pensado como se funcionasse da mesma maneira em cada um desses casos: entender o que ocorre ao indivíduo pressupõe utilizar esquemas não aplicáveis para compreender o que se passa, por exemplo, em uma escola. Tampouco podem ser avaliados da mesma maneira, nem diagnosticados com os mesmos procedimentos e técnicas nem com a mesma profundidade e validade. Por outro lado, é preciso reparar no fato de que depende do diagnóstico, no melhor dos casos, uma visão de como é uma realidade ou um estado de um sujeito ou de um processo, mas não o que deve ser feito. É o caso da febre, como sintoma de problema de saúde. O que fazer depende de algumas considerações: a primeira, de caráter ético (o que se considera mais justo, solidário, que seja prioritário, etc.); uma segunda, de caráter técnico (o conhecimento da dinâmica e reação do sistema, de um sujeito...) quando é submetido a um determinado tratamento ou à aplicação de determinada medida. Uma terceira consideração é a vontade real de intervir. O relatório PISA nos impressiona, pode nos levar a especular sobre a possível origem das deficiências, mas não pode nos dizer o que fazer (podemos aproveitar a experiência, tomar numerosas medidas alternativas, etc.), nem nos obriga a fazê-lo.

Uma vez mais, como na década de 1970 com a taxonomia de objetivos de Bloom (1971), um trabalho cuja finalidade era melhorar a escolha de itens e a confecção de provas de avaliação, nesse caso apenas de alunos. Mas aquela taxonomia se tornou, na mão da administração educacional e da formação e aperfeiçoamento dos professores, em uma ordenação hierarquizada de objetivos a serem considerados na preparação de programações didáticas; ou seja, como um recurso para dirigir o ensino e a aprendizagem. A pretensão de avaliar com mais rigor converte o que pode ser avaliado em referência para decidir o que pode e o que deve ser aprendido, para estruturar o currículo e orientar a educação. Melhorar a avaliação pode melhorar a educação, mas, no nosso caso, os esquemas que regem a evolução e a comparação dos sistemas escolares não podem ser a principal referência da inovação nem do planejamento educacional.

A origem da proposta é a busca de uma relação de competências aceitáveis que sirvam de indicadores para a avaliação externa dos rendimentos empiricamente demonstráveis, unicamente dos estudantes. Se estamos falando de criar indicadores, é natural que se estipule o que pode ser observado e medido. Diz o relatório de DeSeCo[4] de 2003: "A competência se observa em ações, condutas ou escolhas que podem ser observadas e medidas" (p. 48), mesmo que parte dela deva ser inferida.

No primeiro relatório sobre o desenvolvimento do projeto, estão muito presentes as justificativas de caráter econômico. No segundo congresso de DeSeCo, realizado em 2002, se mantém a ideia de um projeto cujo objetivo é dar uma referência para interpretar resultados empíricos acerca dos produtos ou resultados da aprendizagem e do ensino. Na última versão do relatório editada em 2003[5], os argumentos se refinam bastante, se atende a dimensões com mais fundo educacional e se esclarecem as razões econômicas disfarçadas em uma linguagem técnico-científica, mesmo que haja declarações como a de que a primeira condição das escolhas – conforme o relatório citado – é a de que sua adoção produza benefícios econômicos tangíveis, como se fosse capital humano rentável. A segunda condição é que sua aplicação seja benéfica em diversos contextos, aplicáveis a muitas áreas humanas. A terceira é que seja importante para todos.

Nesse relatório de 2003, se afirma:

> que o que se procura é desenvolver um esquema de referência para a avaliação (*assessment*) e indicadores de competências que podem ser relevantes para satisfazer necessidades de informação dos administradores (*policy makers*) (...).

Nem é preciso procurar duplo sentido frente à clareza do exposto.

O esquema de trabalho de DeSeCo servirá como guia para a OCDE, com a finalidade de planejar e desenvolver uma estratégia coerente e de longo prazo, para realizar as avaliações e elaborar os indicadores de competências-chave de jovens e adultos. Também se diz que o esquema de DeSeCo poderia ter aplicações mais amplas no desenvolvimento da educação, assim como orientar os programas de formação para todos os estágios da aprendizagem para toda a vida (p. VIII). Não é essa pretensão própria da vontade de dispor e implantar um pensamento único na educação?

Nessa linha, a OCDE, desde o começo de seus relatórios, vem melhorando a relação de variáveis tomadas como indicadores em seus diagnósticos periódicos sobre os rendimentos das áreas básicas dos diferentes países membros, caso dos relatórios PISA ou dos relatórios anuais gerais sobre os sistemas educacionais, como o conhecido *Education at a glance*.[6]

Mas a busca de indicadores para avaliar resultados, se passa a considerá-los, denominados agora *competências*, como metas dos currículos, que, se espera, se tornem guias práticos; o que coube às políticas educacionais, aos profissionais da educação e a outros agentes. Essa associação entre a intencionalidade da avaliação e as propostas educacionais e curriculares é muito clara na última regulamentação da política curricular espanhola.[7] Estamos diante de uma proposta que tem a pretensão de tornar as competências básicas norma universal a ser seguida, em todos os países e idades (*life, long learning*). Essa extrapolação transforma as competências em instrumentos normativos, a partir dos quais se busca a convergência dos sistemas escolares, tornando as competências referência para a estruturação dos conteúdos de um currículo globalizado. Assim, as competências serão fins, conteúdos, guias para escolher procedimentos e proposta para a avaliação.

Sem menosprezar o que de positivo possa ter a elaboração das competências para fazer uma educação de mais qualidade, atribuir-lhe a capacidade de contribuir para uma vida exitosa e o bom funcionamento social, como se afirma no projeto DeSeCo[8], talvez seja esperar demais.

No último relatório DeSeCo, se diz que "é importante tornar explícito que (as competências) se assumem como algo possível de ensinar e aprender (p. 49).

É indiscutível que a escolha do conceito de *competência* supõe um passo interessante no caminho da busca de indicadores mais completos, aceitáveis e precisos que reflitam efeitos educacionais de relevância. Essa escolha indica uma mudança decisiva nas avaliações externas dos sistemas educacionais. Em primeiro lugar, os diagnósticos têm mais valor informativo sobre os processos, mas estes têm que se submeter a sua operacionalização. Em segundo lugar, ao se tratar de qualidades, ou traços que se convertem em qualidade dos sujeitos, não são observáveis diretamente; isso, então, torna mais problemática a elaboração de provas e a aplicação das pesquisas gerais sobre os sistemas educacionais. Aparece a contradição entre querer ganhar complexidade nos planejamentos para responder à complexidade geral, sem abandonar os pressupostos positivistas de que "só vale o que pode ser medido". O exemplo da escrita vai esclarecer e fundamentar essas suposições. Não imaginamos uma competência mais importante, decisiva e valiosa, sobre qualquer ponto de vista, dentro ou fora da escola, do que saber *escrever* com desenvoltura, saber expressar pensamentos, desejos e emoções. A leitura é um processo de assimilação, falando em termos gerais, de fora para dentro. A escrita é um processo produtivo e expressivo, de dentro para fora, assim como saber falar ou desenhar. Pois bem, o relatório PISA não considera isso. A razão? Simples: o exercício de escrever é difícil de ser submetido a provas externas (salvo a ortografia) pela dificuldade de correção, de tipificar uma expressão escrita e pontuá-la. Alguém é mais competente produzindo prosa ou poesia? A dificuldade de avaliar a competência leva a sua exclusão. Se atendemos a viabilidade da avaliação, perderemos significados do que representa a educação. Nem tudo pode ser avaliado partindo de indicadores. Pelo menos não será fácil fazê-lo.

À exclusão da escrita, se podem acrescentar outras competências fundamentais: saber avaliar argumentos, ser capaz de expressá-los, raciocinar com coerência, ser solidário, etc.

Resumindo, como disse alguém: se pode avaliar e conhecer internamente um pequeno grupo de alunos, por exemplo; podemos saber sobre um sistema educacional na medida em que examinamos seus alunos por meio de provas ou testes externos. Aos organismos internacionais, cabe apenas fazer estatísticas de sistemas escolares. Para que se entenda melhor o que queremos dizer: conhecemos o dado preciso do fracasso em determinado nível do ensino. Em que nos ajudam os dados do PISA? Salvo saber que é um problema, que nossa situação é preocupante, não se pode oferecer um entendimento de como se produz o problema e menos ainda de como resolvê-lo. Eles poderiam, sim, incentivar-nos a abordar, decididamente, o problema.

TESE 3: DA AVALIAÇÃO DE RESULTADOS TANGÍVEIS DE UM PROCESSO, NÃO PODEMOS DETERMINAR O CAMINHO PARA SUA PRODUÇÃO EM EDUCAÇÃO

O enfoque dominante sobre as competências contempla uma teoria acerca do conhecimento pedagógico.

Do ponto de vista da lógica que guia esses relatórios sobre o sistema educacional utilizando indicadores, a melhora do diagnóstico (sua capacidade analítica e seu caráter exaustivo) é fundamental para a compreensão da realidade da educação nos sistemas escolares. Melhorar os diagnósticos exige aperfeiçoar, substituir ou acrescentar indicadores. A pretensão de ganhar rigor e precisão neles – agora denominados *competências* – limitando e reduzindo o significado geral de educação de qualidade, é contraditória com o fato de que, ao mesmo tempo, se quer que as competências básicas contenham a complexidade de significados correspondentes, desejando que contenham os significados da educação do cidadão consciente, cuja formulação ultrapassa o conteúdo dos indicadores mais usados. A contradição, inerente ao construto *competências* na linguagem educacional, utilizada nas instituições e referendada pela OCDE[9], reside em querer utilizar critérios observáveis, enquanto o conjunto delas define o que se entenderá por educação. A nova linguagem se faz presente nos discursos dos acadêmicos, porque às vezes se prefere a novidade, em vez de falar no que importa de verdade.

Na OCDE, o projeto DeSeCo trata, fundamentalmente, de melhorar os indicadores para que, sendo comparáveis, sirvam para diagnosticar, mais sutil e acertadamente, os aspectos mais intrínsecos da realidade das práticas, usos e costumes dos sistemas escolares. Como declara explicitamente o Diretor para educação da OCDE na introdução do livro de Rychen e Salganit (2003), a última elaboração dos trabalhos do projeto:

> DeSeCo elabora, com uma aproximação interdisciplinar colaborativa e de futuro, um esquema de referência para a avaliação (de alunos) e busca de competências que deem suporte àqueles que elaboram as políticas educacionais.

Mais adiante, afirma: "A base que DeSeCo proporciona servirá à OCDE como guia para planejamento e desenvolvimento de uma estratégia coerente e de longo prazo para avaliação e obtenção de indicadores para as competências básicas nos jovens e adultos", de modo a poder utilizá-las nas avaliações internacionais (p. VIII). Os indicadores tradicionais, relacionados com os resultados no campo da aprendizagem da leitura e matemática, são importantes por si mesmos e, além disso, têm um significado importante no bom funcionamento econômico e social.

Contudo, esses indicadores não abrangem uma série importante de aspectos da educação dos seres humanos, assim como outras exigências para a governabilidade política e econômica da sociedade. Essa comparação de aspectos complexos pode-se fazer, conforme o relatório, por meio das *competências* concebidas de determinada forma. DeSeCo não apenas pretende avaliar e comparar sistemas a partir de uma visão mais complexa da educação, mas também quer se fixar em competências que contribuam para que os indivíduos tenham uma *vida exitosa* e se chegue a uma sociedade que *funcione bem*. Ou seja, se vincula a exigência de novos indicadores à importância de que representem uma visão educacional mais compreensiva que implica determinada concepção filosófica da educação e da sociedade. Trata-se de um reconhecimento importante para quem não acredita em avaliação neutra.

Ou seja, DeSeCo inverte os termos do pensamento clássico que temos, como a ordem racional do *saber fazer*, no pedagógico. Segundo esse raciocínio (na Figura 1.1), a partir de uma ótica racional dedutiva, se considera que:

a) Deveríamos partir de uma filosofia compartilhada, de uma hierarquia de valores e uma série de princípios gerais que orientam a educação (o valor dos indivíduos, a cidadania democrática, o pensamento racional, a educação para todos...).

b) Selecionar, experimentar e inovar os currículos e todas as atividades adequadas para tornar efetivos os objetivos derivados do ítem anterior, de modo que se condensem em aprendizagens relevantes, significativas e motivadoras. Prossegue-se com a escolha e o emprego de meios e recursos disponíveis e aproveitáveis, considerando-se o contexto imediato de uma instituição organizada que nem sempre favorece os

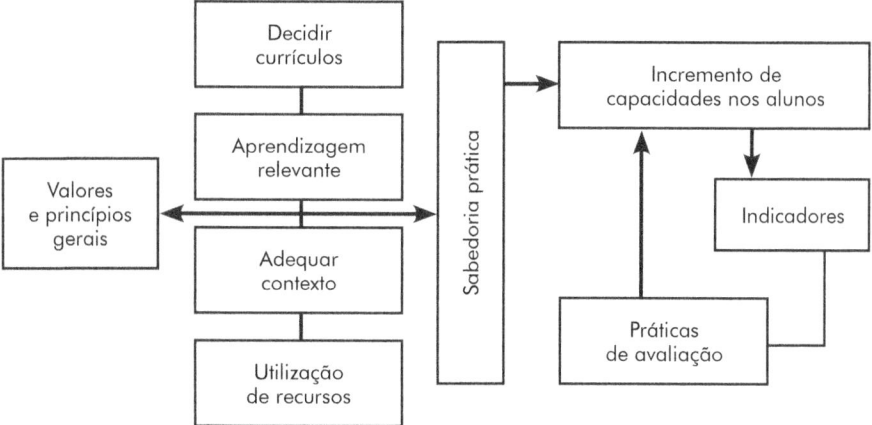

Figura 1.1
Os passos e elementos da racionalidade pedagógica clássica.

planejamentos que desejamos ou deveriam se realizar e contando com a ação profissional dos professores.
c) Utilizar o *saber fazer*, fruto da experiência adquirida na aplicação da pesquisa e da criatividade, para harmonizar tudo em uma estratégia coerente que dê sentido à ação.
d) Se os passos e progressos obtidos estão corretos, os indivíduos terão ganho em sua capacitação nos aspectos intelectual, cultural, social, moral, domínio de habilidades, sensibilidade...
e) Dispor de alguns critérios de avaliação que possam proporcionar alguma evidência de se toda essa lógica funciona, se os estudantes ganham ou não, utilizando para esses pontos de vista informais as percepções dos sujeitos, seguindo seus trabalhos, por meio de provas ou metodologias mais rigorosas, mesmo que não sejam válidas para sempre.

Fazemos a avaliação possível, se é que se tem que fazê-la, como último passo do esquema. Dizemos *possível* porque, como diria Habermas, a educação pertence ao mundo da vida e do espírito e, se tudo pode ser avaliado, nem tudo pode sê-lo quantitativamente, o que é inevitável nas comparações dos sistemas educacionais.

Esse esquema tem um defeito que podemos transformar em virtude. O defeito, constitutivo e inerente ao modelo, reside na imprecisão com que temos que nos mover nas diferentes áreas (fins, métodos, resultados, etc.), o que é inadmissível para quem entende que "o que se interpreta e não pode ser medido, não conta", e podemos lhes garantir que, depois de tanto "qualitativismo", relatividade e pós-modernismo, há muitos. As relações entre as áreas do modelo, por outro lado, não são algorítmicas, unidirecionais nem seguras. Não sabemos quando atingimos um objetivo e se podemos avaliar com segurança sua consecução. Em educação, os êxitos não representam estados completos ou definitivos ajustados aos objetivos, em correspondência com eles. A educação, como disse Bauman (2007, p. 24), não é um produto que se consegue e se consolida como algo acabado, mas é um processo dinâmico. As competências não podem ser entendidas como algo que se tem ou não se tem, não representam estados ou metas alcançadas, mas estados em processos de evolução.

Movimentamo-nos no âmbito de uma causalidade obscura, tentativa no que se refere aos procedimentos a seguir, com riscos, acertos e erros. Por acaso alguém pode nos dizer em que consiste exatamente a competência de *ser empreendedor*, como se consegue e como saberemos se a conseguimos?

A virtude daí extraída reside em que, se não nos anula a força dos costumes, estamos diante de temas e problemas que apresentam aspectos a discutir, sobre os quais se deve dialogar, sobre os quais ninguém é dono da verdade, que devemos reconhecer que são aspectos interpretáveis e que são modificados pelos que participam do processo. Todos os pontos assinalados são objeto de controvérsia: hesitamos sobre que currículo responde melhor a valores da multiculturalidade, o que podemos fazer com as TIC...

Com a proposta de DeSeCo, o esquema lógico descrito poderia ser formalizado considerando-se os mesmos aspectos, mas sequenciados em sentido contrário. Deixa no ar mais dúvidas do que no paradigma anterior, pois esse, no fim das contas, está imerso na cultura, faz parte da nossa maneira de ver a realidade, estamos socializados em suas práticas, etc. O novo enfoque converteu a *competência* em algo pretensamente esclarecedor do que queremos obter e a coloca como guia dos sistemas ou programas educacionais, da organização e das práticas didáticas. O indicador define o que se considera avaliável e o que merece ser avaliado. Ou seja, é um critério para valorizar o que se considera valioso. O avaliável e o avaliado se tornam a finalidade que se deseja na hora de planejar e desenvolver o currículo, quando se escolhem as experiências e a avaliação. A capacidade a adquirir como resultado previsto é a finalidade de avaliação.

O objetivo de DeSeCo é avaliar competências, o que é mais modesto do que instaurar uma nova cultura de fazer educação pela via hierárquica, seguindo um modelo de implantação-imposição burocrático que sabemos ineficaz, mas que se realiza de forma mais globalizada por uma organização como a OCDE, que tem uma determinada orientação, na qual são os representantes dos governos aqueles que determinam seus trabalhos, aos quais não se poderá imputar os efeitos das políticas incorretas, regressivas, contrárias ao bem público, cerceadoras da participação...

Não podemos esquecer que, se a origem condiciona, como declara a OCDE[10], o maior esforço dos países membros na determinação das competências básicas provém dos esforços empresariais e dos empregadores. Do ponto de vista puramente econômico, as competências individuais são importantes na medida em que contribuem para melhorar a produtividade e a competitividade nos mercados, diminuem o desemprego ao criar uma força de trabalho adaptável e qualificada e geram um ambiente propício à inovação em um mundo dominado pela competitividade global. Será que os especialistas dos governos nessas organizações encontraram o talismã da educação, enquanto não implantam programas que combatam em seu próprio sistema educacional as deficiências que o enfoque novo diz querer resolver?

Nem mesmo no campo da formação profissional o enfoque das competências é suficiente. O *saber fazer* em uma profissão não possui uma única forma de se manifestar e, em sua concretização, tem um papel importante o como se concebem as formas de interação entre os conhecimentos e as demandas da profissão (Schön, 1983). Em segundo lugar, existem maneiras distintas de se enfocar a prática e de se entender o conhecimento no qual se pretende que esta se apoie.

Para a pedagogia no nível universitário, o enfoque é insuficiente e improcedente, porque a universidade tem, entre outras, a missão de desenvolver a capacidade de criticar as competências, aperfeiçoá-las e revisá-las. Uma coisa é que entre as inquietações e referências dos estudos universitários o mundo do trabalho e das profissões seja uma preocupação importante e outra, muito diferente, é que a universidade seja como esse mundo quer.

TESE 4: O PERCURSO EUROPEU RUMO À IMPLANTAÇÃO DA LINGUAGEM SOBRE AS COMPETÊNCIAS TEM SUA HISTÓRIA PARTICULAR

A estratégia da convergência rumo a uma política comum de educação.

O percurso europeu rumo à implantação da linguagem sobre competências básicas tem sua explicação, em princípio, em outras necessidades diferentes às do programa DeSeCo, mesmo que acabem coincidindo em muitos aspectos. Seu surgimento está estreitamente relacionado com outras atividades e programas europeus de educação e formação, como o programa de qualificações profissionais, a validação da experiência de trabalho, a relação entre a formação informal e a formal, a educação permanente... A importância de seu papel é dupla. Por um lado, é um instrumento para pensar e desenvolver o processo de convergência dos países da UE. Por outro lado, coloca a educação da UE a serviço da competência (agora no sentido de competir) com as economias mais potentes: Estados Unidos e Japão.

No caso europeu, a motivação primeira e principal para a introdução da nova linguagem reside na pretensão de obter resultados mínimos comuns nos sistemas educacionais dos países membros, de forma a se constituir em uma potência econômica capaz de competir no mercado global. A União Europeia foi primeiramente econômica, depois política, de mobilidade dos cidadãos, etc. A convergência educacional foi uma preocupação mais tardia, tendo papel fundamental no que se conhece como a Europa dos cidadãos.

Nos últimos anos, além do intercâmbio de universitários, se tomou uma série de medidas para homologar títulos e profissões e, em um plano mais geral, alcançaram-se alguns objetivos aceitos por todos, ressalvada a diversidade cultural. Mas para a UE definir um currículo comum é difícil diante dessa diversidade; então, somente é possível confluir para o que pode ser compartilhado. Recorrer às competências é útil para deixar de lado os conteúdos e se manter em um nível de coincidências formais, convertendo-as na bandeira visível da convergência dos sistemas educacionais, sem se intrometer na "cultura" de cada país. Essa é uma das razões da entrada da nova linguagem no cenário das políticas educacionais.

Reparemos que o processo foi um tanto atropelado e errático de mudanças constantes, sem se dispor, ao que parece, na Europa de um esquema coerente para chegar a uma proposta estável de competências.

Em março de 2000, o Conselho Europeu de Lisboa, ao comprovar a fragilidade da União Europeia frente à enorme mudança fruto da mundialização e dos imperativos de uma economia baseada no conhecimento, se propôs o objetivo estratégico de que, antes de 2010, a União "deveria se converter na economia baseada no conhecimento mais competitiva e dinâmica do mundo, capaz de crescer economicamente de maneira sustentável com mais e melhores empregos e maior coesão social". O Conselho destacou que tais mudanças requeriam, além de uma transformação radical da economia europeia, um programa ambicioso de modernização do bem-estar social e dos sistemas educacionais. Cada cidadão deve ser aparelhado com as destrezas suficientes para enfrentar esse desafio, reivindicando-se que toda a Europa defina as "destrezas básicas" que servirão para garantir a aprendizagem ao longo de toda a vida. A proposta se referia às seguintes destrezas: domínio de línguas estrangeiras, cultura tecnológica, capacidade empreendedora e sociabilidade.

Em 2001, o Conselho Europeu adotou uma série de objetivos básicos para obter os resultados esperados, antes de 2010, em um documento que ficou conhecido como o programa *Educação e formação 2010*. Nele, se estabelece como princípio que: na integração europeia, a escola tem um papel fundamental a desempenhar, permitindo que todos sejam informados e compreendam o significado da integração europeia. Insiste-se em que os sistemas educacionais dos países membros da UE devam assegurar que seus respectivos estudantes tenham ao final do ensino médio o conhecimento e as competências que necessitam e que sejam preparados como cidadãos na Europa.

Recomenda estimular o ensino de línguas e acentuar a dimensão europeia na formação dos professores do ensino básico e médio. O que aconteceu, no caso espanhol?

O grupo que trabalhou a estratégia aprovada cm Lisboa reconhecia o quanto a Europa está distante de prover os cidadãos dos instrumentos necessários para se adaptarem ao mercado de trabalho, estimando-se que, de 80 milhões de trabalhadores europeus, aproximadamente um terço é mal formado. E o CEDEFOP prevê que, em 2010, apenas 15% dos postos de trabalho serão para pessoas pouco preparadas, enquanto 50% serão trabalhadores altamente formados.

Em 2002, a Comissão da UE comunicou que, para facilitar a avaliação dos progressos dos países nos desafios do programa de 2010, se propõem uma série de pontos de referência europeus em educação e formação, usando o conceito "ponto de referência" para a designação de objetivos concretos com relação aos quais é possível medir os progressos.

Esses objetivos, ou pontos de referência, se agrupam em seis áreas:

- Mais investimento em educação e formação.
- Diminuir a porcentagem de evasão escolar prematura.
- Aumentar o número de professores com curso superior em matemática, ciências e tecnologia (incentivando que sejam escolhidas e estudadas).
- Incentivar a população a concluir o ensino médio.
- Melhorar as *competências-chave* (superação dos rendimentos insatisfatórios em leitura, matemática e ciências) e favorecer a aprendizagem permanente.
- Apela-se à necessidade de aproveitar os estudos e análises realizados por organizações internacionais (como a OCDE), a fim de permitir que a União se inspire nas melhores práticas internacionais.

É aí que se unem o discurso da competitividade econômica e o gerado em relação a como avaliar os sistemas. Na avaliação de progresso dos indicadores e pontos de referência do programa 2010, feita em 2007, se propõe referi-los a oito campos de intervenção:

1. Melhorar a equidade em educação e formação.
2. Fomentar a eficácia da educação e formação.
3. Tornar realidade a formação permanente.
4. Melhorar as *competências-chave* para os jovens.
5. Modernizar o ensino escolar.
6. Modernizar a educação e a formação profissionais.
7. Modernizar o ensino superior.
8. Favorecer a empregabilidade.

No programa "2010", se diz que é preciso atualizar a definição das *capacidades*[11] básicas para a sociedade do conhecimento

> As capacidades básicas[12] que a sociedade exige da educação e da formação são aquelas que proporcionam ao indivíduo uma base sólida para a vida e o trabalho. Compreendem, pois, tanto as de caráter profissional e técnico como as de caráter pessoal e social, incluída a sensibilização à arte e à cultura, que permitem à pessoa trabalhar em companhia de outras e ser um cidadão ativo. O ritmo crescente com que mudam a sociedade e a economia e, em especial, a introdução das TIC, obrigam a revisar a definição das capacidades pertinentes, adaptá-la periodicamente às mudanças e assegurar-se de que as pessoas que deixaram a educação ou a formação regulares antes que se generalizasse o ensino das novas capacidades tenham mais adiante a oportunidade de adquiri-las.

O Parlamento Europeu, com uma visão mais ampla, em uma recomendação à Comissão[13], argumenta que são fundamentais as seguintes ações para trabalhar em uma sociedade da informação:

1. Determinar e definir as competências-chave necessárias para a plena realização pessoal, a cidadania ativa, a coesão social e a empregabilidade na sociedade do conhecimento.
2. Apoiar as iniciativas dos Estados membros que tenham por objetivo garantir que, ao término da educação e formação iniciais, os jovens tenham desenvolvido as competências-chave na medida necessária para que estejam preparados para a vida adulta, assentar as bases para a aprendizagem complementar e a vida profissional e que os adultos sejam capazes de desenvolver e atualizar suas competências-chave ao longo da vida.
3. Proporcionar uma ferramenta de referência a nível europeu destinada aos responsáveis pela formulação de políticas, os provedores de educação, os empregadores e os próprios alunos, para impulsionar as iniciativas nacionais e europeias em projetos comuns.
4. Facilitar uma base para posteriores atuações em escala comunitária, tanto no âmbito do programa de trabalho *Educação e Formação 2010* quanto no dos programas comunitários de educação e formação.

Nesse mesmo documento, se recomenda aos Estados membros:

> Desenvolver a oferta das competências-chave para todos no contexto de suas estratégias de aprendizagem permanente e utilizar as "Competências-chave para a aprendizagem permanente em um marco de referência europeu", denominadas "marco de referência", como instrumento válido para garantir que:

1. Cuide-se para que educação e formação iniciais ponham à disposição de todos os jovens os meios para desenvolver as competências-chave na medida necessária para prepará-los para a vida adulta e assentar as bases para a aprendizagem complementar e a vida profissional.
2. Cuide-se para que se tomem as medidas necessárias com respeito aos jovens que, devido a sua situação de desvantagem em matéria de educação como consequência de circunstâncias pessoais, sociais, culturais ou econômicas, precisem de um apoio especial para desenvolver seu potencial educacional.
3. Que os adultos possam desenvolver e atualizar as competências-chave ao longo de suas vidas e se atenda, em particular, os grupos considerados prioritários, caso das pessoas que necessitam atualizar suas competências.
4. Que se estabeleçam as infraestruturas adequadas para a educação e a formação contínua dos adultos, incluindo professores e formadores, procedimentos de validação e avaliação, e as medidas destinadas a garantir a igualdade de acesso tanto à aprendizagem permanente quanto ao mercado de trabalho, assim como dispositivos de apoio para os alunos que reconheçam a diversidade das necessidades e competências dos adultos.
5. Que a coerência da oferta de educação e formação para adultos seja obtida estreitando os vínculos com a política de emprego, a política social, a política cultural, a política de inovação e outras políticas que afetem os jovens, assim como mediante a colaboração com os interlocutores sociais e outras partes interessadas.

Dessa perspectiva, o citado relatório estabelece que as competências básicas são aquelas de que todas as pessoas precisam para sua realização e desenvolvimento pessoais, assim como para a cidadania ativa, a inclusão social e o emprego. São as seguintes:

1. Comunicação na língua materna.
2. Comunicação em línguas estrangeiras.
3. Competência em matemática, ciências e tecnologia.
4. Competência digital.
5. Aprender a aprender.
6. Competências sociais e cívicas.
7. Sentido de iniciativa e espírito empreendedor.
8. Consciência e expressão culturais.

Entre os objetivos para 2010, está o de que se realize a identificação das habilidades básicas e de que forma elas, junto com as habilidades tradicionais, se integrarão no currículo, para serem aprendidas e mantidas durante toda a vida. Essa é uma diferença importante entre o rumo da OCDE com o projeto

DeSeCo para a imposição da linguagem das *competências* e o rumo europeu. Este introduz o tema como um instrumento para definir a política curricular na UE, integrando na escolha e organização dos conteúdos próprios dos currículos a bagagem conceitual e a linguagem do projeto DeSeCo. Tiana (em Rychen e Tiana, 2004) disse que esse projeto merecia ser retirado do âmbito dos especialistas em que foi incubado e era necessário "reconhecer a importância de considerar os conteúdos das matérias e outras aprendizagens quando se tratasse de definir as competências básicas nos sistemas educacionais" (p. 75). Ou seja, assim como vem se desenvolvendo, sofreriam um certo formalismo, ao concebê-las às margens dos conteúdos obrigatórios dos currículos.

Ao se dizer que as competências podem ser aprendidas, não significa que se tenha êxito aprendendo algo especificamente, nem como consequência de ter uma experiência delimitada. Seu sucesso está em função da condensação acumulada de aprender sobre determinados conteúdos, fazendo-o de forma conveniente. Como afirma Barnett (2001, p. 112), "quando fazemos alguma afirmação acerca das competências, também a estamos fazendo sobre o currículo que desejamos". Daí as dificuldades que vão ser encontradas quando se quer ajustá-lo em razão das competências e não de conteúdos. Por isso, modestamente, acreditamos que tentativas como o projeto DeSeCo têm pouco futuro. O currículo não pode ser estruturado em torno das competências do modelo DeSeCo, pois ainda não sabemos como executá-lo, mas podem ser iniciados programas para tentar criá-lo. No caso da UE, a proximidade do conceito de competências ao conteúdo do currículo as torna uma chamada de atenção para reorientar esse conteúdos; algo que está presente entre as preocupações da tradição pedagógica renovadora, crítica e progressista há mais de um século. Um legado que gera uma cultura, a partir da qual os professores entendem e criam suas práticas, algo que OCDE, PISA e DeSeCo ignoram.

TESE 5: COMPETÊNCIA NÃO É MAIS UM CONCEITO PRECISO, O QUE DIFICULTA – PARA INÍCIO DE CONVERSA – A COMUNICAÇÃO

A respeito das competências seria possível dizer aquilo que Santo Agostinho pensava em relação ao tempo: "Se ninguém me pergunta nada, eu sei para mim mesmo e entendo; mas se quero explicar a alguém que me pergunte não o sei explicar". Em certos casos seria possível dizer que quanto mais nos fazem explicações mais entendemos que não nos dizem o que pensávamos que queriam dizer. Sabemos o que significa o adjetivo *competente* porque se diz sobre alguém que ele se refere a um determinado saber fazer e fazer bem e de modo positivo; é o poder no sentido de ter capacidade para conseguir algo, como também compreendemos quando dizemos que alguém é incompetente.

Estamos mais confusos agora diante do substantivo *competência* no sentido abstrato porque não podemos relacioná-la a algo (competências *para...*).

O termo tinha uma significação compartilhada por todos, sem dúvida complexa, na medida em que fazia parte do vocabulário usual, que por sua raiz latina denotava *disputa, contenda, luta, rivalidade*, por um lado, enquanto, por outro, alude a capacidades humanas: *incumbência, poder ou atividade* própria de alguém. Uma terceira acepção do termo, dada pelo Dicionário da RAE,* é a de *ter perícia, aptidão* para fazer algo ou para intervir em um assunto; quer dizer, ser *competente*. Possuir competências para algo torna os sujeitos *competentes*.

Há sinônimos ou conceitos com os quais compartilha significados (ver Figura 1.2), como os de *aptidão* (presença de qualidades), *capacidade ou poder para...* (talento, qualidade que alguém possui para o bom desempenho de algo) ou o de *habilidade* (capacidade e disposição para algo, habilidade para executar algo que serve de adorno para alguém, como dançar, montar a cavalo, etc.), que se relaciona com *destreza* (precisão para fazer coisas ou para resolver problemas práticos). Aparenta ser uma espécie de *conhecimento prático* para fazer coisas, resolver situações... E sugere *efetividade*, ação que surte efeitos. Cada uma das coisas que uma pessoa executa com graça e habilidade. Todos esses termos se referem à perícia, à possibilidade, a estar capacitado

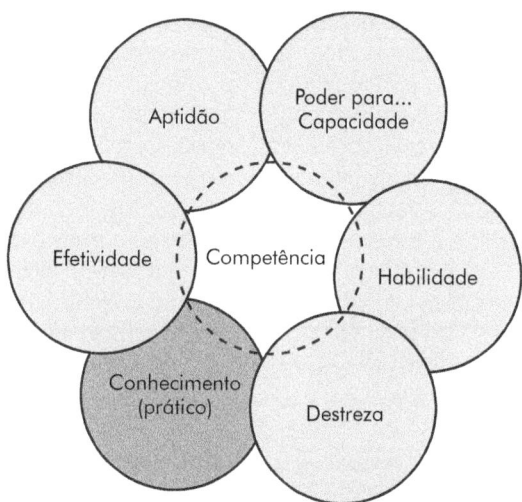

Figura 1.2
O conceito de competência e seu significado compartilhado com outros conceitos em uso.

---

* N. de T. Real Academia Espanhola.

para algo, a realizar, a concluir, a ser capaz de responder a solicitações que devem ser respondidas com certa precisão.

As *competências* se colocam como uma nova linguagem, tratando de sugerir e impor um significado que antes não possuía tanto na linguagem quanto no sentido comum ou especializado; onde tinha e segue tendo o sentido de habilidade, capacidade e destreza (*skills*). Introduzir na linguagem educacional o que significa a competência não resulta, de modo algum, dificultoso, já que de alguma maneira há muito tempo esse movimento vem sendo observado. Teve uma presença ligada à tradição firmemente arraigada no mundo da formação para o trabalho, cuja significação se restringe a designar o tipo de ações que devem ser exercidas em um determinado posto de trabalho, atestar as responsabilidades, precisar as qualidades de quem desempenha certo trabalho, bem como dispor de um critério de valoração da idoneidade daquilo que foi realizado em comparação com o que foi exigido de acordo com a respectiva *competência*.

O problema surge quando se converte em linguagem dominante e até exclusiva. Agora, há o entendimento de que a *competência* signifique o que interessa, fazendo uma leitura da educação ligada a uma visão do mundo, em que ser educado representa um saber fazer ou capacidade para operar e realizar algo que nos torne mais competentes. Com essa linguagem não se questiona se nos tornamos mais conscientes, responsáveis, justos, inventivos, expressivos, prudentes, solidários, respeitosos, colaboradores, amáveis, sãos, cultos, humanistas, avessos às desigualdades, intelectualmente formados ou sábios. Em resumo, essa nova linguagem ajuda e compromete o educando na construção de um novo conhecimento do mundo e em sua transformação? Essas não são qualidades humanas que interessam aos mercados, tampouco às avaliações e comparações de sistemas educacionais.

A competência é uma qualidade que não apenas se tem ou se adquire, mas que também se *mostra* e se *demonstra*, que é operacional para responder as *demandas* que em um determinado momento são feitas para aqueles que as possuem. Acreditamos que isso seria o cerne que singularizaria as *competências* como algo distintivo de outras aquisições ou aprendizagens na educação na base do projeto DeSeCo. O fato de serem uma resposta a demandas é uma condição essencial para caracterizá-las como tais. A posse da habilidade (*skill*) do *pensamento crítico*, por exemplo, não é propriamente uma competência porque não representa uma resposta global de um indivíduo a uma demanda específica. É, em todo o caso, um valioso componente da competência posta em ação (Rychen e Salganik, 2003, p. 52). Precisões como essas tornam a linguagem uma armadilha constante dentro de um labirinto de significados singulares que são únicos. A capacidade intelectual, a resolução de problemas já não são competências dos indivíduos, porque – assim nos dizem os autores – não são respostas globais às demandas. Será um atrevimento pedir aos professores que traduzam tais mensagens artificiais para suas práticas.

Os trabalhos e as reuniões realizados dentro do processo DeSeCo tiveram como uma de suas tarefas essenciais a de definir o significado de o que é uma competência, já que eram conscientes de que, tanto na linguagem de uso comum, quanto na de uso científico das ciências sociais, é difícil encontrar consenso para defini-la. A finalidade é a de obter uma compreensão e uma linguagem comuns no entendimento da educação no plano internacional (Rychen e Tiana, 2004, p. 11). Apenas depois lhes ocorreu ampliar os novos termos da discussão dos currículos e tentar passá-lo às práticas educacionais.

Para o grupo DeSeCo (Rychen e Tiana, 2004, p. 21) a *competência é um conceito holístico que integra a existência de demandas externas, os atributos pessoais (incluída a ética e os valores), bem como o contexto*. É a combinação de conhecimentos, habilidades e atitudes adequadas para enfrentar uma determinada situação; ou como a considera o próprio projeto DeSeCo (2006, p. 44) mais recentemente como "a habilidade de satisfazer com êxito as demandas de um contexto ou situação, mobilizando os recursos psicológicos necessários (de caráter cognitivo e metacognitivo)". As *competências básicas* são aquelas que capacitam os indivíduos para participar, de modo ativo, em múltiplos contextos ou âmbitos sociais.

Fazendo um esforço de superação do plano dos significados da linguagem de uso normal e inclusive de uso culto, é possível comprovar que precisão e univocidade do conceito de *competência* é algo que a linguagem "científica" ou acadêmica segue carecendo.

Weinert (1999) afirma que estamos diante do paradoxo de uma inflação de significados que contrasta com essa falta de precisão. Em seu relatório para o projeto DeSeCo, mostra a existência de uma diversidade de enfoques teóricos que o conceito de competência recebeu. Resume essa dispersão em uns quantos tipos de enfoques:

1. A competência concebida como *habilidade intelectual* capaz de ser aplicada a atividades e situações diversas. É um construto psicológico geral que significa disposição.
2. Como uma disposição específica para realizar algo (habilidade ou *skill*).
3. Como algo que conjuga aspectos cognitivos e motivacionais, uma estimativa subjetiva dos recursos pessoais para fazer algo, relacionados a tendências de agir.
4. Competência para a ação que combina construtos da perspectiva cognitiva e motivacional ligados a metas, demandas e tarefas, como é o caso de uma profissão.
5. Competências-chave ou básicas, utilizadas em uma ampla gama de situações e que combinam diversos aspectos: linguísticos, habilidades, etc. Esse é o caso do que se pretende obter com a educação básica.

6. Metacompetências com as quais adquirimos outras competências e se consegue um uso mais flexível e adaptável em relação às competências que já possuímos.
7. Competências que, para mais além do uso individual, se relacionam com o desenvolvimento da sociedade, da economia ou de uma instituição.

Com essa dispersão de significados, tanto na linguagem de uso comum quanto na de uso científico, não resta outra solução que não esta: sintetizar tudo em uma nova definição de *competência* em vez de agregar seu significado à listagem já por si só confusa. O achado é tão valioso que deve ser acomodado ao uso que a ele se submete? Weinert afirma: "Dada a finalidade de tal relatório (prover uma base conceitual para comparar os resultados do rendimento dos estudantes nas escolas, a fim de realizar as comparações internacionais), se recomenda que a *competência seja considerada uma aprendizagem e que essa mesma competência tenha ou guarde uma série de requisitos para realizar ações com êxito em tarefas relativas a campos significativos, tanto na dimensão do indivíduo quanto na inter-relação entre as pessoas.*

Tiana (Rychen e Tiana, 2004) soluciona a falta de clareza do panorama descrito dizendo que a *competência* é um conceito funcional. De acordo com a RAE, diz-se que algo é *funcional* quando por seu projeto ou organização se satisfaz uma facilidade, utilidade e comodidade de seu emprego; ou melhor, de uma obra ou de uma técnica, quando é eficazmente adequada a suas finalidades. Seu uso não é, precisamente, fácil, em relação ao visto até agora. A utilidade, até o momento, não mostrou nada. A comodidade é um problema de gostos e atitudes. Será adequada a suas finalidades, mas e para os que diz servir ou querer servir, ou aos que na realidade talvez esteja servindo?

Resumindo, embora comecem se apresentando como instrumento da avaliação, as competências terminam por se converter em um conceito em torno do qual se constrói um discurso global sobre a educação.

1. São construtos que, tal como os alicerces, definem as capacitações que os sujeitos devem conseguir. Têm uma composição complexa da que fazem parte os elementos cognitivos, os de motivação, os atitudinais e os de condutas. Possuem uma identidade que as diferencia, embora possam fazer parte ou estarem incluídas umas nas outras. Têm maior ou menor complexidade; fala-se de microcompetências, megacompetências... São mutantes e de complexidades diferentes.
2. Dispõem de um potencial para *serem utilizadas* com êxito, de maneira flexível e adaptável para enfretar situações diversas, porque a capacidade com a qual são dotadas é transferível. Cada uma delas, ou várias delas simultaneamente podem se projetar em uma única situação prática ou em várias ao mesmo tempo (ver Figura 1.3).

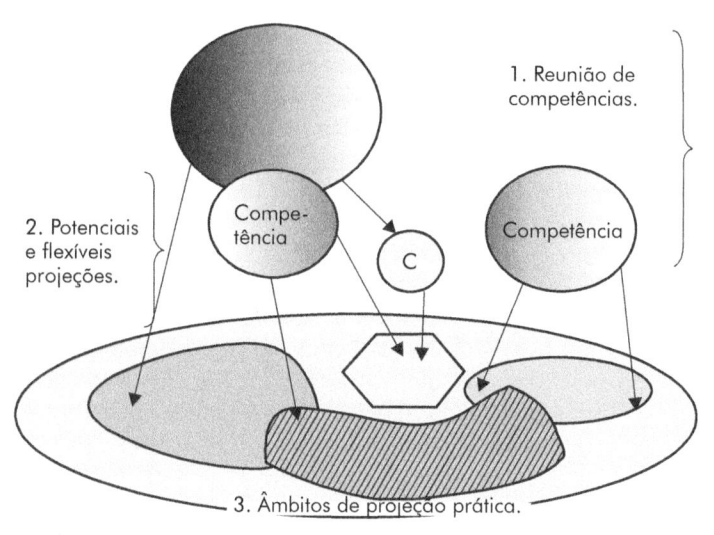

Figura 1.3
Esquema de relações hipotéticas entre as competências e sua aplicação.

3. Têm diferentes âmbitos de projeção prática. Representam disposições para *atuar* em situações, diante de problemas ou demandas de contextos muito distintos.

Apesar das dúvidas acerca da origem e sobre as insuficiências evidentes do modelo, podemos admitir sua recorrência nos debates sobre a educação como um programa de pesquisa e um instrumento mais para planejar intervenções nas políticas e nas práticas pedagógicas, ou em se pretendendo estabelecer o retrato da geografia da qualidade educacional, comparando os resultados dos sistemas educacionais dos diferentes países. O problema se apresenta quando esse modelo das *competências* pretende ser a solução dos desafios que o sistema educacional tem pela frente; quando pretende redimi-lo de suas carências, por não nos referirmos à importância que dizem que o modelo de competências tem para tornar as economias mais competitivas, para ajudar na obtenção da realização pessoal, e ao mesmo para uma sociedade mais integrada. Desse modo, estaríamos diante de uma espécie de situação de "fim da história", sem ter que fazer mais buscas para solucionar todas as coisas, espantados com a simplicidade da solução e do quão perto a tínhamos. Sobre a qual não podemos saber quem são seus autores para dialogar com eles, pedir-lhes esclarecimentos e se existe alguma novidade. Uma pena que figuras como Ortega e Gasset ou Humbolt não contaram com esse instrumento quando pensaram a Universidade da ciência, do pensamento, das profissões e da liderança na criação e na difusão da cultura. Permita-nos a ironia.

Conceitos como convergência, indicadores, competitividade, rentabilidade, avaliação, rendimentos básicos, fracasso escolar, renovação educacional, conhecimento aplicado, excelência, valorização da aprendizagem e desvalorização do ensino, vocação, sociedade da informação, aprender a aprender e uma longa lista de conceitos não se integraram perfeitamente em um novo discurso quebra-cabeças, cujo início histórico se apresenta e se descobre na sucessão dos nomes das cidades nas quais os ministros da educação fizeram alguma recomendação ou tomaram alguma decisão a respeito: Bolonha, Lisboa, Barcelona, Berlim... Na questão de como o discurso nasce, cresce e transborda por todos os lados não existem apenas protagonistas, autores, cientistas, intelectuais, representantes dos professores, dos pais ou dos alunos intervindo na tomada de decisões. Não sabemos a posição tomada pelo ministério de cada país ou pelo da Espanha. Não nos é permitido saber de que forma a orientação ideológica e política dos ministérios condiciona os acordos.

Está se configurando um modelo pedagógico – pelo menos um discurso –, alimentado pelas discussões sobre indicadores, valorização de resultados, exigindo o ajuste a um mercado de trabalho imprevisível, solicitando reflexão sobre em que medida se diferencia um objetivo de um conteúdo ou de uma competência. Por outro lado, se desvalorizam os discursos acerca de temas como as culturas juvenis, sobre como oferecer uma cultura que possa interessar, qual o papel dos educadores, quem são os que fracassam...

TESE 6: SE NÃO HÁ CONSENSO SOBRE O QUE SÃO AS COMPETÊNCIAS, É IMPOSSÍVEL QUE HAJA SOBRE QUANTAS E QUAIS SÃO

Se é tão decisivo observar o mundo da educação por meio desse novo discurso das competências, deveríamos saber com clareza e com a maior exatidão possível a partir de quais referências partir, e em se tratando de *competências básicas*, pelo menos teríamos que conhecer o mapa das mesmas, saber quais e quantas são, qual é seu campo de aplicação e a extensão do mesmo ou se são independentes umas das outras. Se não estabelecemos uma linguagem comum em torno desses temas não nos entenderemos.

Se são *básicas* devem servir para todos, e que cada um as alcance em um nível mínimo aceitável para todos. Como estabelecemos esse nível: assessorados por um especialista em competências, acatando as decisões administrativas sobre o tema; por meio de uma linguagem redentora dos déficits educacionais; pela autoridade da OCDE, tal como o exigem os empresários e as associações de profissionais...? Como acreditaremos se os sujeitos as alcançam ou não? Difícil responder. A partir da concepção de competência como construto idealizado, que (no melhor dos casos) apenas se manifesta parcialmente, a resposta é que deve ser inferida.

Tomar decisões e determinar quais são as competências básicas é algo muito importante. Por duas razões: a primeira porque é uma forma de mostrar o modelo que tem da educação, quem as propõe e determina; a segunda, porque se são realmente básicas devem ser para todos já que se tornam as novas "tábuas da lei", em uma forma de expressar o conteúdo do direito à educação. Quando as competências são utilizadas como uma forma de concretizar o que é importante e necessário para todos, algo que todos devem alcançar, se tornam em um direito universal de todo ser humano, como afirma Amayrta Sen (2005). Dada a transcendência desse pensamento, na hipótese de se entender que as competências básicas representam enunciados de direitos, não basta justificar com o fato de serem para todos, mas sim que todos devem alcançar as mesmas competências. O que abre espaço para perguntar: é adequado entender o direito à educação como um aglomerado de competências a serem obtidas? De que forma, em que lugar e diante de quem se deve reivindicar esse direito? Esse enfoque pode ser suficiente para completar todo o conteúdo desse direito? De que forma resolver tais interrogações quando nossos valores diferem e nossas opções ideológicas são distintas? De que forma tais temas são resolvidos em uma democracia?

Podemos propor que os sujeitos devam alcançar a competência de ser *empreendedores*, de apresentar iniciativas, mas por que não podemos escolher a competência de detectar e reagir diante das injustiças. É evidente para nós que ambas podem ser aceitas como objetivos da educação, no entanto ao fixar as competências desta, propor uma e não outra é optar por diferentes orientações da educação. Amayrta Sen diz que alguns direitos não podem ser incluídos em um sistema de competências, já que a realização do que significam tais direitos depende dos procedimentos por meio dos quais as competências são obtidas. Ao serem as competências fruto de maneiras de proceder, como regular a educação comum para assegurar as cotas mínimas de um currículo para todos?

É difícil dar uma resposta para tais inquietações, em não se tendo experiência em nossa cultura pedagógica nessa nova maneira de pensar e fazer a educação (nos referimos aos saberes teóricos e práticos que nos permitem desenvolver o ensino ou a educação com alguma ordem). Não é fácil porque representam visões diferentes da educação, do papel que ela deve ter para os indivíduos e para a sociedade, concepções epistemológicas diferentes e às vezes confluentes, bem como valores não coincidentes.

Sem ter esse mapa das competências mais importantes ou das denominadas *básicas*, estaremos diante de uma proposta pouco viável. Se não existe acordo sobre quais são, será impossível estabelecê-lo sobre quantas e quais são. A prova está nas variedades de propostas e na evolução das mesmas.

Depois do primeiro simpósio dedicado ao projeto DeSeCo, realizado em 1999, no documento *Defining and selecting key competences*[14] (2001) se cristaliza a primeira definição das competências básicas cujas pretensões – também requisitos – são:

a) Contribuir para valorizar quais resultados são valiosos para os indivíduos e para as sociedades.
b) Ajudar os indivíduos a encontrar desafios importantes em uma ampla e variada série de contextos.
c) Que sejam importantes para todos os indivíduos e não apenas para os especialistas. As competências que se especificam se agruparão em três grandes categorias:
   a. Interagir no seio de grupos socialmente heterogêneos.
      1. Habilidade para se relacionar de modo adequado com os outros.
      2. Habilidade para cooperar.
      3. Habilidade para manejar e resolver conflitos.
   b. Agir de modo autônomo.
      4. Habilidade para agir dentro de um marco geral.
      5. Habilidade para idealizar e para levar a cabo planos e projetos pessoais.
   c. Utilizar os recursos ou instrumentos de modo interativo.
      6. Habilidade para usar a linguagem, símbolos e textos de forma interativa.
      7. Habilidade para usar o conhecimento e a informação de forma interativa.
      8. Usar a tecnologia de maneira interativa.

O quadro mais completo de objetivos e competências consideradas como básicas nesse relatório de 2001 é o seguinte:

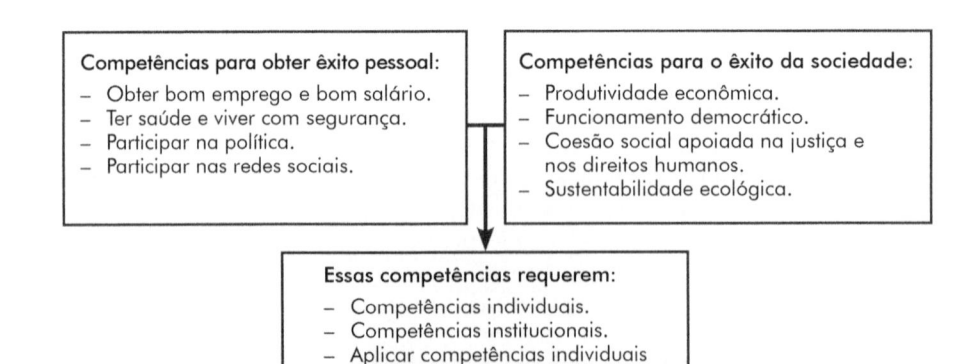

Competências para obter êxito pessoal:
– Obter bom emprego e bom salário.
– Ter saúde e viver com segurança.
– Participar na política.
– Participar nas redes sociais.

Competências para o êxito da sociedade:
– Produtividade econômica.
– Funcionamento democrático.
– Coesão social apoiada na justiça e nos direitos humanos.
– Sustentabilidade ecológica.

Essas competências requerem:
– Competências individuais.
– Competências institucionais.
– Aplicar competências individuais de forma que contribuam com finalidades coletivas.

Figura 1.4
As competências básicas do projeto DeSeCo.

Como se pode ver, a proposta DeSeCo e a da União Europeia diferem no que tange à especificação das competências, mais centradas em sua projeção curricular, no caso da UE, enquanto que a lista da OCDE, partindo do propósito de encontrar indicadores da educação, evoluiu em direção à definição de uma visão geral desta, composta de características, desordenadas, mas iguais, menos ligadas diretamente aos currículos.

No Quadro 1.1 resumimos e comparamos ambos os modelos.

TESE 7: ATUALMENTE PRECISAMOS DA COMPETÊNCIA GERADORA DAS PRÓPRIAS COMPETÊNCIAS

Sem dúvida, é saudável que na educação, na política e em qualquer ação humana – especialmente naquelas que incidem sobre seres humanos – nos preocupemos pelo que queremos obter e é saudável também que tenhamos um interesse em ir mais além do que refletir esse objeto de nosso desejo em uma declaração genérica. Expressamos os objetivos dando mostras do que pretendemos e com isso temos uma certa antecipação do que desejaríamos obter. Esclarecer as metas é uma atitude racional e necessária para dar sentido às ações e também o é a partir de um ponto de vista racional é ético. Claro que o sucesso e a realização buscados requerem ou implicam que se desenvolvam processos de transformação adequados com a realidade sobre a qual se vai atuar; em nosso caso, nos sujeitos que têm que conseguir o sucesso que representa o objetivo. Nós, de fora, temos a pretensão não apenas de conhecer o curso do desenvolvimento desse processo, como também de dirigi-lo, o que representa dispor de um tipo de *saber fazer*. E esse saber fazer, ao se dar, levará em conta o objetivo, mas disso não se deduz o saber como realizar. Quanto melhor se delimita o objetivo, mais clareza teremos para enfocar o caminho a trilhar e mais nítida será a visão do sucesso antecipado que representa, mas o fato de introduzir muita precisão na formulação do objetivo que realizamos não aumenta a capacidade de saber como obtê-lo. A finalidade orienta e fomenta a ação, mas não determina o fazer.

Não é a primeira vez que, no tema do projeto e gestão do currículo, surge a preocupação por precisar o produto da educação como garantia para sua realização por meio de atividades apropriadas, de sorte que, dessa forma, o objetivo bem definido sirva como critério para avaliar com segurança se se consegue ou não.

No vazio ideológico durante o franquismo tardio e sob a febre tecnocrática que teve seu auge nos anos de 1970, viveu-se o ofuscamento de acreditar que a chave do êxito para racionalizar a educação, fazer dos professores técnicos eficazes e poder avaliar com rigor e precisão o que se consegue, estava em definir, em termos inequívocos – "operacionais", dizia-se –, os objetivos

QUADRO 1.1
A COMPARAÇÃO DAS PROPOSTAS SOBRE AS COMPETÊNCIAS BÁSICAS DA OCDE E DA UNIÃO EUROPEIA

Características e peculiaridades das estratégias da OCDE e da UE no desenvolvimento de competências

Aspectos a comparar	O programa da OCDE	O programa da União Europeia
Âmbito geográfico de referência	Proposta dirigida aos países-membros da organização, em primeiro lugar.	Países da UE.
Função	Diagnóstico externo do sistema escolar permitindo a comparação entre países e internamente.	Ação de critério orientador do currículo em geral e de critérios mínimos comuns para todos os países equiparando seus sistemas. Oferecer critérios de avaliação interna.
Forma ou aparência	Indicadores.	Diretrizes curriculares.
Amplitude de objetivos contemplados	O importante para o desenvolvimento econômico, para o desenvolvimento e bem-estar dos indivíduos e para a integração social.	Mais ajuste ao projeto e desenvolvimento dos currículos.
Finalidade	Comparar sistemas educacionais e encontrar simultaneidades com determinadas variáveis.	Encontrar as bases de um currículo comum europeu à margem de conteúdos mais locais.
Efeitos nas práticas	Não há implicações diretas.	Incide nas formas oficiais de ordenar e prescrever as regulações do currículo, mas não é provável que incida em uma mudança nas práticas agindo de cima. Pode equiparar e padronizar as diferenças.

(Continua)

QUADRO 1.1
A COMPARAÇÃO DAS PROPOSTAS SOBRE AS COMPETÊNCIAS BÁSICAS DA OCDE E DA UNIÃO EUROPEIA (continuação)

Características e peculiaridades das estratégias da OCDE e da UE no desenvolvimento de competências

Aspectos a comparar	O programa da OCDE	O programa da União Europeia
Justificação filosófica	Dar conta dos resultados de modo geral. Eficiência econômica com a pretensão de um ajuste ao mercado de trabalho.	Uma posição muito semelhante àquela tomada pela OCDE.
Fundamentação epistemológica	Positivista em sua primeira proposta.	Positivista com alguma tolerância.

Especificação de competências	**Relatório final**: Competências básicas agrupadas em três categorias:
	a) Interatuar no cerne de grupos socialmente heterogêneos.
	  1. Habilidade para se relacionar adequadamente com os outros.
	  2. Habilidade para cooperar.
	  3. Habilidade para manejar e resolver conflitos.
	b) Atuar autonomamente.
	  4. Habilidade para agir dentro de um marco geral.
	  5. Habilidade para planejar e executar planos e projetos pessoais.
	c) Utilizar os recursos ou instrumentos interativamente.
	  6. Habilidade para usar a linguagem, símbolos e textos de forma interativa.
	  7. Habilidade para usar o conhecimento e a informação de forma interativa.
	  8. Usar a tecnologia.
		1. Comunicação na língua materna.
		2. Comunicação em línguas estrangeiras.
		3. Competência matemática e competências básicas em ciência e tecnologia.
		4. Competência digital.
		5. Aprender a aprender.
		6. Competências sociais e cívicas.
		7. Sentido de iniciativa e espírito empreendedor.
		8. Consciência e expressão culturais.

buscados. Somente a soma das aprendizagens entendidas como resultados observáveis acumulados, visíveis em condutas adquiridas dariam sentido às declarações das pomposas finalidades da educação. Analisamos aquela febre denominando-a como a *obsessão pela eficiência* (Gimeno, 1982). Foi uma proposição que, sem reflexão, justificada com um positivismo empobrecido e dispondo de uma classe docente científica, ideológica, profissional e politicamente desarmada, transformou a Administração educacional na fonte de uma pedagogia que, distanciada da realidade, encontrou *nas programações* do currículo a pedra filosofal para o bom funcionamento didático e do sistema de modo geral. Os aparelhos da Administração, a formação dos professores, as editoras e a seleção de professores difundiram as glórias do que foi na Espanha o primeiro movimento de inovação burocraticamente planejado de cima, espalhando as propostas para baixo.

As competências são resultados pretendidos que imaginamos por meio de representações de estados dos sujeitos e que se consideram desejáveis alcançar. São finalidades imaginadas, realizações que para que sua execução se torne realidade se requer que se produzam processos naqueles que as adquirem e lhes conduza a uma transformação interna adequada para poder assegurar que as aprendizagens as garantiram ou que estão no caminho para alcançá-las. Conhecemos os processos que devem ser despertados para que tenha lugar essa transformação interior dos sujeitos que aprendem? Sabemos de que maneira desencadeá-los? Nós, os educadores, dispomos da competência que nos habilita a saber de que maneira provocar o desenvolvimento de competências em outros? A resposta é que depende do tipo de competência que se trate, da complexidade que tenha e de que experiência tenhamos sobre o saber provocá-la.

À medida que aumenta a complexidade de uma competência, mais difícil será encontrar, delimitar e dispor de uma estratégia e de um procedimento para provocá-la, mais experimental será a ação pedagógica. Uma habilidade como é a de desarmar um motor avariado pode ser *produzida* com facilidade: sabe-se em que consiste o objetivo de fazê-lo funcionar, pode-se pressupor com certeza o processo que o aprendiz tem de aplicar, podem-se explicitar a série de passos a seguir, dispomos de procedimentos para gerar essa habilidade no aprendiz e podemos avaliar com bastante exatidão se se consegue ou não.

Em contraste com as competências do tipo das habilidades que acabamos de mencionar, as denominadas *básicas* são de natureza complexa. São constituídas por conglomerados de aspectos não apenas cognitivos, mas também atitudinais, de motivação e de valores. São conjunções de condições integradas dos sujeitos que permanecem como qualidades ou características latentes das pessoas. Não são, como dissemos, algo absoluto, definitivo e estável, mas sim um indicador do momento e do estado da competência. Não são capacidades fixas nem definitivas, mas sim algo cambiante, que evolui, não fechado.

Se nesse nível as dúvidas se movem, se temos incerteza para determinar quais e quantas são as competências, se seu caráter inferido e sua instabilidade fazem que estas não sejam características fáceis de diagnosticar, não será fácil guiá-las em seu desenvolvimento e aprendizagem. Deparamo-nos com a dificuldade de dominar o saber fazer para que aqueles que estão sendo educados o adquiram; quer dizer, a *competência geradora* de competências. Como sendo algo suposto por suas manifestações, pode ser um referente para o ensino que as desenvolva? Dito de outra forma: em que medida e de que maneira o que acreditamos saber que são as competências é um saber válido e suficiente para poder provocá-las e estimulá-las. Essas perguntas colocam em dúvida a utilidade, em suma, do próprio conceito para a prática educativa. Para dizer a verdade, sabemos como guiar a aprendizagem de habilidades ou competências profissionais, mas sabemos pouco sobre de que forma se chega a dominar as competências básicas do tipo das que aqui vêm sendo comentadas.

Para formalizar melhor nossa proposição a concretizamos o esquema proposto na Figura 1.5. É preciso distinguir vários estratos epistêmicos que seria conveniente considerar para constituir uma pedagogia fundamentada das competências, mostrando com realismo as possibilidades que temos de compreender e de agir.

d) Competência geradora
Planejamento de sua realização
Ambientes propícios
Realização de processos adequados

a) Competência como algo subjetivo, mas com uma identidade real. Capacidade, poder, realização, habilidade. Uma característica das pessoas.

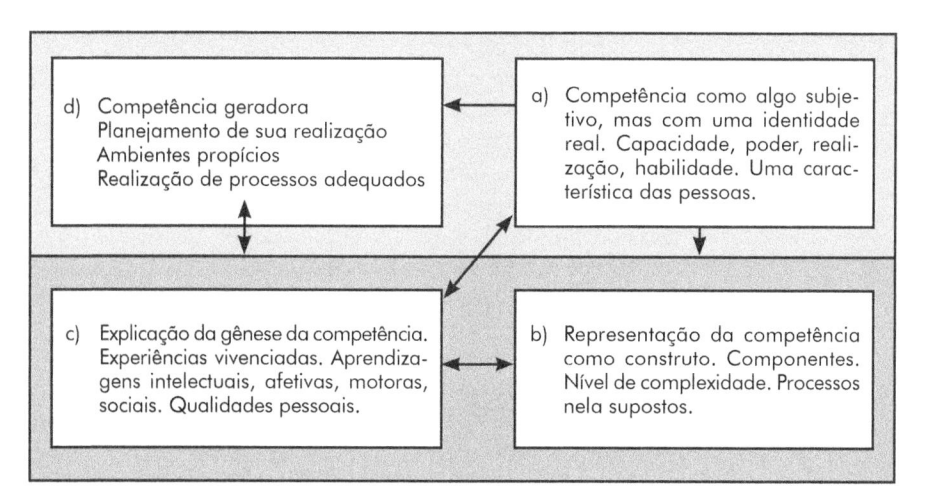

c) Explicação da gênese da competência. Experiências vivenciadas. Aprendizagens intelectuais, afetivas, motoras, sociais. Qualidades pessoais.

b) Representação da competência como construto. Componentes. Nível de complexidade. Processos nela supostos.

Figura 1.5
Componentes epistêmicos das competências.

a) *A competência* é algo que pertence ao sujeito e, nessa medida, podemos dizer que tem uma identidade. *É* uma característica *suposta* que representa um estado de habilidade potencial, algo que se obtém, pois não é inato.
b) Para compreender o que significa, lhe atribuímos um nome e lhe supomos uma estrutura. Criamos um modelo conceitual, uma representação na qual distinguimos dimensões, características, graus de complexidade, níveis de desenvolvimento, conexão entre competências, etc. Supomos que sua aparição e dinâmica seguem um processo. Ou seja, realizamos uma formalização e podemos dispor de uma explicação. Essa operação nos leva a visualizar o que entendemos por *competência*. Criamos uma teoria muito delimitada para compreendê-la.

A correspondência possível entre a) e b) é a que existe entre a realidade (a) e sua representação (b), entre o objeto e a imagem. Para compreender essa correspondência e nos comunicarmos recorremos, em muitas ocasiões, a expressões de caráter metafórico. O modelo explicativo para as competências básicas tem que facilitar nossa compreensão sobre elas. No caso da conceitualização das competências básicas acreditamos que ainda resta amadurecer uma formulação precisa de em que elas consistem. Está muito pouco elaborada a teoria sobre do que são e de que forma se estruturam as competências, sendo muito complexo o aglomerado de conteúdos das mesmas.
c) Se é algo adquirido e aprendido, bem diretamente depois de um processo ou experiência ou como efeito secundário de alguns processos de aprendizagem, a competência é a consequência de ter tido determinadas experiências, ter se desenvolvido em determinados meios, ter tido determinados estímulos, além de dispor de algumas qualidades pessoais. Podemos supor sua origem, sua história, sua trajetória, conceber sua causa. Ou seja, podemos ter uma explicação de seu surgimento. Dizer o que as competências são é um problema porque é necessário criar um modelo formal, saber de que forma são geradas é mais complicado; requer desenvolver programas de pesquisa sobre como compreendê-las melhor. Quanto mais complexa a competência é, mais complicado será dispor de uma explicação. Essa complexidade constitui uma diferença entre a proposta atual e aquela corrente tecnicista de oficializar os objetivos da educação de forma muito específica e metodológica. O conhecimento disponível sobre de que maneira as competências são geradas é muito deficiente, como aponta o relatório DeSeCo e outros tantos anteriores.
d) Saber algo sobre um processo (o *quê*), não significa poder gerá-lo e realizá-lo (saber *de que forma*). Compreender e explicar a origem e a evolução de um fenômeno ou algo concreto (conhecimento do *por*

quê) tampouco é o mesmo que saber produzi-lo. Não é suficiente para fazê-lo se apenas temos a explicação. Um vulcão surge, podemos compreender de que forma ocorre, mas não podemos produzi-lo. Saber quem é uma boa mãe não é suficiente para fazer de alguém uma boa mãe. Ser um mal pai sabemos o que é, e até de que maneira se chega a sê-lo. Mas não costumamos saber de que maneira evitar que alguém seja um mal pai. Aprofundar esse *saber produzir competência* nos sujeitos requer, de igual modo, muita pesquisa ligada a programas de inovação com os quais se possa experimentar.

O enfoque *por competências* motiva uma infinidade de experiências de formação nos estudos dirigidos a profissões e postos de trabalho reais. Também é a referência para desenvolver experiências pedagógicas que excedam os esquemas acadêmicos mais usuais, como tem sido o ensino centrado na resolução de problemas, o estudo de casos, a simulação da tomada de decisões, os projetos interdisciplinares, etc. Mas o caso das competências que agora nos ocupam nos situam em outro contexto.

A fraqueza da teoria se corresponde com a impossibilidade de levar a cabo uma pedagogia baseada em competências. Apenas dois argumentos:

a) Por mais promissor que esse enfoque seja, é evidente que pouco mais além de as enunciar, não possuímos o capital – os professores também não o possuem – de saberes práticos necessários para conhecer de que maneira se suscita o desenvolvimento das competências. Esse capital constitui a competência de iluminar competências em outros que, como estas últimas, também são aprendidas. Em se possuindo esse capital, já não haveria sentido propor a novidade com que se apresentaram; em não se possuindo como se porá em prática algo tão "novo"?

b) Se por outro lado o currículo atual não corresponde às competências básicas, se há que traduzi-lo ou inventá-lo – não sabemos que o esteja – ocorre que o criemos na transubstanciação das mentalidades e das práticas ou não se derivarão consequências para o desenvolvimento do currículo.

Atualmente não se dispõe de um modelo pedagógico montado a partir do construto das competências, não podemos mostrá-lo nem ensiná-lo, além da vontade, por mais positiva que pudesse ser, de formulá-lo com certo rigor. A imaturidade do campo deveria dar o que pensar, antes de se lançar a propagar esses conceitos entre os professores a partir da segurança daqueles que possam fazer valer suas opções porque têm acesso ao Boletim Oficial do Estado (BOE), sem transmitir a imaturidade do campo e sua pouco fundamentada potencialidade para provocar mudanças positivas.

TESE 8: A UTILIDADE DE UMA PROPOSTA NÃO SE GARANTE POR PROCEDER DE ORGANISMOS GOVERNAMENTAIS, INTERGOVERNAMENTAIS OU INTERNACIONAIS

A extensão do debate sobre as competências se deve, em boa medida, ao poder de irradiação e de comunicação que os governos e as instituições internacionais têm através dos meios de comunicação e graças a seu poder de intervir via canais burocráticos. A ressonância dessa nova "moda" sobre as *competências* foi provocada e amplificada de cima. Essa mesma condição de discurso vertical talvez possa explicar, em um futuro próximo ou mesmo agora, a pouca ou muita capacidade que essa nova – ou melhor dizendo, reconvertida – linguagem para fecundar a realidade da educação que as pessoas recebem; como também pode servir para demonstrar, mais uma vez, a pouca eficácia e o baixo nível de utilidade de mudar e melhorar a educação regulando e ordenando a realidade sem contar com ela ou com seus habitantes.

Existe uma espécie de respeito por parte dos cidadãos para com os diagnósticos, ditames, informações ou propostas que provêm dos organismos nacionais ou internacionais, governamentais ou de caráter privado, que costumam estar acima de qualquer suspeita. Não seremos nós aqueles que discerniremos. Mas sua validez e autoridade dependem, em primeiro lugar, de qual é seu conteúdo. Podemos aceitar as estatísticas do relatório PISA, ainda que não capte a satisfação ou a insatisfação com as políticas de governo; ou reprová-lo porque não capta os valores das famílias e dos professores. Pode-se aceitar a importância do enfoque da aprendizagem dos idiomas por competências e vê-lo como questionável para orientar as pessoas a gostarem da literatura de sua língua materna. Como é questionável o conceito de qualidade com os quais esses organismos trabalham.

Não é irrelevante nos perguntarmos quem tem a autoridade legítima de determinar as competências, a autoridade de mudá-las, de substituí-las, de aumentá-las... Ou seja, quem tem a competência científica, moral e política sobre as competências. Já tivemos a oportunidade de atestar que as listas de propostas não são definitivas nem são as únicas possíveis. Não basta apenas que a OCDE, a Comissão ou o Conselho Europeu, que decidem em consonância com seus assessores, se manifestem, mas sim que deveria haver propostas que fossem objeto de um diálogo oriundo das decisões dos professores e estabelecer um plano para sua implementação. Se o modelo vem dado, o debate já não é aberto, nem construtivo. No caso espanhol, 17 Comunidades Autônomas se veem obrigadas a construir seus currículos com escassa informação sobre o que representa o enfoque por competências, a partir de algumas diretrizes prolixas e articuladas em uma trama barroca de duvidosa capacidade para estabelecer a política curricular que, por outro lado, em pouco ou em nada se ajusta com a iniciativa da OCDE ou a ideia de fixar e perseguir as competências básicas. O valor da nova linguagem pode ser verificado nas disposições aprovadas pelo Ministério da Educação espanhol para a Educação Primária.[15]

Um exemplo das derivações que na prática está suposto no modelo de competências adotado pela administração educacional para os professores, para os editores, para as instâncias de homologação, etc., realizando uma simples simulação. No ensino primário o currículo dessa etapa é composto de seis *áreas* de conhecimento diferenciadas (que chamaremos de unidades de nível "1"). Como se diz que se deve considerar a projeção que oito *competências básicas* têm sobre as seis áreas, supondo que de todas elas se aproveita algo para construir cada uma das competências, teríamos um quadro de até 48 (6x8 = 48) unidades de currículo de nível "2", mais específicas, acerca das quais se deve dispor de alguma informação para ir construindo as competências. Como a Educação Primária* se estrutura em três *ciclos* de dois anos cada um e em todos eles estão presentes todas as áreas, sendo-lhes aplicável as competências básicas, teríamos que considerar até 144 (6x8x3 = 144) unidades de currículo de nível "3". Após identificar em cada ciclo uma média de 7 *blocos* de conteúdos por área (tomamos como referência a área de *Conhecimento do meio natural, social e cultural do Ensino Primário*), chegaríamos a ter 1.008 (144x7 = 1.008) unidades diferenciadas de currículo de nível "4", muito mais específicas. Como em cada bloco se explicita uma média de seis *tópicos de conteúdos* finalmente teríamos hipoteticamente diferenciadas 6.048 (1.008x6= 6.048) unidades de conteúdo de nível "5". Ninguém poderá acreditar que um esquema assim possa ser um instrumento útil para ser assumido pelos professores para trabalhar com seus alunos, para as escolas a fim de criar seus projetos ou para as editoras.

O que essas linguagens sobre os discursos já conhecidos realmente trazem de novo? Proporcionam um roteiro para transformá-las em novas práticas?

Tomemos um exemplo do documento oficial que regula o currículo de Educação Primária. Selecionamos os objetivos e) e f) entre os quais, nessa norma, são estipulados para esse nível educacional. Escolhemos agora a competência "1" proposta na mesma normativa.

Não sabemos quando o sujeito alcança um nível de domínio aceitável de todos esses aspectos; como tampouco sabemos quais critérios devemos utilizar para avaliar se o sujeito domina a competência da autorregulação, competência esta determinada pelo Boletim Oficial do Estado. No entanto, a norma legal para evoluir de ciclo diz textualmente que: "Se terá acesso ao ciclo educacional seguinte sempre que se considere que se alcançou o desenvolvimento correspondente das competências básicas e o adequado grau de maturidade" (Quadro 1.2).

---

* N. de R. Na Espanha a Educação Primária compreende três ciclos de dois anos cada, o que seria equivalente ao período entre a 1ª e a 6ª série do ensino fundamental.

QUADRO 1.2
A EQUIVALÊNCIA SEMÂNTICA ENTRE OBJETIVOS E COMPETÊNCIAS

Objetivos da Educação Primária	1. Competência na comunicação linguística
... e) Conhecer e utilizar de maneira apropriada a língua castelhana e, no caso de existir, a língua cooficial da Comunidade Autônoma e desenvolver hábitos de leitura. f) Adquirir em no mínimo uma língua estrangeira a competência comunicativa básica que lhes permita expressar e compreender mensagens simples e se desenvolver em situações cotidianas.	Essa competência se refere à utilização da linguagem como instrumento de comunicação oral e escrita, de representação, interpretação e compreensão da realidade, de construção e comunicação do conhecimento e de organização e autorregulação do pensamento, das emoções e da conduta. Os conhecimentos, as habilidades e as atitudes próprias dessa competência permitem expressar pensamentos, emoções, vivências e opiniões, bem como dialogar, formar um juízo crítico e ético, gerar ideias, estruturar o conhecimento, dar coerência e coesão ao discurso e às próprias ações e tarefas, tomar decisões, e desfrutar da escuta, da leitura ou com a expressão oral e escrita, e tudo o mais que contribui para o desenvolvimento e para a confiança de si mesmo. Comunicar-se e conversar são ações que pressupõem habilidades para estabelecer vínculos e relações construtivas com os demais e com o entorno, e se aproximar de novas culturas, as quais adquirem consideração e respeito à medida que são conhecidas. Por isso, a competência de comunicação linguística está presente na capacidade efetiva de conviver e de resolver conflitos. A linguagem, como ferramenta de compreensão e de representação da realidade, deve ser instrumento para a igualdade, para a construção de relações iguais entre homens e mulheres, para a eliminação de estereótipos e de expressões sexistas. A comunicação linguística deve ser motor da resolução pacífica de conflitos na comunidade escolar. Escutar, expor e dialogar implica ser consciente em relação aos principais tipos de interação verbal, ser progressivamente competente na expressão e compreensão das mensagens orais que se intercambiam.

Podemos pensar que os objetivos são metas a conseguir e que isso ocorre quando o sujeito conseguiu um grau de domínio das possibilidades especificadas na competência. Como seria absurdo que a Administração do Estado quisesse controlar se se alcança ou não o domínio de todos esses conteúdos, digamos que tal especificação, mais que uma prescrição, é uma orientação oferecida com finalidades pedagógicas, com um formato singular. Supõem-se que seu destinatário são os professores, mas temos dúvidas se eles de fato leem tais regulamentações do currículo e trabalham com tais documentos. No entanto, em se tratando de orientar, por que – por exemplo – não abrir para outros campos as diretrizes e abordar os fenômenos identitários ligados à língua, o valor econômico que tem, sua diferenciação social ou saber qual dicionário convém escolher quando se viaja a um determinado país? O que impede introduzir esses aspectos como componentes da competência? Ou por que não se esclarece de que maneira se relaciona essa competência com "estruturar e dar coerência às próprias ações e tarefas"?

Mais clara é a proposta europeia (ver Quadro 1.3) no quadro de recomendações propostas para cotejar os aspectos importantes que dão conteúdo às competências. O exemplo que mostramos acerca da língua materna é conciso, direto, esclarecedor do que se pretende, sem concessões à literatura não pertinente. Vemos nesse exemplo que teorizar tanto sobre competências para acabar denominando "1. Comunicação na língua materna" a área que chamávamos "Língua" é dar um rodeio sem muitos efeitos, isso apenas nos lembra que sua finalidade é a de ser um instrumento para a comunicação, o que é importante apontar, por mais óbvio que isso seja. Curiosamente, esse exemplo de competência sugerido pela Europa distingue os três elementos clássicos de *conhecimentos, habilidades e atitudes*, categorias que são abandonadas na disposição oficial espanhola do currículo básico.

Os regulamentos do currículo não são o instrumento mais adequado para convencer que as propostas são adequadas para a reordenação do pensamento sobre a educação e sobre a necessidade de substituir velhos usos por novas práticas, mesmo que elas contenham diretrizes explícitas e implícitas que servem para um determinado modo de entender a educação. Se servirão de instrumentos de divulgação de uma política e de uma pedagogia deverão ser comunicáveis; ou seja, inteligíveis, sem tecnicismos desnecessários.

Como se sabe, na Espanha, as reformas ligadas a leis gerais costumam usar jargões que as identificam, cujo valor nem sempre se corresponde com a efetividade que têm depois na prática (ver Gimeno et al., 2006). São linguagens com uma atualidade limitada, pois costumam caducar com a próxima reforma, deixando um rastro que se enfraquece paulatinamente e termina por se diluir com bastante rapidez, desaparecendo quando surge a proposta seguinte. O que ficou do construtivismo como discurso de legitimação da LOGSE de 1990? O que ficará do discurso sobre as competências em um tempo que, muito seguramente, será curto?

QUADRO 1.3
EXEMPLO DE COMO PROJETAR O DESENVOLVIMENTO DA COMPETÊNCIA COMUNICATIVA, SEGUNDO A UNIÃO EUROPEIA

		Esquema das competências básicas na sociedade baseada no conhecimento*		
			Aspectos que constituem a competência	
Domínio	Definição da competência	1. Conhecimento	2. Habilidades	3. Atitudes
1. Comunicação em língua materna	– Comunicação é a habilidade para expressar e interpretar pensamentos, sentimentos e fatos de modo oral ou escrito nos diversos contextos sociais e culturais, no trabalho, em casa ou no tempo livre.	– Conhecimento do vocabulário básico, da gramática funcional, do estilo, das funções da linguagem. – Conhecimento de diferentes tipos de interação verbal (conversação, entrevista, debates, etc.) e das principais características dos distintos estilos e registros da língua falada. – Compreensão das características paralinguísticas da comunicação (expressão facial, gestos...).	– Habilidade para se comunicar de modo oral ou escrito, para compreender e se fazer entender, por meio de mensagens em situações e com propósitos diversos. – A comunicação inclui a habilidade de escutar e de compreender diversas mensagens faladas em situações diferentes, com clareza e conscientemente. – Habilidade para ler e compreender diferentes textos, adotando estratégias apropriadas para praticar a leitura com propósitos diferentes: estudo, entretenimento...	– Desenvolver uma atitude positiva para com a língua materna. – Disposição aberta em relação às opiniões e aos argumentos dos demais e se envolver em um diálogo construtivo. – Confiança para falar em público. – Disposição para se expressar com certa qualidade estética. – Desenvolver o gosto pela literatura. *(Continua)*

QUADRO 1.3
EXEMPLO DE COMO PROJETAR O DESENVOLVIMENTO DA COMPETÊNCIA COMUNICATIVA, SEGUNDO A UNIÃO EUROPEIA *(continuação)*

Esquema das competências básicas na sociedade baseada no conhecimento*

Domínio	Definição da competência	Aspectos que constituem a competência		
		1. Conhecimento	2. Habilidades	3. Atitudes
1. Comunicação em língua materna		– Conhecimento de diferentes textos literários (contos, poemas...) e não literários (relatórios, reportagens...). – Compreensão das principais características da linguagem escrita (formal, informal, científica...).	– Habilidade para escrever textos com finalidades diversas. – Habilidade para buscar, recolher e processar informação escrita e organizar o conhecimento de forma sistemática. – Habilidade para argumentar de forma oral ou escrita convincentemente. – Domínio de habilidades de ajuda (notas, esquemas...) para produzir e apresentar textos complexos (de forma oral ou escrita) para debates, entrevistas, etc.	– Desenvolver uma atitude positiva em relação à comunicação intercultural.

* *Implementation of "Education and training 2010". Key competences for lifelong learning. A european reference framework,* 2004. Comissão Europeia. (ec.europa.eu/education/policies/2010/doc/basicframe.pdf).

Tudo o que foi dito sobre o tema fundamenta a ideia sobre o que esse novo modelo é, quando menos discutível, apesar de seus respaldos, cuja entrada na cena atual tem, sem dúvida, algumas raízes profundas (políticas, econômicas, culturais...), mas seus intérpretes são aqueles que as legitimam, as propõem ou as impõem, e estes são humanos com interesses, que acertam e se enganam, como ocorre com qualquer um. O problema está na rapidez com que surgem os seguidores que abraçam o fundamentalismo próprio de causas que carregam uma forte carga emocional ou que incitam ou geram interesses vários.

TESE 9. ÀS VEZES, CRIAM-SE PROBLEMAS TÉCNICOS ARTIFICIAIS QUE OCULTAM OS REAIS

Por que se propor uma reconstrução das linguagens nesse momento, fazendo ressurgir o tema das *competências* nos debates acerca da política curricular, ligando-o à convergência europeia, quando depois cada governo interpreta as diretrizes a seu modo e na medida em que pode executá-las? Se, de modo definitivo, no caso espanhol, as Comunidades Autônomas são aquelas que detêm a autoridade para desenvolver o currículo e ninguém poderá inspecioná-lo, porque as competências podem ser interpretadas de diferentes formas, qual é o objetivo dessas iniciativas que costumam ser pródigas nos documentos oficiais? Se desencadearão em cascata processos de reordenação do currículo no segundo nível da administração; um processo que se deslocará depois para as escolas e que irá impregnar programas de aperfeiçoamento, realização de oposições, literatura divulgadora, edição de materiais, etc.?

A União Europeia no programa *2010* fixou critérios de convergência, como já pudemos ver; entre eles está o critério "porcentagem de estudantes de ensino médio nas faixas etárias entre 20 e 24 anos". A avaliação dos "deveres" para a Espanha determina que essa porcentagem indicadora deveria ter sido 66% no ano 2000 e de 61% em 2006. A média europeia nessas datas era de 76,6 e 77,7% respectivamente. A meta do programa fixa essa porcentagem para todos em 85%. O que se fez e o que se faz para conseguir deter esse decréscimo e elevar o dado até a quantidade que a meta estipula? Tais dados melhorarão com o modelo de *pedagogia das competências?* Improvável.

Relembrando os problemas conceituais que esse discurso das competências apresenta, faremos a pergunta impertinente: por que empenhar esforços em uma tarefa que mostra essas dificuldades? Se a gestação de todo esse movimento em torno das *competências* seguiu o curso tortuoso até o momento, se existem dificuldades para que nos transmitam o que querem dizer quando definem a *competência,* ao não existir suficiente experiência de como desenvolver essas propostas, o que ganhamos? As perguntas pertinentes são várias:

Essa é a forma de o ser humano se realizar – como se disse – e de obter uma sociedade integrada? O que devemos pôr sob suspeita nas práticas atuais com a introdução da nova linguagem? O que se corrige daquilo que fazemos mal com a introdução desse discurso? O que de novo e útil essas ideias trazem aos valores e às práticas que possuímos, conhecemos e que inquietaram e hoje movem os seres humanos e as sociedades – e com os governos deveria acontecer o mesmo – em direção ao progresso, à justiça, ao acesso universal à educação, à racionalidade, ao conhecimento crítico, à busca da aprendizagem relevante, significativa, integrada, aplicável e motivadora? O que acrescenta o fato de que não tivéssemos uma forma mais simples de expressá-lo?

Lançamos toda essa bagagem fora? Pelo menos, os especialistas, os técnicos e os funcionários que articulam esse novo paradigma não parecem ter necessidade de lançar mão do pensamento clássico – antigo e moderno –, de experiências inovadoras no ensino, de novos recursos metodológicos. O aparato bibliográfico que não utilizam assim parece indicar. Ele dá a impressão de que se está querendo inventar tudo pela primeira vez.

A dialética entre opções diferentes, quando situada no plano de uma confrontação de posições entre os membros de um grupo de adolescentes é resolvida com uma discussão "entre amigos". Em se tratando de explicar o que há de verdade nos diagnósticos de uma enfermidade que são contraditórios entre si, dá-se um confronto entre especialistas; no caso de diferentes teorias científicas se testa e se compara. No caso dos temas e opções pertencentes ao mundo do pessoal ou social – da vida – a racionalidade como conquista é um acordo entre as partes (a intersubjetividade compartilhada). A proposta analisada é dialogada entre os governos, mas não com aqueles que terão de tratar com elas (pais e mães, professores...).

Assim, por exemplo, não teremos dúvida de que cultivar a capacidade de comunicação da língua materna é importante, podemos argumentar, declarar sua relevância, distinguir as vertentes oral e escrita, a ação da expressão (falar e escrever) e a da recepção (escutar e ler) como dimensões. Esses aspectos figuram em todos os currículos. Pode-se ter em conta em todo o tempo escolar, em qualquer atividade que se realize, em todas as áreas dos conteúdos. Pouco mais pode ser dito com essa linguagem simplificada, sem tecnicismos.

Sabíamos da existência da tentação de se refugiar no princípio de Lampedusa de acordo com o qual "algo tem que mudar para que nada mude"*, quando alguém não quer enfrentar os problemas reais ou quando se sente impotente diante da realidade adversa, quando se vê acovardado diante do que acontece. Os males da educação não estão na falta de definição das aprendizagens que queremos conseguir em termos de competências.

---

* N. de R. T.: Expressão contida na obra *O Leopardo*, de Lampeduza, à época do Risorgimento (Unificação da Itália).

TESE 10. AS FONTES DO BOM SABER E DO BOM FAZER NÃO SECARAM E NÃO DEVERÍAMOS RENEGÁ-LAS, ESCOLHENDO OUTRAS VERDADES EM QUE ACREDITAR

Não é necessário inventar para buscar e encontrar boas causas se queremos tornar o mundo e os indivíduos melhores por meio da educação. Permitimo-nos trazer textos que nos serviram em outro momento para fundamentar a esperança de que existe outra educação que ainda é possível (Gimeno, 2005).

Faremos um relato de princípios e recomendações que poderiam nos interessar e também àqueles que fundem suas raízes naquilo que foi sustentado em boa medida pela tradição cultural e educacional europeias. Têm a vantagem – acreditamos – de não necessitar de explicações complexas. Talvez não signifiquem muito para aqueles que tiveram cortado o cordão umbilical com essa cultura ou que nunca tiveram contato com ela.

Notas para lembrar problemas que consideramos importantes e que podem incitar o debate:

- Incrementar o nível educacional da população de todas as idades utilizando todos os meios.
- Melhorar a cultura que se dissemina no sistema educacional, o que implica:
  - revisar e ampliar o sentido do que são conteúdos relevantes;
  - torná-los atrativos para os estudantes;
  - aproveitar os meios disponíveis, os clássicos ou as novas tecnologias;
  - revisar as práticas que dificultam esses objetivos;
  - tornar as escolas algo mais que simples locais onde se "passa a matéria";
  - dispor de um corpo docente mais bem qualificado.
- Fazer com que a cultura presente no currículo geral, em cada escola e em cada aula, assim como a atenção a cada aluno e aluna sejam distribuídas com justiça a todos.
- Cuidar para que todo o(a) estudante aproveite ao máximo suas possibilidades, sem que ninguém fique para trás ou que seja impedido de seguir adiante de acordo com suas capacidades.
- Tornar mais flexíveis as instituições escolares, o tempo de escolarização, os horários, as atividades possíveis, os espaços...
- Dispor de uma liderança que, a partir de altas instâncias da política educacional até cada uma das escolas e em cada sala de aula, promova e impulsione essas finalidades de qualidade e justiça.

- Tudo isso em um projeto educativo mais global para desenvolver pessoas que sejam racionais, capazes de se comportarem livre e autonomamente, cidadãos responsáveis e solidários.
- Envolver a todos para, em colaboração, levar a cabo esse projeto: administrações, pais e mães, alunos(as), professores(as), editores(as), movimentos sociais, etc.
- Disponibilidade de meios, incrementando o gasto público com vista a dedicá-lo a objetivos precisos: melhorar a igualdade e a qualidade.
- Estabelecendo sistemas de informação para que as partes envolvidas tenham conhecimento de como se desenvolve esse projeto, bem como dispor de mecanismos de auditoria sobre o cumprimento das responsabilidades correspondentes a cada um.

Recomendações para que os conteúdos sejam fontes para o desenvolvimento das capacidades:

a) Consideração ampla dos conteúdos essenciais e relevantes dos diferentes campos culturais do saber, da tecnologia, das artes e das formas de expressão e comunicação.
b) Considerar as matérias, na medida do possível, como territórios controversos.
c) Estabelecer as conexões interdisciplinares possíveis entre as áreas e disciplinas.
d) Desenvolver competências transversais, tais como a leitura, os hábitos de trabalho, etc.
e) Que capacitem para o conhecimento e análise das diversas atividades humanas e modos de vida
f) Conscientização sobre temas e problemas que afetam a todos em um mundo globalizado: a ordem mundial, a fome, o esgotamento dos recursos, a superpopulação, a contaminação, a desigualdade, a emigração...
g) Adotar uma perspectiva pluricultural em todos os conteúdos quando isso for possível, a fim de transmitir um sentido da cultura como "caldeirão cultural" que funde múltiplas contribuições e conscientizar acerca da diversidade humanas, base do respeito e da tolerância para com as diferenças.
h) Analisar e valorizar as contribuições mais importantes para o progresso humano, desde a vela ao telefone celular, a imprensa, a aspirina, a penicilina... a abóboda, a democracia.
i) Extrair do discurso sobre a cidadania na democracia os conteúdos e as diretrizes para qualquer disciplina, para qualquer professor e para cada ação.

Princípios para o desenvolvimento do currículo:

a) Aproveitar as variadas fontes de informação, cultura e estudo que a sociedade do conhecimento oferece: escritos, imagem, som... para sair das limitações do livro didático.
b) Considerar a vida cotidiana e os recursos do meio ambiente para relacionar a experiência do sujeito com as aprendizagens escolares sem cair em localismos limitadores.
c) Organização globalizada dos conteúdos em unidades complexas que exijam a coordenação de professores e inclusive a "docência em equipe". Além disso, as conexões interdisciplinares de conteúdos podem ser juntadas a atividades e meios em unidades temáticas de uma certa complexidade e duração em seu desenvolvimento.
d) Estímulo e exercício das variadas formas de expressão nas realizações ou trabalhos dos alunos.
e) A motivação em relação aos conteúdos e atividades não é algo que se possa dar por suposto, nem surgem de forma espontânea, deve ser provocada por meio de um ensino interessante. É preciso buscar e promover as motivações permanentes em relação à aprendizagem e às atitudes positivas em relação à cultura, como forma de ensinar a *aprender a querer aprender*.
f) Explorar todos os tipos de aprendizagens possíveis em cada unidade: conhecimentos, habilidades, hábitos, aquisição de atitudes e valores.
g) Cultivar as virtudes ou hábitos intelectuais como a abertura, fundamentar a opinião, dialogar com diferentes opiniões, empenho na busca da verdade, transitoriedade e relatividade do saber que se constrói constantemente.
h) Exercício de virtudes sociais como a tolerância, a cooperação, a ajuda.
i) Atenção com necessidade de compensação imediata e como estratégia de vigilância contínua: evitar lacunas, reforçar competências básicas.
j) Reconhecimento e estímulo dos valores, das opiniões e manifestações da individualidade e da autonomia dos pequenos, em uma ordem presidida pelo respeito aos demais e à necessidade de um ambiente de trabalho produtivo e motivador.
k) Continuidade curricular ao longo de períodos, ciclos e graus, bem como respeito à progressividade dos níveis de exigência, de acordo com as necessidades individuais.
l) As escolas não são os únicos locais em que se tem contato com a cultura ou a informação aproveitável no desenvolvimento do currículo.

Acreditamos que desses princípios podem ser extraídas infinitas possibilidades para encontrar matéria para construir competências. À pergunta sobre o que há de novo em tudo isso, pode-se responder com "apenas uma nova linguagem, um jargão", uma técnica convertida em uma ideologia fácil de lançar raízes em terrenos baldios. Acreditávamos ter aprendido com a história para não nos condenarmos a repeti-la. Para isso é necessário que não se rompam as boas tradições de pensamento e as práticas. Para que estas sobrevivam é necessário que sejam mostradas. Para que as ideias continuem, é preciso contá-las a outros.

A partir da administração se lança, uma vez mais, para o sistema educacional o desafio de pensar, de programar, de realizar e de avaliar a educação. De repente, sem discussão prévia nem ensaio algum, parece anunciar-se uma (outra) boa-nova, da qual desconhecíamos a existência. Acharam uma nova pedra filosofal para vender poções e placebos. De repente, uma torrente de publicações anuncia a boa-nova, oferecendo sugestões, propostas e raciocínios, como se se houvesse ocorrido uma "transmigração" da sabedoria para ilustrar os professores e remediar os males que afligem a educação, quase sempre não superando nessa mímese o nível de uma mudança de linguagem. Não nos surpreenderia que os professores, cansados de ver ocorrer as modas expostas pelos mesmos figurantes, fiquem como espectadores, mudos diante desse frenesi. Esperemos que em um país descentralizado a diversidade das políticas educacionais permita a sobrevivência de formas diferentes de enunciar desejos, desafios e esperanças para poder reconfortar àqueles que padeceram dos vazios do presente.

NOTAS

1. Tese: Conclusão, proposição que se sustenta por meio de raciocínio lógico.
2. *Program International for Student Assessment* (Programa Internacional para a Avaliação de Estudantes).
3. Ver, por exemplo, *Sistema estatal de indicadores da educação. 2004*. Ministério da Educação da Espanha: http://www.ince.mec.es/indicadores%20Publicos/indice.html
4. *Definition and Selection of Competencies.*
5. *Key competencies for a successful life and well-functioning Society (Definition and selection of competencies: theoretical and conceptual foundations).*
6. Traduzidos para o espanhol pela editora Santillana sob o título de *Panorámica de la educación*.
7. Não deve ser casual que essa regulação tenha sido realizada na gestão de A. Tiana como Secretário Geral do Ministério da Educação (2004-2008), o qual ocupou postos de responsabilidade em instituições relacionadas com a avaliação de sistemas educacionais, como o cargo de Presidente do IEA (*International Association for the Evaluation of Educational Achievement*) (1999 e 2004), o de membro honorário e

representante da Espanha na mesma associação, o de Diretor do Instituto Nacional de Qualidade e Avaliação (1989-1986) da Espanha, o de colaborador da OCDE, bem como o de membro do diretório internacional de IDEA (Instituto de Avaliação e Assessoramento Educacional), sendo que entre as ações que desenvolveu figura a adoção da medida da avaliação de escola e de sistemas educacionais, tanto na Espanha quanto na América Latina.
8. No programa DeSeCo muitos países da OCDE, o Ministério da Educação dos Estados Unidos e o *National Center for Education Statistics* com o apoio do Statistics Canadá estão envolvidos.
9. Uma das bases teóricas citada, sustentadora da justificativa para introduzir o discurso sobre as competências, é o trabalho de Rychen e Tiana (2004). Essa linguagem passa a ser utilizada na política do currículo na Espanha precisamente quando este último autor ocupa o cargo de Secretário Geral da Educação do Ministério da Educação entre 2004 e 2008 durante o governo do PSOE.
10. http://www.oecd.org/document/17/0,3343,en_2649_39263238_2669073_1_1_1_1,00.html
11. No documento Educação e Formação 2010 são utilizados ambos os conceitos: *capacidades* e *competências*.
12. A linguagem dos relatórios oscila entre o emprego dos termos "habilidades básicas" *(destrezas básicas)* e o de "competências-chave" *(competencias clave)* e se optou por este último conceito, da mesma forma que a OCDE. Neste livro, chamaremos *competências básicas*.
13. *Recomendação do Parlamento Europeu e do Conselho de 18 de dezembro de 2006 sobre as competências-chave para a aprendizagem permanente*. Diário Oficial da União Europeia, 30/12/2006.
14. www.oecd.org/dataoecd/47/61/35070367.pdf
15. REAL DECRETO 1513/2006, de 7 de dezembro, pelo qual se estabelecem os ensinos mínimos da Educação primária (BOE de 8 de dezembro de 2006).

REFERÊNCIAS

ÁLVAREZ, J. M. (2001), *Evaluar para conocer, examinar para excluir*. Madrid. Morata.

BARNETT, R. (2001), *Los límites de la competencia*. Barcelona. Gedisa.

BAUMAN, X. (2007), *Los retos de la educación en la modernidad líquida*. Barcelona. Gedisa.

BLOOM, B. (y colab.) (1971), *Taxonomía de los objetivos de la educación: clasificación de las metas educativas*. Buenos Aires. Librería El Ateneo.

BOTKIN, J. (1980), *Aprender, horizonte sin límites*. Madrid. Santillana.

DELORS, J. (1996), *La educación encierra un tesoro*. Madrid. Santillana-Ediciones UNESCO.

FAURE, E. (1973), *Aprender a ser*. Madrid. Alianza Universidad-UNESCO.

GIMENO, J. (1982), *La pedagogía por objetivos. Obsesión por la eficiencia*. Madrid, Morata.

_____ (2005), *La educación que aún es posible*. Madrid, Morata. Publicado pela Artmed Editora sob o título: *A educação que ainda é possível*.

_____ (2008), *El valor del tiempo en educación*. Madrid. Morata.

_____ y otros, (2006), *La reforma necesaria: entre la política educativa y la práctica escolar*. Madrid. Morata.

MORIN, E. (1994), *Introducción al pensamiento complejo*. Barcelona. Gedisa.

_____ (2001), *Los siete saberes necesarios para la educación del futuro*. Buenos Aires. Nueva Visión.

NATIONAL COMMISSION ON EXCELLENCE IN EDUCATION, (1983), *A Nation At Risk: The Imperative For Educational Reform*. Abril.

RYCHEN, D. S. y TIANA, A. (2004), *Developing key competencies in education: Some lessons from international experience*. París. UNESCO-BIE.

_____ y SALGANIK, L. H. (comp.) (2006), *Las competencias clave para el bienestar personal, social y económico*. Málaga. Ediciones Aljibe.

SCHÖN, D. (1983), *The reflective practitioner*. Nueva York. Basic Books

SEN, Amartya, (2005), "Human Rights and Capabilities". *Journal of Human Development*. Vol. 6, No.2, Julio 2005

WEINERT, F. E, (1999), *Definition and Selection of Competencias. Concepts of Competente*. Max Planck Institute for Psychological Research, Munich.

_____ (2001), *Concept of Competence: a conceptual definition*. En: RYCHEN, D. S.; SALGANIK, L. H. (eds.), *Defining and Selecting Key Competentes*. Seattle,WA., Hogrefe Huber.

2

COMPETÊNCIAS OU PENSAMENTO PRÁTICO?
A construção dos significados de representação e de ação

Ángel I. Pérez Gómez

> Além disso, no mundo do século XXI, o conteúdo é tão abundante que se torna um pobre sustento para assentar o sistema educacional. Ao contrário, o contexto e o significado se tornam mercadorias desejadas, tão escassas quanto relevantes. Por isso, o propósito atual da educação se concretiza na ação de ajudar os alunos a se comunicarem com as outras pessoas, encontrar informação adequada e relevante para a tarefa empreendida, e a serem coaprendizes e parceiros dos professores e dos colegas em diversos cenários e comunidades de aprendizagem que transpassam os muros da escola.
>
> (McCombs, 2007)

O termo competências tem para mim a imagem de uma serpente sinuosa que acompanhou minha vida acadêmica desde meus primeiros contatos com o território da pedagogia como estudante no final dos anos de 1960 até os dias atuais. O réptil sedutor apareceu poderoso nas primeiras aulas que recebi na disciplina de Didática com a aparência da melhor vestimenta científica amparada pelo condutismo (Skiner, Thorndike, Bloom, Popham...), dominando orgulhosamente a cena educacional até começo dos anos de 1980. Desapareceu em um longo e calmo inverno, embora com efeitos sempre presentes, até seu despertar atual sob as propostas, entre as quais, as da OCDE. O termo é o mesmo, mas o significado parece bem diferente.

É certo que na Espanha estivemos à margem de um debate que se desenvolveu desde 1996, pelo menos nos países da OCDE, por força de um Governo conservador, no poder durante todos esses anos até 2004, cujas propostas pedagógicas, simplistas e primitivas iam de encontro com as renovadoras propostas dos documentos da OCDE.

No presente capítulo, me proponho a dissecar a serpente e tentar compreender, sem pudores, as possibilidades e a oportunidade desse velho termo e novo construto, amparado agora pelas políticas oficiais de organismos internacionais tão influentes. Para isso me parece conveniente estruturar meu discurso nas seguintes partes:

1. Os desafios educacionais na sociedade baseada na informação.
2. Aprendizagem relevante, construção de significados e formação do conhecimento.
3. Principais vias de construção de significados.
4. Rumo a uma interpretação holística da aprendizagem relevante.
5. A formulação das finalidades da escola em competências fundamentais.
    5.1. O conceito holístico de competências-chave ou fundamentais.
    5.2. Seleção de competências essenciais. As prioridades educacionais.
6. Mudar o olhar. Reinventar a escola.
    6.1. Mudanças na concepção, planejamento e realização do currículo.
    6.2. Mudanças no desenvolvimento do currículo, nos modos de ensinar e de aprender.
    6.3. Criação de novos ambientes de aprendizagem.
    6.4. Novos modos de entender a avaliação das aprendizagens.
    6.5. Novas formas de entender a função docente. Mudar o olhar.
7. À guisa de Conclusão. Os meandros da minha argumentação.

OS DESAFIOS EDUCACIONAIS NA SOCIEDADE BASEADA NA INFORMAÇÃO

Parece evidente que no início do século XXI nos encontramos imersos em uma época de mudanças profundas, rápidas e substanciais ou como Castell prefere: diante de uma mudança de época em todos os aspectos. As mudanças substanciais nas relações de poder, de produção e nas formas de viver assim, bem como os importantes movimentos demográficos e as espetaculares conquistas tecnológicas nas últimas décadas, produziram uma alteração radical em nossa forma de nos comunicar, de agir, de pensar e de expressar.

Embora tenha uma aparência simplista, parece-me esclarecedora, útil e intuitiva a classificação que Riegel (2007) faz quando distingue quatro épocas principais no desenvolvimento da humanidade do ponto de vista socioeconômico.

- A idade da pedra, de aproximadamente 1 milhão de anos até 6 mil anos antes de nossa era, em que a atividade principal dos hominídios humanos era a caça, a pesca e a conservação dos alimentos.
- A época agrícola, desde 6 mil anos a. C até o século XVIII, em que a principal atividade dos humanos era a agricultura e a criação de gado.
- A época industrial, desde o século XVIII até os últimos 25 anos do século XX, em que a principal atividade dos humanos nos países mais desenvolvidos se relacionava com o trabalho em fábricas.
- A época da informação, desde 1975 até nossos dias, em que a principal atividade dos seres humanos se relaciona com a aquisição, a análise e a comunicação de informação.

A era da informação, na qual vivemos atualmente, caracteriza-se, como defende Castell, pela primazia do valor da informação sobre o valor das matérias-primas, sobre o trabalho e sobre o esforço físico. Por exemplo, (Riegel, 2007), no automóvel, protótipo da era industrial, 60% de seu custo se deve à matéria-prima e ao trabalho físico dedicado a sua produção. No entanto, no caso do computador, protótipo da era da informação, apenas 2% de seu custo se deve à matéria-prima e ao trabalho físico empregado em sua produção. "Na nova sociedade digital... impõe-se a necessidade de dar um valor real às pessoas mais que às coisas, como consequência do processo de digitalização em que vivemos, em que a matéria-prima fundamental é a inteligência" (Rodríguez Ibarra, 2008).

O que isso significa para a vida cotidiana dos cidadãos?

Vejamos os seguintes fatos:

- Nos últimos 20 anos produziu-se mais informação que nos 5 mil anos anteriores.
- A informação se duplica a cada quatro anos e cada vez de modo mais acelerado. Há quase 100 anos a informação que o ser humano utilizava em sua vida cotidiana permanecia basicamente a mesma por várias gerações.
- A informação que cada dia oferece, por exemplo, o jornal *N.Y. Times* é maior que a que uma pessoa poderia encontrar no século XVII durante toda sua vida.
- 80% dos novos empregos requer habilidades sofisticadas de tratamento da informação.
- Os empregos que envolvem o uso da internet pagam 50% mais que aqueles que não o envolvem.
- Nos próximos cinco anos, 80% dos trabalhadores estarão realizando seu trabalho de modo diferente como o tem desenvolvido durante os últimos 50 anos, ou estará desempenhando outros empregos (Riegel, 2007).

Dessa forma, não parece exagerado afirmar que a sobrevivência dos indivíduos, das organizações e das nações na era da informação depende substancialmente da aquisição, do uso, da análise e da comunicação de informação.

Por outro lado, esse intercâmbio tão assustador de informação comporta certo tipo de relações e interações que, nas palavras de Gergen (1992, 1998, 2001), provocam a saturação social do eu. As novas tecnologias rompem as barreiras do espaço e do tempo e permitem manter relações, diretas ou indiretas, presenciais ou virtuais, casuais ou estáveis, rápidas ou intensas, com um círculo cada vez mais vasto de indivíduos. O incremento acelerado e exponencial de estímulos sociais provoca a mudança de nossas experiências e de nossas concepções, bem como uma crescente perplexidade diante da multiplicidade e aceleração de realidades e discursos. Como proclama Ronald Barnett (1999), vivemos em contextos e situações de supercomplexidade.[1] A confusão, a fragmentação e a perplexidade substituem o conhecimento comum e estável das sociedades tradicionais. Os ensinos da vida e os costumes do passado não são suficientes para enfrentar os desafios do presente e as exigências do futuro (Wells e Claxton, 2002). Mais do que nunca, os seres humanos que vivem em uma mesma época se deparam, inevitavelmente, com um panorama aberto e cambiante, de abundância e desigualdade, de possibilidades e de riscos, de contrastes e turbulências, mas em todo o caso incerto, complexo e fluido. Parece evidente que por fim Heráclito no século XXI conseguiu levar o gato à água desse rio fluido no qual só se pode se banhar uma vez.

A sociedade da informação e do conhecimento, por tudo isso, endereça à educação demandas diferentes das tradicionais, claramente relacionadas com o desenvolvimento, em todos os cidadãos, da capacidade de aprender ao longo de toda a vida. Dito de outro modo, o problema já não é a quantidade de informação que as crianças e os jovens recebem, mas sim a qualidade dessa mesma informação: a capacidade para entendê-la, processá-la, selecioná-la, organizá-la e transformá-la em conhecimento; bem como a capacidade de aplicá-la às diferentes situações e contextos em virtude dos valores e intenções dos próprios projetos pessoais, profissionais ou sociais. A *aprendizagem como indagação e a criatividade* acompanhada da *crítica* se erigem como as competências-chave do cidadão para poder enfrentar a incerteza e a supercomplexidade de seu contexto.

Nessa sociedade global baseada na informação, é necessário considerar seriamente o papel das novas ferramentas e plataformas pelas quais a informação transita, porque sem dúvida alguma elas constituem o fator central da mudança. A internet[2], a rede de redes, como plataforma universal, aberta e flexível, pode ser considerada um agente facilitador do intercâmbio democrático, porque torna acessível mais informação a mais gente ao longo da história da humanidade.[3]

Além disso, *a internet não é apenas um armazém inesgotável de informações* e uma base mais ou menos ordenada ou caótica de dados, conceitos e teorias, *excelente e viva biblioteca ao alcance de todas as pessoas, mas sim, o que é mais importante, um espaço para a interpretação e para a ação,* um poderoso meio de comunicação, uma plataforma de intercâmbio para o encontro, a colaboração em projetos conjuntos, a constituição de novas comunidades virtuais, o planejamento compartilhado e a organização de mobilizações globais, bem como para a expressão dos próprios sentimentos, desejos e projetos.

Por outro lado, não podemos esquecer que a internet é uma valiosa e expansiva rede de informação, cujo conteúdo não está regulado e que mistura, sem ordem nem harmonia, verdades, meias verdades e mentiras. Junto com informação valiosa, também inclui lixo tendencioso e material ético e politicamente tendencioso e perigoso, que surge muitas vezes de forma inesperada, sem aviso prévio. Do mesmo modo que a "complexificação" da sociedade "cara a cara", também a vivência dos intercâmbios e das possibilidades virtuais que a internet oferece abrem um mundo de possibilidades como de riscos para os quais o indivíduo deve se preparar e se formar.

Isso quer dizer que a escola enquanto organização influente na história recente da humanidade do desenvolvimento educacional das novas gerações deixou de ter sentido e será imediatamente substituída pela internet?

Pelo menos parece evidente que os processos de ensino-aprendizagem já não podem ser entendidos, onde os indivíduos são postos em contato com a informação e com o conhecimento disponível, sem a presença poderosa e amigável das TIC e em particular da rede de redes.

O que deveria estar realmente claro, e não está, para a maioria de nós como docentes é que as novas exigências e condições da sociedade baseada na informação removem, de modo drástico, os fundamentos da escola clássica e de seus modos de entender o conhecimento, bem como a informação pessoal, social e profissional dos cidadãos contemporâneos.

É óbvio que o sistema educacional deve preparar os estudantes para que manejem e resolvam situações no futuro, bem diferentes, de modo geral, que as que atualmente os rodeiam. Tais situações são em grande parte desconhecidas e tanto mais imprevisíveis quanto maior, mais rápida, intensa e extensa é a mudança econômica, social e cultural. Para enfrentar situações desconhecidas nos âmbitos profissionais, sociais e pessoais, os indivíduos devem possuir capacidades de aprendizagem de segunda ordem, *aprender de que maneira aprender e de que forma autorregular a própria aprendizagem* para enfrentar os desafios de um contexto tão aberto, cambiante e incerto.

Assim, pois, as exigências formativas dos cidadãos contemporâneos são de tal natureza que requerem reinventar a escola para que seja capaz de estimular o desenvolvimento dos conhecimentos, das habilidades, das atitudes, dos valores e das emoções que os contextos sociais heterogêneos, cambiantes, incertos, saturados de informação, contextos caracterizados pela supercomplexidade exigem. Como ajudar para que os novos indivíduos desenvolvam uma identidade pessoal com a suficiente autonomia para que possam enfrentar as exigentes demandas das sociedades contemporâneas? Como contribuir para a compensação das enormes e crescentes desigualdades provocadas por uma sociedade na qual as diferenças entre pobres e ricos são cada vez mais importantes e aqueles que perdem o veloz trem da informação ficarão mais excluídos das interações mais relevantes?

A distinta posição dos indivíduos em relação à informação define suas possibilidades produtivas, sociais e culturais inclusive até o grau de determinar a *exclusão social daqueles que não são capazes de entender e processar a informação*.

Os sistemas educacionais, portanto, enfrentam, nas democracias atuais, dois grandes desafios que estão intimamente relacionados: por um lado, consolidar uma escola compreensiva que permita o máximo de desenvolvimento das capacidades de cada pessoa, *respeitando a diversidade e assegurando a equidade* de acesso à educação e compensando as desigualdades; por outro lado, favorecer a *formação de sujeitos autônomos*, capazes de tomar decisões informadas sobre sua própria vida e de participar de maneira relativamente autônoma na vida profissional e social.

Por outra parte, convém não esquecer que os sistemas educacionais contemporâneos têm que enfrentar um inevitável dilema, por um lado, e, ao se apoiarem na pesquisa, contribuem para o incremento da complexidade, da incerteza e da criação, e também deverão preparar os indivíduos e os grupos humanos para manejar e viver imersos em tais contextos de complexidade e incerteza que por outro lado estão contribuindo para criar.

APRENDIZAGEM RELEVANTE, CONSTRUÇÃO DE SIGNIFICADOS E FORMAÇÃO DO CONHECIMENTO

Nesse contexto social e simbólico, a socialização da maioria dos indivíduos das sociedades contemporâneas é produzida pelo que, em função dessas influências, se desenvolvem suas habilidades, seus conhecimentos, seus esquemas de pensamento, suas atitudes, seus afetos e formas de comportamento.

O déficit de nossos estudantes não é de modo geral um déficit de informações e dados, mas sim de organização significativa e relevante das informações fragmentárias e enviesadas que eles recebem em seus atuais contatos com os meios de comunicação.

Em especial, o déficit dos processos atuais de socialização se encontra fundamentalmente no território dos sentimentos e das condutas. É muito difícil que as novas gerações encontrem, nesse cenário global, acelerado, de incertezas e perplexidade, uma maneira racional e autônoma de governar seus sentimentos e suas condutas. Trata-se, portanto, de um *déficit fundamen-*

talmente de orientação e organização de sentimentos, de maturidade emocional, de construção de valores e de organização de condutas.

O desafio da informação do sujeito contemporâneo se encontra na dificuldade de transformar as informações em conhecimento, quer dizer, em corpos organizados de proposições que ajudem a melhor compreender a realidade, bem como na dificuldade para transformar esse conhecimento em pensamento e sabedoria.[4]

Que tipo de aprendizagem esta transição produz ou facilita?

Os seres humanos desde sua origem, aprendem, constroem significados em sua vida cotidiana de forma espontânea, enquanto satisfazem suas primeiras necessidades e como estratégia de adaptação a um contexto que facilita ou obstaculiza tal satisfação. O ser humano individual e coletivamente constrói significados de acordo com seus interesses e possibilidades de discernimento e compreensão, sempre em contextos reais, historicamente condicionados.

Os significados são representações mentais, subjetivas, da realidade em todas as suas manifestações. Os significados, como representações subjetivas da realidade, são *sempre polissêmicos,* em grande parte porque refletem a realidade e porque refletem também o modo de ver do sujeito, e cada sujeito constrói suas plataformas subjetivas de representação com as representações alheias que respira em seu contexto familiar e cultural. Os significados que cada indivíduo adquire e que lhe servem para organizar sua conduta de maneira adaptativa a seu contexto, para satisfazer suas necessidades, são considerados relevantes por cada indivíduo e por isso permanecem e se reproduzem.

Esses significados são adquiridos no processo de *socialização* pelo qual cada indivíduo enquanto cresce e satisfaz suas necessidades vitais obtém os significados que sua comunidade, ampla ou restrita, utiliza para se desenvolver no cenário que habita: ideias, códigos, costumes, valores, técnicas, artefatos, comportamentos, atitudes, formas de sentir, estilos de vida, normas de convivência, estruturas de poder... O processo de socialização é a ferramenta central por meio da qual as novas gerações incorporam as aquisições acumuladas durante o processo de humanização da espécie. É um mecanismo basicamente conservador, de transmissão da cultura dominante, de aculturação das novas gerações para que aproveitem o legado da humanidade acumulado em cada comunidade.

Esse processo é tão rico, ou tão limitado, quanto a cultura na qual se produz e muito mais eficaz nas culturas estáveis, nas quais os significados dominantes permanecem praticamente os mesmos ao longo de gerações. No entanto, o progresso do conhecimento implica a ruptura com os significados estabelecidos, o questionamento das representações mentais, das ideias, dos costumes e dos valores da própria cultura e a abertura para outras interpretações e possibilidades. A *educação*[5] cumpriu, ou pretendeu cumprir, essa função crítica de abertura para outros significados, para outras culturas e para outras ideias, identificando a possível origem e as limitações dos próprios pressupostos culturais e dos significados que construímos e que condicionam nosso modo de pensar, de sentir e de agir.

O progresso do conhecimento representa a aceitação e o reconhecimento do caráter relativo dos significados construídos pela comunidade humana em qualquer tempo e em qualquer espaço, portanto, seu caráter parcial, temporal e limitado, bem como a necessidade de reconstruir, de forma permanente, os significados e os *eixos de sentido*[6] à luz das novas descobertas, experiências e criações dos seres humanos.

Os significados, as representações subjetivas, se referem a todos os âmbitos do real desde o âmbito mais físico ao território mais espiritual, passando pela parcela das emoções, dos sentimentos ou dos valores. *A grandeza do ser humano e sua complexidade reside, em meu entender, na possibilidade ilimitada de construir significados.*

A qualidade epistemológica dos significados que os seres humanos adquirem, reinterpretam em sua vida pessoal e profissional é, portanto, a chave de seu desenvolvimento satisfatório. E para nós que não acreditamos em verdades reveladas nem nos ditados inexoráveis da natureza, a qualidade dos significados humanos, e portanto do conhecimento, reside na consciência de sua origem limitada (histórica e socialmente) e na necessidade de seu contraste permanente com as evidências empíricas e com as construções alternativas que os significados alheios representam, no debate público argumentado e na experimentação ou no contraste com a experiência.

PRINCIPAIS VIAS DE CONSTRUÇÃO DE SIGNIFICADOS

Por suas importantes repercussões pedagógicas me deterei muito brevemente na análise das vias fundamentais que os seres humanos utilizam para construir e reconstruir significados ao longo de toda a sua vida.

O ser humano adquire significados, ou seja, aprende, desde que nasce. Assumindo os riscos que toda classificação dessa natureza comporta, arrisco sintetizar as diferentes posições que os psicólogos, filósofos e pedagogos mantiveram ao longo da história nas seguintes cinco vias fundamentais de construção de significados:

Em primeiro lugar: a imitação, observação, reprodução e o condicionamento ocupam uma parte importante da aprendizagem humana ao longo de toda a sua vida, mas de forma muito especial e intensa nos primeiros anos de seu desenvolvimento. Esse caminho básico de aquisição de significados foi muito bem estudado pela corrente psicológica denominada condutivismo[*], na qual o condicionamento, clássico ou operante e o modelo de condutas nos

---

[*] N. de R. T. Condutivismo: teoria psicológica baseada no condicionamento operante (Thorndeke, Skinner e outros).

ajuda a compreender uma parte importante das aprendizagens humanas. O erro, de acordo com meu entender, cometido pelos promotores e defensores dessa corrente, bem como pelos de outras, é pretender universalizar um território parcial e considerar que todas as aprendizagens e condutas humanas podem ser entendidas apenas por meio da explicação condutivista.

Existem poucas dúvidas, atualmente, de que o volume importante da aprendizagem e da conduta de crianças e adultos é adquirido, para o bem ou para o mal, por meio da observação, da imitação e do condicionamento, no longo e lento processo do desenvolvimento infantil, quando o ser humano se põe em contato com os significados e produtos da cultura social que rodeiam sua existência. A via da observação e imitação é um instrumento privilegiado dos processos de socialização. Por meio dela é construída a maioria dos reflexos, dos automatismos, dos hábitos e das crenças que nos permite andar por aí com o "piloto automático" ativo e responder de maneira rotineira e geralmente eficaz em nossa vida cotidiana.

Em segundo lugar: a experimentação, manipulação e descoberta (das pessoas, da natureza, dos objetos, das relações...), além da imitação ou da reprodução. Não resta dúvidas de que outro volume importante de significados é adquirido em processos e em atividades que excedem a observação, a imitação e o condicionamento e que requerem a participação ativa do indivíduo humano na exploração relativamente autônoma de seu mundo físico, natural e social. A ênfase prioritária dessa via se centra na riqueza do movimento relativamente autônomo do sujeito para indagar, experimentar, descobrir e corrigir. O componente de atividade, de iniciativa e de autonomia é chave para compreender as importantes consequências desse caminho na construção progressiva de um sujeito autônomo. A psicologia cognitiva de Piaget se localiza no centro dessa corrente. Nada melhor que relembrar seu pensamento na seguinte proposição: *tudo o que ensinamos à criança impede que ela aprenda por si mesma.*

A experimentação, em seus diferentes modos, é, sem dúvida, um caminho real para a aquisição de significados de qualidade. Tanto a aprendizagem individual quanto a coletiva, a formação individual, a pesquisa científica ou a criação artística põem grande parte de sua prática na experimentação livre de novas formas, novas possibilidades, novas relações. Por meio da experimentação a descoberta se converte em uma forma de criação.

É evidente que a construção de significados por essa via favorece os processos educacionais, porque oferece ao sujeito a oportunidade de experimentar e indagar a realidade não estritamente condicionada e controlada por adultos, pelo *status quo* ou pelas exigências do contexto.

Em terceiro lugar: a comunicação, a grande via de aquisição de significados dos seres humanos. A comunicação é um processo permanente e ilimitado de intercâmbio de significados de toda ordem. Embora esse aspecto seja chave na maioria das concepções sobre o desenvolvimento humano, tem seus máximos representantes em Vygotsky, Bruner e nas correntes denominadas "psicologia cultural", "sociocultural", "histórico-cultural".

Para o bem e/ou para o mal, o ser humano nasce, cresce e vive sustentado por redes de significados que a cultura de sua comunidade e a de seu cenário familiar teceram por meio de complexos processos de intercâmbio e que fazem referência a todos os elementos necessários para a sobrevivência e satisfação de necessidades e para o desenvolvimento da própria identidade. O que é mais importante na via de aquisição de significados, na aprendizagem humana é evidentemente a comunicação, pela rapidez, flexibilidade e pelo caráter ilimitado de suas possibilidades, mediante a utilização de códigos linguísticos articulados. A comunicação social e interpessoal de significados pode servir tanto para a imposição de ideias e comportamentos dominantes, para a aceitação submissa e para a sedução quanto para a ampliação de horizontes, para a crítica do que existe e para a reformulação criativa do que é possível.

Manuel Cruz enfatiza a importância da comunicação que, por meio da leitura, por exemplo, excede as limitações do tempo. A leitura representa, de fato, uma maneira solitária de estar com os demais. Buscar entre os livros é, de acordo com suas palavras, dentre todas as formas que conhecemos de tentar estabelecer um diálogo, a mais potente, rica e ambiciosa: "nos respondem aqueles que existem e aqueles que se foram, os vivos e os mortos".

Em quarto lugar: a reflexão; mobilização consciente dos significados. Isolados dos demais, a reflexão requer um movimento de introspecção, de se voltar sobre si mesmo para identificar e precisar o alcance e a repercussão dos próprios modos de pensar, de sentir e de agir, recuperando situações, contextos, impressões, sentimentos, propósitos, lacunas, contradições, carências e expectativas. No contexto atual de saturação social do eu (Gergen, 1992, 2001) é difícil encontrar momentos de isolamento para a mobilização consciente do que se adquiriu, para sua identificação repousada, para entender sua complexidade, contradições e possibilidades. As correntes humanistas, Rogers, Maslow, Kelly, a filosofia oriental, as propostas da psicologia metacognitiva... enfatizaram a importância da reflexão e da mediação na construção e na reconstrução dos significados pela necessidade de discriminar os efeitos na própria identidade pessoal dos muitos ruídos do meio ambiente, da hipersaturação de informação fragmentária e interessada, da permanente e insaciável demanda de um entorno em mudança vertiginosa.

A reflexão ou mobilização consciente requer formação e hábito e constitui, obviamente, uma via fundamental na construção do sujeito educado com critérios próprios, domínio de suas emoções e desenvolvimento de um projeto de vida pessoal e profissional. Ao mesmo tempo é um aspecto imprescindível na formação da capacidade para conhecer, desenvolver e dominar as próprias capacidades de aprendizagem, de tomada de decisões e de ação. O processo de reflexão se orienta na direção de responder as seguintes questões: Tais significados dão sentido à minha vida? Estou razoavelmente satisfeito com meu projeto pessoal e profissional? Meus pensamentos, sentimentos e condutas se encaixam com tal projeto? Como afirma Manuel Cruz.... o antídoto diante da solidão não está fora de si mesmo, mas sim em seu próprio interior.

Em quinto lugar: a mobilização inconsciente. Desde o poderoso surgimento da psicanálise na história do pensamento ninguém duvida, atualmente, de que uma fonte ativa e irredutível de produção de significados é a complexa, escorregadia e persistente vida inconsciente. Poucos duvidam de sua existência e importância, mas seu tratamento pedagógico é claramente escasso e insuficiente. A vida dos sonhos, as fantasias, os temores, o desconhecido e o possível habita em nosso consciente, influenciando nossos pensamentos, sentimentos e ações, como uma parcela autônoma, escondida, misteriosa, incompreensível e ameaçadora que apenas no território da expressão artística, da sexualidade ou da mitologia pode ter sua legítima expressão.

No território inconsciente também são construídos significados que afetam nossas interpretações, desejos e condutas. A repressão pessoal ou social de impulsos e desejos pessoais deixa marcas em substratos não conscientes de nossa personalidade. Movemo-nos em um mundo de convenções mais ou menos necessárias ou arbitrárias, racionais, impostas de modo autoritário ou democrático que estabelecem os limites, as regras de jogo do que é socialmente aceitável em nosso entorno próximo. A convivência pessoal requer definir o contexto do possível e os membros de uma comunidade reprimem, desde idades bem precoces, seus impulsos acomodando-os às normas estabelecidas de forma explícita ou tácita. Quando, como dizia Freud, o controle do eu relaxa, durante o sono, as fantasias, as fobias, as experiências extraordinárias ou as situações patológicas... aparece o mundo inconsciente, tornando evidente a força extraordinária de suas demandas. Sejamos ou não conscientes disso, esses significados, esses conteúdos mentais estão condicionando seriamente nossa forma de pensar, de sentir e de agir.

O conceito de inconsciente ou de vida inconsciente adquire múltiplas e diferentes interpretações e abarca conteúdos distintos, desde os componentes do desejo e da paixão até os padrões culturais que os indivíduos incorporam como pressupostos naturais ou inquestionáveis, desde as repressões infantis e os temores inconfessáveis aos estímulos que alimentam a fantasia e animam a criação do possível. Em qualquer caso, parece imprescindível assumir sua existência e sua relevância para entender a complexidade do sujeito, compreender as contradições aparentes entre o processador e o executor humano, o pensamento e a conduta, as manifestações externas e os sentimentos latentes, bem como para captar a ambiguidade e a riqueza da relação polissêmica entre o significante e o significado.

Quando as rígidas, mas sugestivas, propostas psicanalíticas parecem deslizar pelas ladeiras do desprestígio na evolução da psicologia atual, o pensamento pós-moderno e pós-estruturalista (Lacan, Foucault, Lyotard) toma para si essa má fama e reivindica um conceito de sujeito humano que excede a consciência. A realidade humana é melhor entendida como uma construção social e singular, como um produto de atividades significativas que são, por sua vez, culturalmente específicas e em grande parte inconscientes (Madan Sarup, 1988). Até Heidegger chega a afirmar, talvez para justificar sua conduta, que toda ação representa uma inevitável dimensão inconsciente. O reconhecimento tácito (Pozo, 2005) ou o âmbito das instituições (Gigerence, 2007) ou dos comportamentos irracionais, também em certa medida previsíveis (Ariely, 2008), são formas atuais de reconhecimento da importância do território não consciente nas condutas humanas.

A influência dos conteúdos inconscientes de nossa mente é mais decisiva e perigosa já que a ignorância de sua existência, de seus modos de proceder e de seus efeitos torna mais vulnerável o indivíduo e dificulta seu controle. As correntes psicanalíticas de Freud a Lacan, assim como as escolas libertárias (Summerhill) são os maiores defensores dessas propostas.

RUMO A UMA INTERPRETAÇÃO HOLÍSTICA DA APRENDIZAGEM RELEVANTE

Se os seres humanos utilizam em maior ou em menor medida essas vias de construção de significados, se todas elas são úteis em diferentes medidas, em diferentes momentos e para diferentes propósitos no desenvolvimento da personalidade do ser humano, a compreensão do aluno, bem como a atenção a ele dada, deverão *abarcar esse olhar holístico*. Não podemos entender o ser humano atendendo, como frequentemente se fez ao longo da história recente, a qualquer uma dessas vias ou dimensões isoladamente. A complexidade das identidades individuais e grupais requer a compreensão e a estimulação dos diferentes modos de construção de significados.

As contribuições mais atuais da psicologia da aprendizagem vêm reforçar esse olhar holístico de que estamos falando. Apresentarei, de forma breve, algumas das propostas sobre a aprendizagem que parecem reunir um certo consenso acadêmico:

Em 1997 o *APA Work group of the board of educational affair* apresenta uma síntese sobre os aspectos e fatores que intervêm na aprendizagem humana e que são resultado das pesquisas mais relevantes no campo; tal síntese é claramente complementar ao que Taber (2006) e Sjorb (2007) expõem:

- O *ensino "centrado no aluno"* é uma perspectiva que enfatiza o aprendiz personalizadamente, de modo experiencial[7] (sua herança, experiências, perspectivas, conhecimento, cultura experiencial, capacidades, interesses, valores e necessidades), com a intenção de utilizar o melhor conhecimento possível sobre aprendizagem e ensino a fim de promover os níveis mais elevados de aprendizagem, de motivação e resultados para todos os aprendizes.

- Na aprendizagem estão implicados *fatores cognitivos e metacognitivos, fatores motivacionais e emocionais e fatores sociais e culturais*. A aprendizagem envolve a pessoa de modo completo (habilidades, valores, conhecimentos, atitudes, aprendizagem prévia e a cultura experiencial[8]).
- A *relação entre conhecimento e emoções é complexa e cambiante*. Os adultos decidem suas ações apoiados nas experiências prévias, pressupostos e crenças muito pouco contrastados. Além disso, a decisão ao final se apoia sempre em uma seleção subjetiva e parcial de dados e informações disponíveis (Senge, 1990).

Com referência aos fatores *cognitivos e metacognitivos* vale destacar os seguintes aspectos:

- O conhecimento é construído de modo ativo pelo aprendiz, não é recebido de modo passivo a partir do exterior. A aprendizagem relevante do conhecimento implica ação por parte do aluno.
- Aprender é adquirir significados.
- Adquirir conhecimentos é ir tecendo uma rede de relações lógicas entre os significados de um campo do saber em torno de eixos de sentido.
- Os eixos de sentido agrupam os significados e os organizam em torno de modelos interpretativos.
- O aprendiz se depara com a situação de aprendizagem com ideias prévias, algumas pouco estabelecidas e inseguras, outras bem desenvolvidas e mais profundamente arraigadas.
- O aprendiz tem suas próprias ideias, mas existem muitas semelhanças e padrões comuns entre elas e as dos demais. A maioria de tais ideias é aceita e compartilhada socialmente, fazendo parte da linguagem comum. Apoia-se em metáforas compartilhadas e serve para entender os fenômenos cotidianos.
- Tais ideias se nutrem das aparências e frequentemente discrepam e contradizem as ideias cientificamente aceitas. Costumam ser persistentes e difíceis de mudar.
- A ciência é uma forma de conhecimento profundamente humano, consciente da parcialidade de qualquer significado, e por isso baseada em procedimentos e cautelas, para favorecer o contraste público e crítico de modo permanente.
- A aprendizagem de qualquer disciplina complexa é mais efetiva quando é um processo intencional de construção de significados a partir da informação e da experiência.
- O ato de conhecer e os objetos do conhecimento não podem ser separados. Nossa compreensão e nossa ação refletem ambos, apesar de que a ação de conhecer permanece invisível e tácita.

- Encontrar o problema adequado é tão importante quanto resolvê-lo.
- É necessário introduzir dissonâncias e conflitos cognitivos na escala habitual de raciocínio do indivíduo ou do grupo, utilizando questões ou problemas provocadores, a fim de abrir horizontes e desestabilizar os pressupostos não questionados.
- Nosso conhecimento é uma empresa coletiva, distribuído em redes e contextos. Outras formas alternativas de ver os fenômenos, apesar de serem marginais e minoritárias, também fazem parte de nosso conhecimento.
- A aprendizagem se relaciona mais com a ampliação de nossos conhecimentos, interpretações e formas de ver a realidade, do que com a substituição radical de uma forma por outra.
- Conhecer e compreender o mundo é, em grande parte, conhecer e compreender as concepções que os seres humanos mais diferentes têm do mundo.
- A aprendizagem é estratégica quando o sujeito forma modelos mentais, repertórios de significados que podem utilizar como elementos heurísticos para descobrir novas relações, problemas, possibilidades e alternativas, para alcançar metas complexas.
- Os significados podem ser utilizados para indagar as próprias formas de conhecer, de construir significados e para valorar sua eficácia, suas fortalezas e suas lacunas. A metacognição facilita a autorregulação, a criatividade e o pensamento crítico.
- Toda aprendizagem, toda aquisição de significados é realizada em um contexto real, carregado de significados, de símbolos, de artefatos e sobretudo de pessoas, sujeitos com significados e intencionalidades que demandam e propõem.

Em relação aos *fatores motivacionais e emocionais da aprendizagem*, vale destacar os seguintes aspectos:

- A motivação é o motor da aprendizagem, e a motivação se encontra influenciada pelas emoções, pelas crenças, pelos interesses e pelos valores.
- A motivação intrínseca é aquela que facilita a aprendizagem que supõe a aquisição de significados pelo valor de uso dos mesmos e não apenas pelo valor de troca, por exemplo por notas, recompensas externas ou reconhecimento acadêmico. A motivação intrínseca é estimulada quando o aprendiz se localiza diante de tarefas com alto grau de novidade e dificuldade, quando faz parte de projetos com sentido e interesse para o próprio estudante.
- A aquisição de significados: conhecimentos e habilidades complexas requer um esforço intenso e continuado que não se desenvolve sem coerção a menos que exista motivação intrínseca para aprender.

- Os aprendizes se motivam mais e aprendem melhor quando trabalham com problemas reais.
- Elevadas expectativas motivam os indivíduos e os grupos.
- Um clima de confiança e segurança pessoal potencializa o desejo e a liberdade para aprender, para comunicar sem medo o erro e sem temor da ridicularização social.

Em relação aos fatores *sociais e de desenvolvimento* se destacam os seguintes aspectos fundamentais:

- A aprendizagem é mais efetiva quando as diferenças no desenvolvimento físico, intelectual e social dos aprendizes são consideradas.
- A comunicação com outros, as relações interpessoais e as interações sociais infuenciam amplamente a aprendizagem individual.
- A aprendizagem cooperativa pode estimular a motivação à medida que desenvolve atitudes fundamentais no desenvolvimento pessoal: compreensão, tolerância, generosidade, empatia.
- Os aprendizes têm diferentes estratégias, enfoques e capacidades para a aprendizagem que em sua maior parte são uma função das experiências prévias nos cenários sociais que rodeiam a vida dos alunos.
- A aprendizagem é mais eficaz quando se considera as diferenças sociais, culturais e linguísticas dos estudantes.
- O conhecimento é construído por meio da reflexão sobre os mal-definidos e caóticos problemas da prática.
- Estabelecer, de modo adequado, elevados padrões e avaliar o progresso da aprendizagem e dos aprendizes – incluindo a avaliação diagnóstica, dos processos e dos resultados – são parte integral dos processos de aprendizagem.
- A posição que cada um ocupa no cenário vital, em geral, e no discurso ou grupo de comunicação, em particular, regulam seu comportamento e sua imagem, o significado e relevância que sua voz e sua conduta adquire no intercâmbio cotidiano (Foucault).

Considerando as proposições precedentes, podemos afirmar que a aprendizagem relevante dos seres humanos tem lugar em uma complexa rede de intercâmbios, na qual se implicam todas as dimensões de sua personalidade. Os seres humanos *aprendem de forma relevante quando adquirem significados que consideram úteis para seus propósitos vitais*. O conceito de utilidade que defendo se relaciona estreitamente com o conceito de sentido, ambos os aspectos se coimplicam na *aprendizagem relevante*. É útil aquilo que tem sentido para esclarecer e enfrentar os problemas básicos da vida dos indivíduos, para ampliar seus horizontes de conhecimentos, sensibilidades e afetos. Durante muito tempo seus propósitos vitais se concentraram em sua adaptação ao meio físico-natural, na atualidade o ser humano deverá se adaptar essencialmente ao meio social, no qual vive. A adaptação gera relevância, mas geralmente lastra a qualidade dos significados adquiridos.

Parece-me conveniente me deter nesse dilema pela importância que ele tem para a teoria e para a prática pedagógicas. A relevância da aprendizagem garante consistência e continuidade, mas a qualidade do que se aprende requer distanciamento, contraste e reflexão.

A aprendizagem é fundamentalmente um subproduto da participação do indivíduo em práticas sociais, para chegar a ser membro de uma comunidade social. Parece evidente, portanto que as formas mais frequentes e importantes de aprendizagem relevante e duradoura são subprodutos de outras atividades, efeitos secundários da participação em atividades sociais, por fazer parte de um grupo humano, seja ele social ou profissional. A aquisição eficaz de habilidades, atitudes e conhecimentos tem lugar como parte de um processo de familiaridade com formas de ser, de pensar, de sentir e de ver que caracterizam o grupo e o entorno no qual nossa vida se desenvolve (Lave e Wenger, 1991).

Assim, pois, o pensamento, a ação e os sentimentos humanos crescem envoltos em contextos sociais, culturais e linguísticos. O significado dos conceitos e teorias devem se localizar nas práticas da vida real em que tais conceitos, ideias e princípios são funcionais e em que eles constituem de compreensão e atuação para os aprendizes. A relevância nos fala de adaptação, requer continuidade, mas a qualidade dos significados requer distanciamento, ruptura com as aparências, com as redes estabelecidas de compressão e de interpretação.

Parece óbvio que a *continuidade* além de garantir a relevância da aprendizagem gera estabilidade e, a longo prazo, invisibilidade das próprias formas de interpretar. O olhar que emerge do contexto e se corresponde com a interpretação do grupo se consolida como pressupostos inquestionáveis, naturais, que se transformam em obstáculos para o desenvolvimento posterior do conhecimento.

O progresso da aprendizagem e do conhecimento requer a *ruptura* com as interpretações convencionais, o distanciamento crítico das próprias formas de ver a realidade, a consciência de que não são mais do que formas particulares, parciais de olhar, sentir e agir. A distância crítica requer o contraste, a pluralidade de alternativas, a mudança de olhar e de posição.

Tanto na aprendizagem quanto na pesquisa em grupo, o movimento mais importante é a abertura para novas formas de ver e de interpretar a realidade, discernir aspectos dos fenômenos e situações não considerados até o presente e utilizá-los como plataformas de interpretação e atuação inovadores.

Portanto, o ensino e a aprendizagem devem ser enfocados para descobrir os modos habituais de interpretar dos estudantes nos âmbitos da realidade que nos ocupem, e ajudá-los a questionar, ampliar e reconstruir tais modos de interpretar.

A dificuldade do distanciamento crítico é que ele deve ser idiossincrático, singular, da perspectiva de quem aprende, e não apenas da perspectiva de quem ensina. Se o distanciamento e a abertura não afetam ou não são compreendidos pelo aprendiz, a aprendizagem relevante deixa de ser produzida embora tenha lugar a aprendizagem acadêmica convencional.

Uma variante desse dilema faz referência à dialética entre *compromisso e distanciamento* (Norbert Elias), no marco da dimensão emotiva, atitudinal e ética da intervenção pessoal e profissional. Sem compromisso, sem sentimentos, sem intencionalidade, sem se implicar e sem "manchar as mãos" é difícil chegar a compreender a dimensão subjetiva e mais vital dos fenômenos humanos, e também dos fenômenos naturais. Sem distanciamento procedimental, por outro lado, outras características substanciais e outras alternativas que enriquecem a compressão do fenômeno e de suas possibilidade não podem ser descobertas.

A ruptura e o distanciamento surgem do contraste e da experimentação da mudança:

- Do contraste de perspectivas e interpretações de distintas pessoas e grupos humanos que identificam e discernem aspectos críticos bem distintos em decorrência de seus contextos e padrões culturais. Isso leva a compreender tanto as dificuldades que outros encontram quanto as estratégias que utilizam para resolver os problemas e dificuldades da realidade.
- Da experimentação da mudança, de expor os aprendizes a diferentes situações de aprendizagem ou a situações cambiantes de um mesmo fenômeno. Não podemos esquecer que esse processo requer que as mudanças sejam experimentadas como tais pelos aprendizes, ou seja, que a chave estará sempre na implicação real dos estudantes nos contextos, nas situações e nas experiências de aprendizagem. Nesse sentido, vale enfatizar a importância dos fracassos e dos erros nos processos de aprendizagem.

A mudança do olhar, a implicação da capacidade de discernir e de levar em consideração simultaneamente aspectos críticos das situações problemáticas e de experimentar a mudança real de circunstâncias e contextos conduz a pensar na criação de um currículo escolar baseado em problemas sobre situações novas, sobre as quais em princípio nem sequer é óbvio qual é o problema, que tipo de conhecimento prévio é relevante para compreender a natureza da situação problemática, quais são os aspectos críticos mais relevantes e influentes na situação, de que forma se relacionam entre si, de que forma elaborar uma rede de compressão e de tomada de decisões.

A partir dessa perspectiva, quer-se que o estudante experimente a mudança, a diversidade, a pluralidade e a ambiguidade porque não é possível antecipar com precisão o que cada nova situação problemática no contexto do trabalho profissional ou na vida social e familiar cotidiana exigirá.

O caráter cambiante e inacabado, sempre em processo de mudança e recriação dos contextos humanos e sociais, invalida a pretensão de previsão exaustiva das competências profissionais reais, que converteriam o espaço profissional em um âmbito de reprodução e mecanicismo. A ambiguidade e incerteza substancial nos contextos e atividades humanos requerem a intervenção de padrões de interpretação abertos à mudança, à ambiguidade, à criação e à experimentação com as chaves do conhecimento disciplinar e/ou interdisciplinar mais atual.

O que nos cerca nos socializa, tomar consciência e posição sobre o que nos rodeia nos educa.

Por isso, a forma mais adequada de aprendizagem relevante é aquela que prepara o indivíduo para ver a realidade a partir de diferentes pontos de vista. Esse novo olhar depende da capacidade para discernir certos aspectos críticos e utilizá-los de modo simultâneo. Essa habilidade de discernimento depende da experimentação de padrões de mudança, de situações plurais e cambiantes. Por isso, uma estratégia didática adequada é a experimentação de diferentes papéis em uma mesma situação, de forma que o aprendiz possa experimentar os mesmos fenômenos a partir de diferentes perspectivas.

Desse modo, a compreensão e a atuação dos seres humanos se forma no centro desse movimento contraditório e complementar de continuidade e ruptura com as próprias pautas culturais, provocando, às vezes, a reprodução relativa das mesmas e, outras vezes, sua reconstrução criativa. O progresso do conhecimento individual e coletivo supõe *ampliar o olhar* sobre os diferentes campos da realidade, buscando as características ocultas que afetam os fenômenos, acessando a pluralidade de olhares e experimentando a mudança.

A pluralidade, o distanciamento, o contraste e a mudança são fundamentais para provocar a ruptura com as aparências e com as limitações da restrita cultura local, para depurar, diversificar, ampliar e enriquecer os significados, os conceitos, as ideias e as teorias.

Em todo o caso, o que me interessa ressaltar é que a construção do conhecimento é um processo complexo no qual, inevitavelmente, intervêm componentes não estritamente cognitivos que conferem o sentido peculiar dos significados individuais ou coletivos que vão compondo as plataformas sobre as quais cada sujeito apoia suas interpretações e suas ações.

Outro aspecto desse dilema, ou melhor de outro dilema complementar, é a relação entre forma e conteúdo, entre o ato de conhecer e o objeto de conhecimento.

Os processos de aquisição de conhecimento requerem complexas habilidades de identificação, seleção, contraste, organização, aplicação, valorização, mas tais habilidades formais exigem sempre um objeto ou conteúdo para sua materialização e não existe a possibilidade de transferência automática e isolada de cada uma de tais habilidades de âmbito a âmbito do saber. Valorizar, selecionar e decidir não é um processo formal no vazio, à margem do conteúdo, mas sim estreitamente impregnado dos significados, das chaves conceituais de cada âmbito do saber e do saber fazer. Por outro lado, o exercício formal de tais habilidades cognitivas é um processo muito mais abstrato e desmotivante do que sua materialização com conteúdos que interpretam problemas ou situações reais.

Parece evidente, portanto, que as contribuições atuais no campo da psicologia da aprendizagem, da construção de significados e do desenvolvimento pessoal amparam uma interpretação holística, interativa e complexa do processo de aprendizagem dos seres humanos, claramente convergente com a maneira como entendemos os processos de construção dos significados humanos.

Nesse panorama de exigências e novos desafios da sociedade baseada na informação (complexidade, mudança e incerteza) e na economia de mercado (utilidade, inovação, fragilidade), por um lado, e de convencimento acadêmico da necessidade de orientações holísticas para o desenvolvimento de aprendizagens relevantes, por outro, reaparece com força o controverso conceito de competências. Se a aprendizagem envolve e implica toda a pessoa com seus conhecimentos, habilidades, valores, atitudes, hábitos e emoções, não parece sem sentido que o ensino e o currículo sejam organizados para facilitar e estimular a aprendizagem de competências assim concebidas.

A FORMULAÇÃO DAS FINALIDADES DA ESCOLA EM COMPETÊNCIAS FUNDAMENTAIS

Ao longo da última década do século passado e da primeira deste, diante da insatisfação generalizada em relação aos sistemas educacionais vigentes e as pressões da economia de mercado, intensifica-se a preocupação internacional pela reforma dos mesmos, pela busca de novas formas de conceber o currículo, novos modelos de entender os processos de ensino e aprendizagem, de avaliação e, de modo definitivo, novos modelos de escolarização, como se pode ver nos diversos documentos elaborados pela UNESCO e pela OCDE (CERI).[9] Entre os quais se deve destacar por sua atual influência DeSeCo e PISA.

DeSeCo (Definição e Seleção de Competências-Chave) é um desses documentos seminais cuja primeira versão aparece no ano 2000 e a versão definitiva se difunde em 2003. DeSeCo propõe a todos os países da OCDE definir as finalidades principais dos sistemas educacionais em termos de competências fundamentais ou chave: *Key competencies*.

O conceito holístico de competências-chave ou fundamentais

O termo competências não surge de modo inocente, conforme consta em Pérez Gómez (2007),[10] possui uma longa tradição e se encontra envolto por uma carga pesada de interpretações condutivistas que pouco contribuíram para compreender a complexidade dos processos de ensino e aprendizagem dos seres humanos.[11]

Na interpretação condutivista das *competências como habilidades* cabe destacar, em minha opinião, três características que questionam seriamente sua potencialidade científica e minam definitivamente sua capacidade educacional:

- Em primeiro lugar, a necessidade de *fragmentar os comportamentos* e as condutas complexas em tarefas ou atividades discretas, microcompetências, que podem ser aprendidas, treinadas e reproduzidas de maneira simples, independentemente de quantas vezes sejam requeridas.
- Em segundo lugar, uma *concepção mecanicista e linear* das relações entre microcompetências, entre estímulos e respostas ou entre acontecimentos e comportamentos. Desse modo, independentemente das situações, dos problemas, dos contextos ou das pessoas, uma microconduta pode ser reproduzida com facilidade já que é independente do contexto e das situações, e sempre se comporta de maneira previsível.
- Em terceiro lugar, a crença na possibilidade e necessidade de *somar e justapor* as microcondutas ou competências para a formação de comportamentos mais complexos.

Definitivamente, a interpretação condutivista considera que as competências, confundidas com as habilidades, têm um caráter estritamente individual e podem ser contempladas como livres de valores e independentes das especificidades de suas aplicações reais e dos contextos em que são desenvolvidas. As competências são consideradas comportamentos observáveis e sem relação com atributos mentais subjacentes, enfatizam a conduta observável em detrimento da compreensão, podem ser isoladas e treinadas de maneira independente, e são agrupadas e somadas sob o entendimento de que o todo é igual a mera soma das partes.

Essa tradição bem conhecida em educação, ao ser continuação ou desenvolvimento da *pedagogia por objetivos*, apesar de sua vigência prática, já não tem defensores reconhecidos academicamente, pela fraqueza de suas propostas teóricas e pela inconsistência dos resultados das pesquisas a que se propôs.[12] Os conhecimentos, a compreensão, a cognição e as atitudes não podem ser consideradas comportamentos simples e somativos. O condutivismo ignora a conexão complexa e interativa entre tarefas, os atributos mentais que subjazem aos comportamentos, o caráter sempre polissêmico dos significados, as intenções, as disposições, bem como a importância decisiva dos contextos de ação e dos aspectos éticos e interpessoais (Kerna, 1998; Gonci, 1997; Gimeno, 1982).

A OCDE, no documento DeSeCo, apresenta e propõe um conceito de competências radicalmente distinto. O conceito é apresentado dentro de uma interpretação compreensiva, construtivista e holística.[13] Uma competência é mais que conhecimentos e habilidades, é a capacidade de enfrentar demandas complexas em um contexto particular, um saber fazer complexo, resultado da integração, mobilização e adequação de capacidades, conhecimentos, atitudes e valores utilizados de modo eficaz em situações reais.

DeSeCo[14] define a competência como "a capacidade de responder a demandas complexas e realizar tarefas diversas de forma adequada. Supõe uma combinação de habilidades práticas, conhecimentos, motivação, valores, atitudes, emoções e outros componentes sociais e de comportamento que são mobilizados conjuntamente para obter uma ação eficaz".

Esse conceito de competência se relaciona claramente com o conceito de *conhecimento prático*, defendido por Schön (1983, 1987) e por Agyris e Schön (1987). O conhecimento prático, próprio dos profissionais reflexivos, implicava conhecimento na ação. Esse conceito funde suas raízes na categoria de "sabedoria prática", apresentada por Aristóteles em sua *Ética*, integrando ao mesmo tempo uma virtude, uma habilidade prática interpessoal e uma forma de entendimento: a habilidade para deliberar sobre o que conduz à felicidade ou à boa vida. Desse modo, bem distante da orientação condutivista, o conceito de competência aqui proposto contempla a complexidade da *estrutura interna* das competências: o conjunto de atributos mentais que sustentam a *capacidade e a vontade de ação* dos sujeitos humanos nas diferentes situações e contextos, com uma forte orientação ética. É, em definitivo, o conhecimento ou sabedoria prática, carregada de intuição, conhecimento explícito e tácito, habilidades, intenções e emoções, que o ser humano utiliza em sua vida profissional, social ou pessoal para atender os complexos problemas da vida cotidiana.

Tal e como já propunha em Pérez Gómez (2007), levando em consideração os trabalhos centrais que sustenta o documento DeSeCo, e seus desdobramentos críticos posteriores,[15] em especial a relevante contribuição de Hipkins (2006), podemos destacar as seguintes características principais que formam esse conceito das competências fundamentais:

- *A primeira característica* que convém destacar é o *caráter holístico e integrado das competências*. As competências fundamentais não são a soma mecânica das habilidades específicas e simples, são modelos mentais de interpretação da realidade e de intervenção racional que usamos na vida cotidiana e na prática profissional (como, por exemplo, a competência para fazer um diagnóstico e propor um tratamento médico, projetar o programa de uma viagem, propor um projeto arquitetônico ou industrial, elaborar um projeto curricular, elaborar um programa político ou definir uma estratégia de defesa jurídica). Possuem caráter holístico, porque integram demandas externas, atributos individuais (incluídos os afetos, as emoções, os valores, as atitudes e as habilidades, bem como o conhecimento explícito ou tácito) e as peculiaridades dos contextos ou cenários próximos e distantes de atuação. Não podem, portanto, ser confundidos com habilidades.
- A *segunda característica-chave* das competências é que do mesmo modo que o conhecimento ou a informação, *as competências de interpretação e intervenção de cada sujeito não estão apenas em cada indivíduo, mas sim na riqueza cultural e/ou profissional que existe em cada contexto.*[16]

  Por isso são tão importantes os contextos em que cada indivíduo vive, aprende e trabalha. O desafio que se apresenta é, portanto, como preparar os contextos de aprendizagem, as atividades e os projetos, as interações entre os estudantes para que formem um espaço rico de conhecimento compartilhado, porque a riqueza desse cenário depende, em grande medida, da qualidade das competências que desenvolverá o aprendiz para agir e atuar em tais contextos.

  A aprendizagem deve ser entendida como um processo de incorporação progressiva e criativa, por parte do aprendiz, em relação à cultura pessoal, social e profissional do aprendiz experiente. (Daí a importância da qualidade, por exemplo, dos grupos de pesquisa, os seminários de inovação, os departamentos e os gabinetes profissionais... como contextos de aprendizagem.)
- O *terceiro aspecto* a destacar é a importância das *disposições ou atitudes*. Estreitamente relacionado com as intenções, com as emoções e com os valores, é necessário ressaltar a necessidade de que os indivíduos *desejem aprender*, encontrem o sentido e o gosto pela aventura do conhecimento, que desejem descobrir novos horizontes e se projetar na ação. Toda competência implica um querer fazer. O desenvolvimento emocional dos seres humanos se implica diretamente na construção de competências e vice-versa.
- Em *quarto lugar,* não se pode esquecer que toda projeção na ação implica um *importante componente ético*, o exercício de juízos complexos e o manejo de dilemas, já que toda situação humana real supõe enfrentar,

escolher e priorizar entre diferentes princípios morais frequentemente em conflito. Encontrar o sentido do que alguém faz implica opções morais e, evidentemente, favorece a eficácia da compreensão e da ação ao mesmo tempo em que estimula e potencializa o desejo de aprender. (Quem encontra o sentido de seu trabalho, facilmente se apaixona por ele e busca e aplica o conhecimento de maneira muito mais eficaz.)

- A quinta característica se refere ao *caráter reflexivo* de toda competência, à *transferibilidade criativa*, não mecânica, das mesmas para diferentes contextos, situações e problemas. A capacidade de transferir competências aprendidas para novos cenários deve ser entendida como um processo de adaptação, que requer compreensão, indagação e nova aplicação de conhecimentos e habilidades. As novas situações e os novos contextos sempre manifestam um grau de indeterminação, de abertura, de singularidade irredutível, de surpresa. A competência, portanto, deverá ser entendida como um sistema aberto de reflexão e aplicação, de pesquisa e de ação. *A reflexividade é o substrato indispensável de todo comportamento competente em um mundo complexo, cambiante e incerto.*

- Por último, convém destacar o caráter *evolutivo* das competências fundamentais: se aperfeiçoam e se ampliam, ou se deterioram e se restringem ao longo da vida. São complexos sistemas de ação e de reflexão que não se adquirem nem são creditados de modo definitivo e para sempre, mas que devem ser atualizados por meio de sua aplicação constante a novos contextos cotidianos ou a novos problemas e situações profissionais. Quando se tornam rotinas mecânicas, se atrofiam, se deterioram e se incapacitam para compreender e agir no rio cambiante e incerto da vida pessoal, profissional ou social. As habilidades simples podem, e às vezes devem, se tornar rotinas; as competências fundamentais, não.[17]

Em síntese, as características diferenciais das competências ou capacidades humanas fundamentais seriam as seguintes: *constituem um "saber fazer" complexo e adaptativo, isto é, um saber que se aplica não de forma mecânica, mas reflexiva, suscetível de se adequar a uma diversidade de contextos e tem um caráter integrador, abarcando conhecimentos, habilidades, emoções, valores e atitudes.* Definitivamente, toda competência inclui um "saber", um "saber fazer" e um "querer fazer" em contextos e situações reais em função dos propósitos desejados.

Não *estamos falando de habilidades, nem de habilidades específicas* que, como os conhecimentos concretos, devem ser considerados instrumentos, componentes necessários, mas não suficientes, e em todo o caso obsoletos e mutantes. Falamos de competências ou capacidades humanas fundamentais que constituem a trama básica, os modelos mentais essenciais que os seres humanos utilizam para compreender e intervir na vida pessoal, social e profissional.

Portanto, como recomendam a maioria das contribuições e pesquisas sobre o tema, a chave não está na elaboração de listas intermináveis de mini ou micro competências ou habilidades, como erroneamente, de acordo com meu entender, se fez em alguns documentos que, para o ensino universitário, pretendiam desenvolver o espírito de Bolonha,[18] mas na identificação das competências ou qualidades humanas fundamentais, que todo cidadão deve desenvolver para compreender, para se localizar e intervir de maneira relativamente autônoma em seu contexto de vida.

Definitivamente, esse modelo de competências afirma que o comportamento humano competente em contextos complexos, mutantes, abertos e incertos deve ser, necessariamente, reflexivo, deve incluir habilidades mecânicas e rotinas repetitivas, mas sempre sob a direção de uma mente reflexiva que diz quando, onde e de que maneira utilizar tais rotinas a fim de que sejam adequadas a seu modo de entender as peculiaridades da situação-problema ou contexto (aprendizagem estratégica, pensamento ou sabedoria prática).

Para enfrentar situações nos âmbitos profissionais, sociais ou pessoais, os indivíduos requerem competências que lhes permitam discernir as características críticas que condicionam as situações, de maneira simultânea e em processos permanentes de mudança e transformação. Isso requer ampliar o olhar do aprendiz para discernir os aspectos plurais e mutantes das situações problemáticas. Não é possível definir com precisão as competências específicas de cada posto de trabalho ou tarefa profissional, nem ao menos as exigíveis em contextos pessoais, sociais e culturais com perspectivas tão incertas para o futuro. Por isso, o objetivo das formação do cidadão não pode ser reduzido nem à aquisição de informações nem à formação de habilidades específicas, mas sim ao desenvolvimento de competências genéricas e críticas que capacitem o aprendiz para gerar e utilizar conhecimentos e habilidades adaptados às exigências de cada situação.

Seleção de competências essenciais. As prioridades educacionais

São consideradas *competências fundamentais ou "chave" aquelas que a escola deve procurar desenvolver em todos os estudantes,* aquelas competências imprescindíveis que todos os indivíduos necessitam para enfrentar as exigências dos diferentes contextos de sua vida como cidadãos.

A seleção de competências essenciais ou "chave" é claramente um exercício social e político estreitamente vinculado aos valores que cada comunidade social considera imprescindíveis para o desenvolvimento de seus cidadãos. A seleção de tais competências supõe um ato político de definição de prioridades em função da análise de necessidades e de possibilidades em cada cenário social.

As qualidades humanas como prioridades educacionais

Relacionado com esse conceito de competências, convém ressaltar o conceito de *qualidades humanas* desenvolvido por Madelaine Walker (2007), Nussbaum (1999), Robeyns (2006) e Saito (2003): a partir das proposições do Prêmio Nobel Amarthya Sen (1999, 2002). Nessa proposição, radicalmente humanista, a educação é concebida como um período no qual os indivíduos devem aprender a projetar e desenvolver um projeto pessoal, profissional e social com esperança e imaginação. A escola deve ajudar os estudantes a se tornarem agentes definitivos de sua própria vida, a elaborar os eixos de sentido que orientam sua compreensão e sua ação, seu conhecimento, suas capacidades, seus sentimentos e suas condutas em torno de projetos de vida. Os seres humanos devem aprender a aproveitar as condições de liberdade e as oportunidades de aprendizagem para formar os mapas, os recursos e as estratégias para a viagem nos contextos sociais e de vida que irá empreender em sua vida adulta.

A qualidade mais importante do ser humano é a capacidade e o desejo subjetivo de decidir e fazer, de ser sujeito, agente de seu destino, ator de sua própria obra.

As qualidades humanas se apresentam como uma *mistura de capacidades e oportunidades, de potência e ato, possibilidades e funcionamento*, que ampliam de forma progressiva o horizonte de liberdade dos seres humanos (Walker, 2007). Mais que habilidades são opções disponíveis que expandem a liberdade. Tão importantes são as oportunidades reais quanto as possibilidades sentidas, as expectativas subjetivas reais de cada indivíduo, que determinam suas decisões cotidianas, o que cada um valoriza e o que cada um considera que se encontra a seu alcance. As escolhas de cada um dependem do sentido das possibilidades à disposição, quer dizer, do desenvolvimento da capacidade de ser agente, sujeito de sua vida (Amartya Sen, 1992, 2002).

Dessa forma, os recursos são apenas uma parte da história, o que realmente importa são as oportunidades reais que cada pessoa tem para transformar os recursos (as potencialidades) em formas de ser e de viver (o fato). *Será necessário reconhecer no ensino essa diversidade subjetiva de procedimentos e formas reais de transformar os recursos em formas de vida*. A maior liberdade, a maior oportunidade de realizar o que cada um valoriza, de fortalecer a capacidade subjetiva de decidir e de fazer, de ser sujeito, agente de seu destino.

Madelaine Walker também estabelece suas prioridades educacionais ao destacar as seguintes qualidades humanas fundamentais como o objetivo último da prática educacional:

- *Raciocínio prático:* ser capaz de fazer e de tomar decisões reflexivas, bem pesadas, informadas, independentes, intelectualmente rigorosas e socialmente responsáveis.
- *Implicação educacional:* ser capaz de levar a vida do estudo, do trabalho e das relações sociais, de perseverar na busca e no trabalho, de resistir às frustrações, de responder às oportunidades, de ter aspirações e esperanças de um futuro melhor.
- *Conhecimento e imaginação*: ser capaz de construir conhecimento acadêmico e profissional, de desenvolver procedimentos de busca rigorosa, análise, comparação e síntese. Ser capaz de utilizar o conhecimento e a imaginação para compreender as diferentes posições e inclusive alternativas e/ou discrepantes, de formar juízos imparciais, de debater princípios complexos, de adquirir conhecimento por prazer e para entender e agir de maneira mais adequada e justa. Ser consciente da dimensão ética das ações e situações humanas.
- *Disposição em direção à aprendizagem*: ter curiosidade e desejo de aprender e ter confiança na própria capacidade de aprender, de se tornar em um ativo pesquisador.
- *Redes e relações sociais:* ser capaz de participar em grupos sociais para aprender, trabalhar e resolver problemas. Redes de mútua confiança.
- *Respeito, dignidade e reconhecimento:* ser capaz de respeitar a si mesmo e aos outros. Ser tratado e tratar com dignidade, valorizar outras línguas, outros costumes, outras religiões e outras filosofias de vida, expressão da riqueza e diversidade humana. Ser capaz de agir e de mostrar compaixão, empatia, justiça e generosidade. Ter competência na comunicação intercultural.
- *Integridade emocional:* não estar submetido à ansiedade e ao medo que impede a aprendizagem, ser capaz de desenvolver maturidade emocional para a compreensão do outro e de si mesmo na complexidade e na incerteza.
- *Integridade física*: segurança e liberdade física e de movimentos.

Nussbaum (2002, 2003a, 2003b) por sua parte e dentro desse mesmo movimento resume suas prioridades nas seguintes qualidades humanas essenciais:

- Raciocínio prático para elaborar e desenvolver o próprio projeto de vida.
- Filiação ou pertencimento, entendido como a capacidade para entender a própria identidade e mostrar consideração para com os demais, compreendê-los e participar, de modo ético, na condição humana.
- Sensibilidade, imaginação e pensamento crítico criativo.
- Empatia emocional.

As cinco mentes de Gardner*

Gardner, por sua parte, também propõe suas prioridades ao distinguir cinco componentes fundamentais, "cinco mentes", na personalidade do sujeito adulto, cuja formação deve contribuir decisivamente para o ensino escolar:

- A mente disciplinar: pressupõe o domínio das principais escolas do pensamento nos diferentes campos do saber, bem como o domínio de um campo profissional real.
- A mente que sintetiza e comunica: pressupõe a habilidade para integrar ideias a partir de diferentes disciplinas ou esferas em um todo coerente, bem como a capacidade para comunicar as próprias elaborações mentais aos demais.
- A mente criativa: pressupõe a capacidade para descobrir e esclarecer novos problemas, questões e fenômenos.
- A mente respeitosa: pressupõe a consciência e a consideração das diferenças entre os seres humanos e entre os grupos sociais e culturais.
- A mente ética: pressupõe o exercício da própria responsabilidade como pessoa, cidadão e trabalhador.

Os sete saberes de E. Morin

No mesmo sentido, podemos destacar as sete finalidades que Edgar Morin propõe como os propósitos fundamentais da educação em geral para poder bem levar a complexidade da vida nos contextos contemporâneos:

1. Compreender a natureza social e polissêmica do conhecimento. Conhecer as possibilidades e limites, a grandeza e a miséria do conhecimento humano. A contingência e a polissemia constitutiva dos significados humanos. O conhecimento é construído socialmente e ao longo da história, em encontros de interesses diferentes e frequentemente opostos.
2. Aprender a integrar o conhecimento além dos limites das disciplinas. É necessário provocar o desenvolvimento no indivíduo e nos grupos humanos do conhecimento integrado, inter e multidisciplinar. É necessário ensinar os métodos que permitem aprender as relações mútuas e as influências recíprocas entre as partes e o todo na complexidade do mundo. Os modelos sistêmicos de pensamento se encaixam com a natureza interativa dos fenômenos reais.

---

* N. de R. Para detalhes ver: Gardner, H. *Cinco mentes para o futuro*. Artmed: Porto Alegre, 2007.

3. Compreender a natureza da condição humana. O ser humano é ao mesmo tempo físico, biológico, psíquico, cultural, social, histórico. É essa unidade complexa da natureza humana que está completamente desintegrada na educação por meio de disciplinas e que impossibilita aprender o que significa ser humano.
4. Compreender a identidade global da espécie humana. Necessidade de tomar consciência da identidade planetária dos seres humanos e de seus desenvolvimentos como espécie já inter-relacionada de maneira inevitável na era da globalização telemática, de suas crises mundiais, de suas configurações sociais, econômicas e políticas tão diferentes e desiguais e de suas possibilidades e esperanças.
5. Aprender a viver na incerteza. Será necessário aprender princípios de estratégia que permitam enfrentar os riscos, o inesperado, o incerto e modificar seu desenvolvimento em função das informações adquiridas ao longo do caminho. É necessário, como afirma Morin, aprender a navegar em um oceano de incerteza por meio de arquipélagos de certeza.
6. Aprender a compreensão e a empatia. A compreensão é ao mesmo tempo meio e fim da comunicação humana. A compreensão mútua entre humanos, tanto próximos quanto afastados é, a partir de agora, vital para que as relações humanas saiam de seu estado bárbaro de incompreensão.
7. Compreender a ética do gênero humano. A ética humana deve ser formada nas mentes a partir da consciência de que o ser humano é ao mesmo tempo indivíduo, parte de uma sociedade e parte de uma espécie.

As prioridades educacionais da OCDE

Detenho-me, por último, na proposta apresentada pela OCDE, já que é evidente que ela pretende oferecer uma síntese de múltiplas visões anteriores e, porque, embora com suas diferenças, representa um marco de compreensão, mesmo que simples, em que tem lugar a pluralidade de contribuições que consideramos relevantes.

DeSeCo propõe três tipos de competências fundamentais ou "chaves" (*Key Competencies*).

- Competência para *utilizar interativamente e de forma eficaz as ferramentas e instrumentos* de todo o tipo que a sociedade da informação requer, desde linguagens até conhecimentos (códigos, símbolos, textos, informação, conhecimento, plataformas tecnológicas...) para compreender e se localizar no território natural, social, econômico, político, cultural, artístico e pessoal. Utilizar uma ferramenta de forma interativa e eficaz supõe não apenas a familiaridade e o domínio da mesma como também a compreensão de seu caráter instrumental e contingente a um contexto e a uma época e por sua vez entender que as ferramentas, as mediações, mudam a maneira como vemos e nos relacionamos com o mundo e a perspectiva a partir da qual o contemplamos. Os instrumentos e as mediações simbólicas compõem a cultura da humanidade. São construídos por nós e ao mesmo tempo nos constroem.

- Competência para *funcionar em grupos sociais cada vez mais complexos e heterogêneos*. O foco está na interação com "o outro", com os outros diferentes. Os seres humanos dependem desde sempre dos laços sociais que estabelecem com os demais, próximos ou distantes, por isso é preciso saber e querer conviver e atuar em diferentes grupos humanos com maior ou menor grau de heterogeneidade. Isso implica se relacionar bem com os demais, saber e querer compreender e cooperar, bem como capacidade e vontade para resolver com empatia e de forma pacífica e democrática os inevitáveis conflitos da vida social.
- Competência para *agir de forma autônoma*. O que significa tanto o desenvolvimento da própria identidade pessoal, quanto o exercício de autonomia relativa e com critérios próprios no momento de interpretar, decidir, escolher e atuar em cada contexto. Essa complexa competência requer: capacidade e vontade para defender e afirmar os próprios interesses e direitos, assumir as responsabilidades derivadas da liberdade e compreender as possibilidades e limites das próprias atividades; e capacidade e vontade para formar e desenvolver os próprios projetos de vida que incluem o âmbito pessoal, social e profissional.

Como pudemos comprovar nessas formulações e em muitas outras[19] que omito para não ser redundante e por problemas de espaço, as prioridades educacionais transbordam a orientação academicista da escola convencional, empenhada em restringir suas prioridades a uma forma empobrecida de desenvolvimento cognitivo, ligado à reprodução fundamentalmente memorística de uma cultura que os aprendizes percebem em sua maior parte estática, abstrata, retórica e estéril.

O problema da relevância na construção de significados aparece quando a educação formal e a escolarizada pretende que os estudantes adquiram novos significados de maneira abstrata, distantes dos interesses e da funcionalidade vital dos significados adquiridos durante o processo de socialização. *A escola convencional inverteu de forma perversa a relação meios-fins: a aprendizagem de conteúdos e a aprovação em provas não podem ser fins válidos em si mesmos, mas sim meios para facilitar o desenvolvimento das qualidades ou competências humanas que consideramos valiosas. Em não conseguindo tais objetivos, perdem toda sua legitimidade.*

De acordo com meu modo de ver, o que faz falta é *pôr no centro de nosso enfoque o processo de construção dos significados humanos, sua qualidade e relevância para ajudar no sentido de que os indivíduos se construam como sujeitos relativamente autônomos, formando, de maneira consciente e pensada, seus modos particulares de interpretar a realidade e de nela agir: ou seja, as qualidades ou competências humanas fundamentais.*

MUDAR O OLHAR. REINVENTAR A ESCOLA

Adotar as competências-chave ou básicas supõe uma mudança substancial nas formas de ensinar, de aprender e de avaliar. Não é uma modificação superficial e transitória. Representa estabelecer a *aprendizagem ativa de conhecimento útil* como centro da vida escolar, o que significa uma transformação radical da forma de conceber o currículo, os processos de ensino-aprendizagem e avaliação, a organização dos contextos escolares e a própria função docente.

É necessário recordar, por isso, que as competências foram integradas no currículo espanhol de forma precipitada, pela porta dos fundos e quase que clandestinamente. Desde 1996, os países da OCDE formaram um grupo de trabalho que concluiu em 2000 o documento DeSeCo. A Espanha, no entanto, não desenvolve nenhuma iniciativa relacionada a esse tema até a promulgação da LOE em 2005. Durante oito anos o governo do partido conservador defendeu uma política educacional claramente contrária às propostas renovadoras da OCDE e, consequentemente, foram ignoradas ou ocultadas todas essas propostas. O governo do partido socialista iniciou uma tímida aproximação com tais propostas, ao introduzir o termo competência no currículo escolar, mas sem a suficiente clareza e sem a determinação que uma mudança dessa natureza exige.

Diante desse panorama, é necessário esclarecer para os professores, em particular, e para a sociedade, em geral, a *profundidade e a relevância da mudança*. Uma mudança que não pode ser resolvida com modificações e prescrições normativas nos boletins oficiais. Exige uma *mudança de olhar, de crenças e de práticas,* na administração, nos professores e na sociedade em geral, e deve ser apoiada, fundamentalmente, na qualidade dos recursos humanos que sejamos capazes de colocar à disposição do sistema educacional.

O novo enfoque requer que se destaque que a aprendizagem individual ou coletiva, dos estudantes e/ou dos professores é o centro de todas as atividades da vida escolar.

Aprender é elaborar conhecimento novo para o indivíduo ou para a coletividade. Um futuro incerto requer o desenvolvimento de uma mente flexível bem equipada, com capacidade de adaptação, iniciativa e tolerância para com a incerteza. *Aprender como aprender e a atitude de querer aprender ao longo da vida* para construir um projeto pessoal e profissional, é a exigência-chave do processo educacional nas condições mutantes da atual sociedade global de mercado, baseada na informação.

O propósito da mudança pode se realizar na conversão das instituições educacionais em contextos de aprendizagem cada vez mais plurais, independentes e eficazes, comunidades que aprendem, que desenvolvem e vivem, definitivamente, uma cultura de constante aprendizagem.

Esse deslocamento do eixo escolar em direção ao território da aprendizagem não quer dizer, como frequentemente se entendeu – e de modo errôneo, que o ensino careça de importância e se encontre relegado aos domínios da história. Pelo contrário, os processos de ensino agora se enriquecem, se diversificam e se selecionam em razão de sua potencialidade para provocar as aprendizagens desejadas. Não vale qualquer tipo de ensino, mas sim aquele que facilita e estimula a aprendizagem das competências e qualidades humanas valiosas.

O mesmo ocorre com os procedimentos e formas de avaliar, será necessário ir elaborando e selecionando aquelas que melhor detectem os resultados da aprendizagem desejados e nos sirvam para diagnosticar as fortalezas e lacunas dos mesmos.

Esse novo olhar requer mudanças substanciais em cada um dos implicados e em cada um dos componentes que constituem o complexo sistema escolar.

Mudanças na concepção, planejamento e realização do currículo

Como já indicamos no princípio deste capítulo, por conhecimento entendemos o conjunto diversificado e heterogêneo de significados que os seres humanos produziram ao longo de sua história. No conhecimento se incluem os dados, os conceitos, as proposições, os modelos, os esquemas e as teorias, tanto sobre os aspectos substantivos de qualquer âmbito real quanto sobre os aspectos metodológicos relacionados com a forma de produzir tais significados. *Não podemos confundir o conhecimento com a mera acumulação de dados.* A verdadeira riqueza do conhecimento se encontra na capacidade das ideias e das teorias. Na sociedade da informação os dados estão ao alcance de um toque do *mouse* em qualquer computador. Agora, compreender os conceitos, as proposições, os modelos e as teorias exige um grau mais ou menos elevado de atividade intelectual.

Portanto, o objetivo prioritário da atividade escolar não será como até agora que o estudante acumule a maior quantidade de dados ou informações em sua memória a curto prazo, para reproduzi-los fielmente em uma prova, mas sim que construa ideias, modelos mentais e teorias comparadas que lhe permitam buscar, selecionar e utilizar o volume inesgotável de dados acumulados nas redes de informação para interpretar e intervir da melhor maneira possível na realidade.

Destacarei a seguir, de modo breve, um conjunto de princípios ou sugestões que, conforme penso, ajudam a projetar um currículo que pode favorecer o desenvolvimento das competências fundamentais:

- As competências não podem ser consideradas como um conteúdo associado ao currículo tradicional, devem ser entendidas como o *marco de referência* para a seleção de conteúdos em virtude de sua possível utilidade, de sua virtualidade prática, de sua potencialidade para ajudar a entender a complexidade do mundo real.
- O currículo deve atender a todas as *dimensões do desenvolvimento pessoal*. O conhecimento (habilidades e conteúdos), a identidade (pertencimento, emoções, autoestima, valores) e a ação (atitudes, comportamentos, rotinas e estratégias).
- É necessária uma *redução drástica das prescrições centrais do currículo*. O currículo oficial deve ser concebido como um documento de orientação e guia, que destaca prioridades genéricas e não uma lista interminável de conteúdos mínimos, classificados por disciplinas (Finlândia, Nova Zelândia, Reino Unido, Austrália propõem modelos flexíveis).
- É necessário conseguir um equilíbrio adequado na determinação de conteúdos que permita seu desenvolvimento em profundidade e, portanto, a formação de capacidades mentais de ordem superior. Em educação, *menos frequentemente é mais*, porque concentrar o foco de trabalho permite o desenvolvimento em profundidade, a consideração de múltiplas perspectivas sobre o mesmo foco, a indagação dos aspectos e variáveis ocultas, bem como a aprendizagem dos processos de busca, seleção, organização, aplicação e valorização da informação. Pelo contrário, a amplitude de conteúdos representa a saturação, a superficialidade e a assimilação mecânica, memorística, sem aplicação e sem real compreensão. A esse respeito convém relembrar a diferença entre aprendizagem superficial e aprendizagem profunda de Ramsden (1984)[20] e Winter (2003) ou entre conhecimento com valor de mudança e conhecimento com valor de uso (Pérez Gómez, 2007).
- Contemplar no currículo tanto o conhecimento de algo quanto a história e os modos que levaram a produzi-lo, para que o estudante compreenda o *caráter sempre contingente e relativo* e as afirmações acríticas.
- Importância da elaboração e *aplicação real do currículo*. É chave fortalecer a competência dos professores e das escolas no projeto real para adaptar o currículo, os conteúdos e as atividades às necessidades e

interesses dos estudantes e a seu ritmo de desenvolvimento e aprendizagem.
- Tendência para a *integração das disciplinas* em processos de compreensão dos problemas complexos da vida cotidiana. Será, portanto, necessário propor módulos interdisciplinares ou multidisciplinares, já testados, que ajudem os professores a compreender suas possibilidades e a evitar suas resistências. Enfrentar a complexidade e entender as relações e interações entre as partes e com o todo.
- Explorar a dimensão operacional, a *utilidade dos conteúdos* do currículo para entender os problemas e agir sobre eles. A cultura deve ser entendida como útil, operacional por parte dos estudantes. O conhecimento como valor de uso e não apenas como valor de troca, de troca por notas, pontos, títulos... requer exemplificações ilustrativas, aplicadas à vida cotidiana.
- Mais que insistir na relevância dos dados isoladamente, e na necessidade de sua retenção memorizante, deve-se destacar a importância chave dos *modelos, das ideias*, dos esquemas de pensamento, não como formulações abstratas, mas sim como instrumentos operacionais para entender a vida nos diferentes campos do saber e do fazer. Os dados e as informações devem ser integrados em histórias, relatos ou modelos de interpretação para que adquiram vida e incitem a curiosidade.
- O currículo deve ser concebido de maneira tão flexível e dinâmica que permita o surgimento do "currículo emergente", que facilite que cada aluno e que cada grupo em qualquer momento e apoiado em seus interesses e propósitos apresente novas propostas de conteúdos, problemas, informações e focos de interesse.[21]
- Criar um currículo no qual a maioria dos problemas se refiram a situações novas, ou seja, situações nas quais não parece óbvio – desde o começo – a natureza e as peculiaridades do problema. O currículo tem que colocar o estudante diante de *situações desafiadoras*, diante das quais a primeira tarefa seja buscar o conhecimento adequado e relevante para identificá-las, entendê-las e enfrentá-las.

Mudanças no desenvolvimento do currículo, nos modos de ensinar e de aprender

Propomos os seguintes princípios como eixos que devem orientar os processos de ensino e aprendizagem, bem como os procedimentos de avaliação:

- Primazia da atividade. *Learning by doing* (Dewey), *Action Learning* (SAMDI, Zafar, 2006). Importância da implicação dos alunos no processo

de aprendizagem: *A aprendizagem como processo ativo de indagação, de pesquisa e intervenção.* Toda aplicação do conhecimento é uma nova ocasião de aprendizagem e toda nova aprendizagem abre uma nova ocasião de aplicação.
- Quando adotamos um enfoque superficial de aprendizagem somos guiados por demandas que facilmente antecipamos, como a lembrança e a reprodução de dados. Quando adotamos um enfoque profundo de aprendizagem, é quando nos deparamos com situações novas ou com novos aspectos de situações conhecidas (Ramsen, 1984; Winter, 2003).
- Implicação dos alunos em *atividades com sentido,* em tarefas autênticas sobre situações e contextos reais, autênticos. Problemas e situações atuais e da vida cotidiana, que será necessário analisar, compreender, valorizar e melhorar. O conhecimento deve ser entendido como as ferramentas privilegiadas de compreensão e atuação.
- A implicação real dos estudantes representa sua real participação na codeterminação dos processos, dos conteúdos e das experiências de aprendizagem, dentro de autênticas comunidades de aprendizagem.
- As situações reais e os *problemas autênticos* envolvem fenômenos complexos que requerem aproximações interdisciplinares, científicas, técnicas, éticas e artísticas.
- Por isso, a aprendizagem significativa de conceitos, de ideias e de princípios deve se localizar nas práticas da vida real em que tais conceitos, ideias e princípios são funcionais e, portanto, recursos estimáveis para o aluno.
- Promover e estimular a *metacognição* como meio para desenvolver a capacidade de autonomia e autorregulação da aprendizagem. Aprender como aprende, conhecendo as próprias forças e fraquezas em cada âmbito do saber e do fazer. Incentivar a reflexão em voz alta. O ensino não se dá na transferência aos estudantes dos modos de compreensão próprios dos professores, mas sim no fato de que estes se propõem a ajudar a que cada estudante desenvolva suas próprias formas de ver as situações e problemas, cada vez mais poderosas e consistentes.

Como propõem Bruner (1996) e Resnick (1998), a aprendizagem relevante é uma *aprendizagem intencional,* consciente das estratégias exitosas e das fracassadas. Por isso, uma das características da aprendizagem intencional é que os alunos assumem a responsabilidade por sua aprendizagem, são agentes conscientes de sua própria aprendizagem. Podemos apoiar a aprendizagem relevante dos estudantes, mas não podemos aprender por eles.

A consciência das fraquezas e forças das próprias competências introduz o elemento de *ruptura* necessário em todo o processo de aprendizagem, que desestabiliza os pressupostos inquestionáveis que cada sujeito incorpora ao internalizar a cultura e as rotinas de seu contexto habitual.

Definitivamente, na metacognição se distinguem dois mecanismos complementares: *conhecimento acerca da cognição,* conhecer o que sabemos e o que não sabemos, bem como conhecer nossas estratégias de aprendizagem; e *autorregulação,* que implica tomar decisões sobre o que fazer, o que modificar uma vez valorizadas nossas estratégias e formas de aprender.[22]

A ênfase na metacognição pressupõe uma orientação para com a *aprendizagem personalizada,*[23] já que a aprendizagem progride quando o estudante compreende o processo de aprender e conhece o que conhece, de que maneira o conhece e o que necessita conhecer. Esses princípios, próximos ao conceito de *apropriação de Bakhtin,* ultimamente foram tratados no construto já famoso do "Aprender como aprender", de Mary James (2007).

- Incentivar a *pluralidade metodológica.* Não é provável que uma forma real de estabelecer a interação de ensino-aprendizagem, um método de ensino real seja eficaz e adequado para qualquer objetivo de aprendizagem, em qualquer contexto e para qualquer âmbito do conhecimento, portanto, será necessário recomendar a pluralidade e flexibilidade didática, para atender a diversidade de pessoas, de situações e de âmbitos do conhecimento.
- *Primeiro as vivências, depois as formalizações,* o conhecimento útil é o conhecimento que os estudantes podem manejar para compreender a realidade. A implicação pressupõe imersão em vivências que, progressivamente, é preciso analisar, discriminar, formalizar. Toda aprendizagem pressupõe, de alguma maneira, um ato de reinvenção, quando alguém se apropria de um conteúdo já conhecido por outros de certa maneira sempre o redefine, o molda e o singulariza, se realmente o integra em suas vivências.

  Do mesmo modo, o envolvimento dos estudantes deve abrir para eles a oportunidade para utilizar todas as formas de expressão criativa e todas as ferramentas de comunicação que o desenvolvimento tecnológico atual oferece, para abrir o leque de suas possibilidades expressivas.
- A *cooperação* como estratégia privilegiada tanto para o desenvolvimento dos componentes cognitivos quanto dos componentes emotivos e atitudinais das competências.

Inclusive os processos de metacognição e autorregulação, desenvolvem-se por meio de atividades de colaboração. Os adultos medeiam a metacognição dos alunos e a autorregulação é aprendida por intermédio do discurso e da interação social. Os enfoques metodológicos como o ensino recíproco entre iguais pressupõe formas de autorregulação que os estudantes podem internalizar (Wood, 1998; Rogoff, 1990; Brown e Campione, 1990).

Como afirma McCombs (2007), a aprendizagem é enriquecida em contextos nos quais os alunos têm relações de apoio, onde têm uma sensação de propriedade e controle dos próprios processos de aprendizagem e podem aprender com os outros.

> ... os *problemas reais* poucas vezes são resolvidos por indivíduos isolados, ao contrário, são geralmente trabalhados por um grupo que, embora compartilhe um mesmo propósito, tem vários tipos e níveis de experiência e ao mesmo tempo distintos valores, motivações, interesses e estratégias preferidas para trabalhar juntos (Wells, 2002, p. 199).

Criação de novos ambientes de aprendizagem

- A qualidade da aprendizagem depende, em grande medida, dos contextos de aprendizagem, porque os alunos reagem de acordo com a percepção que têm das demandas provenientes do contexto e das situações reais às quais devem responder. Por isso, é muito importante que os professores compartilhem os critérios com os estudantes, que dialoguem sobre as expectativas, os objetivos e as finalidades, bem como sobre os critérios que orientam seu ensino e sua avaliação das aprendizagens. Do mesmo modo, é conveniente que os estudantes conheçam, comentem e explicitem os critérios e os padrões íntimos que constituem o clima de relações horizontais[*] que regem as trocas e estabelecem as regras implícitas do jogo.
- Como já vimos, ao citar Lave e Wenger (1991), a aprendizagem é fundamentalmente um *subproduto da participação do indivíduo em práticas sociais*, de chegar a ser membro de uma comunidade social. O desenvolvimento da familiaridade com as formas de ser, de pensar e de ver o mundo próprias do grupo de profissionais e da cultura em que o aluno começa a habitar.
- Os contextos e as interações que promovem a *autoestima* dos estudantes e estabelecem expectativas positivas sobre os processos de aprendizagem são o melhor suporte para a incrementação da aprendizagem relevante. Os contextos de aprendizagem que se configuram como contextos reais, vitais, são aqueles que melhor estimulam a aprendizagem de competências fundamentais para o mundo complexo e incerto das sociedades contemporâneas. Por meio da experimentação e vivência de mudanças e variações em nosso contexto e em nossas atividades de aprendizagem podemos aprender a intervir em um futuro incerto e mutante.
- Uma peculiaridade chave dos contextos educacionais de aprendizagem é a atenção ao clima social e às *interações emocionais*. Será prioritário, portanto, criar um clima de confiança, segurança afetiva, empatia e

---

[*] N. de T. Por relações horizontais, no segmento de texto ora em questão, são entendidas todas aquelas estabelecidas entre indivíduos que compartilham o contexto escolar.

cooperação emocional, que permita e garanta o processo aberto de experimentação sem resistências pessoais, sem medo do ridículo, no qual o erro seja percebido por todos como ocasião de aprendizagem.

- É evidente que os estudantes criam suas próprias *identidades escolares* como aprendizes em resposta a como eles percebem que são tratados pelos professores e pelos seus próprios colegas, nos contextos cotidianos da escola. Por isso, é uma responsabilidade prioritária dos professores atender ao clima social da aula e intervir para sua adequada configuração. Neste sentido, é chave atender e enfrentar os problemas em suas primeiras manifestações. Qualquer problema de aprendizagem ou de conduta importante anterior foi pequeno. No começo costuma ser fácil propor alternativas e ressituar os comportamentos, quando o problema se agrava os comportamentos indesejáveis se enraízam e, portanto, as alternativas se restringem e são mais difíceis.
- As mudanças fundamentais nos contextos escolares devem modificar seriamente os modos de conceber o *espaço, o tempo e as relações sociais*. A escola concebida como comunidade de aprendizagem não pode estabelecer agrupamentos rígidos e fechados por idades ou por capacidades, mas sim contextos abertos de interações múltiplas horizontais e verticais. Do mesmo modo, tampouco há sentido em existir os habituais horários fragmentados, nem os espaços fechados e rígidos que introduzem metodologias transmissivas, unidirecionais e frequentemente passivas do ponto de vista dos estudantes. Um currículo flexível, dinâmico e centrado na aprendizagem ativa do estudante requer contextos abertos, flexíveis e estreitamente relacionados com a comunidade social, de trabalho e cultural e com os espaços naturais que rodeiam a escola.

Novos modos de entender a avaliação das aprendizagens

- É quase impossível supervalorizar a *importância da avaliação na configuração de toda a vida escolar*. Poucos duvidam atualmente, e o relatório PISA confirma,[24] que os modos de avaliar as aprendizagens dos estudantes condiciona, substancialmente, os processos de ensino dos professores, a seleção dos conteúdos do currículo, a determinação das práticas de ensino e, sobretudo, a configuração das experiências e estilos de aprendizagem dos alunos, bem como o clima de relações sociais e os ambientes de aprendizagem escolar. Um aluno, como afirma Boud (1995, p. 35), pode escapar dos efeitos de um mau ensino, mas dificilmente poderá escapar das repercussões que possui uma forma perversa ou equivocada de conceber a avaliação e de desenvolver os testes.

- A avaliação das aprendizagens é uma parcela decisiva da mudança requerida na escola contemporânea. Em primeiro lugar, é evidente que a avaliação deve ser *coerente* com a definição das finalidades do currículo em termos de competências ou qualidades humanas fundamentais. O que nos interessa conhecer, por meio dos processos de avaliação, é se cada estudante está construindo tais competências que lhe permitam uma posição mais autônoma e eficaz em sua vida. Pouca importância possui para esse propósito básico se o estudante é capaz de repetir, de memória, listas de informações ou classificações que não o ajudam a entender melhor a realidade complexa em que vive e organizar, de modo racional e responsável, sua conduta pessoal, profissional e social.
- Avaliar competências fundamentais requer *avaliar sistemas de reflexão e ação*, avaliar atuações, consciente da complexidade de elementos presentes nas atuações humanas. Implica, portanto, a utilização de novos modelos e instrumentos de avaliação, adequados para *captar a complexidade,* além das convencionais provas feitas a lápis e papel. A melhor estratégia de avaliação é aquela que utiliza uma pluralidade de instrumentos e *procedimentos coerentes com o sentido* dos processos de aprendizagem e com as finalidades desejadas: redações, trabalhos e projetos, observação, portfólio, entrevistas, exposições orais, cadernos de campo[*], seminários de debate e reflexão...
- Outro aspecto-chave da avaliação educacional é o *feedback*, *o comentário reflexivo* que o professor ou os colegas fazem sobre os trabalhos do aluno. O *feedback* construtivo é chave para o progresso da aprendizagem relevante e para a autorregulação por parte dos estudantes de seus próprios processos de aprendizagem. O comentário do professor, atento à evolução e ao progresso do estudante, deve dar lugar, de modo paulatino, à autoavaliação do aluno.
- A autoavaliação deve ocupar um lugar central se queremos que, progressivamente, cada sujeito assuma a responsabilidade de conhecer e *autorregular* seus processos de aprendizagem e atuação. A avaliação será formadora se capacitar o estudante a compreender e a valorizar seu próprio processo de aprendizagem, se contribuir para o desenvolvimento da metacognição.
- A avaliação contínua e *formadora* é, portanto, a chave da mudança da cultura convencional da escola. Por isso, é urgente a modificação radical das formas de examinar e a primeira proposta que surge das proposições anteriores é que a avaliação deve ser concebida como uma

---

[*] N. de T. Refere-se, especificamente, às anotações realizadas pelos alunos de atividades desenvolvidas pelo professor.

ferramenta e uma ocasião para a aprendizagem. Aí reside seu sentido formador (James, 2007).

- Por último, e levando em consideração o conceito de conhecimento como construção de significados defendido ao longo deste livro, quando for necessário o controle-diagnóstico dos indivíduos ou dos grupos, a avaliação deve se *centrar nas ideias, nos modelos,* nos padrões que o sujeito utiliza para compreender e propor formas de atuação e não sobre a repetição de memória de dados ou informações. Uma consequência lógica desse princípio será permitir o *livre acesso à informação em qualquer prova* ou diagnóstico das aprendizagens.

Novas formas de entender a função docente. Mudar o olhar

- A função docente sofrerá, evidentemente, uma mudança tão radical quanto o restante dos componentes do sistema educacional. O olhar se moverá de uma concepção do professor como um profissional definido pela capacidade para transmitir conhecimento e avaliar resultados, a um profissional capaz de diagnosticar as situações e as pessoas; projetar o currículo *ad hoc* e preparar materiais; projetar atividades, experiências e projetos de aprendizagem; configurar e projetar os contextos; avaliar processos e servir como tutor do desenvolvimento global dos indivíduos e dos grupos. Evidentemente, esse docente exige *competências profissionais muito mais complexas* que aquelas tradicionalmente exigidas, para poder enfrentar uma atividade tão rica quanto difícil: provocar, acompanhar, orientar e questionar a aprendizagem dos estudantes.

- Por outro lado, como propõe Bain (2007) e Tedesco (2005), o docente tem uma clara função de exemplificação. Sua função testemunhal para o bom e para o mau é inquestionável, por isso eles devem se constituir em *exemplos de boas práticas intelectuais de indagação e atuação.* Demonstrar em sua prática uma maneira eficaz e honesta de construir e aplicar o conhecimento às situações e problemas reais. Os professores devem ensinar por meio de seu testemunho explícito os processos de construção e aplicação do conhecimento. Deverão se manifestar como experientes no desenvolvimento e execução de competências fundamentais em novos contextos e diante de situações incertas, *estrategistas experientes* que conhecem o que sabem, que conhecem o que falta, que utilizam a imaginação e estratégias de indagação e que dominam os métodos de integração e experimentação do conhecimento diante de problemas e situações complexas que requerem múltiplos olhares e perspectivas críticas e criativas.

- Todas essas mudanças supõem uma transformação cultural do contexto escolar. Não podemos esquecer, como ressalta reiteradamente Nuthal (2005), que *o ensino é um ritual cultural*, assimilado por cada geração ao longo de vários séculos, e que os professores, as famílias e os próprios estudantes sem consciência de seus fundamentos e implicações reproduzem. O ensino não é uma simples habilidade, mas sim uma complexa atividade cultural profundamente condicionada por crenças e hábitos que funcionam em parte fora da consciência. Requer-se mudar a cultura para criar novos contextos de aprendizagem. Isso explica por que depois de mudanças na formação dos professores e de reformas contínuas das leis educacionais, o coração dos processos de ensino-aprendizagem permanece inalterado ao longo de tanto tempo. *Os rituais culturais são sustentados por redes de crenças e conceitos estáveis*, os quais fazem parte de nós mesmos de tal maneira que permanecem invisíveis e, portanto, somos inconscientes de sua influência e controle. Sem modificar tais crenças e pressupostos enraizados em formas de comportamentos não será possível uma real transformação, a reinvenção necessária da escola contemporânea.
- A transformação da cultura enraizada em crenças e em hábitos requer métodos e estratégias que incluam, de forma contínua e convergente, a pesquisa e a ação, a prática e a reflexão. Por isso, aparece cada dia com mais clareza a importância das propostas da *IA participativa*, como o caminho mais eficaz e satisfatório em direção à mudança. As *Lessons studies* e *Learning studies* tão utilizadas nos processos de aperfeiçoamento dos professores japoneses.[25] Não é suficiente a incrementação do conhecimento e o desenvolvimento de habilidades docentes. Coerentes com a proposição que ao longo deste já longo capítulo defendi, também para os professores se deve propor a formação de competências profissionais, formas complexas e holísticas de compreender e agir.

CONCLUSÃO. OS MEANDROS DA MINHA ARGUMENTAÇÃO

Para facilitar o fio condutor do presente texto, parece-me conveniente concluir com um epílogo ou síntese resumido e breve dos argumentos que subjazem ao discurso até aqui exposto, de modo que fique mais evidente para o leitor e para o próprio autor o sentido, a fraqueza ou a força dos mesmos.

Competências. Por quê?

Porque...

- A sociedade baseada na informação requer mais do que nunca o desenvolvimento nos cidadãos de capacidades e atitudes para aprender ao longo de toda a vida em situações cada vez mais mutantes, novas e incertas.
- Os sistemas educacionais contemporâneos têm que enfrentar um inevitável dilema, por um lado, e ao se apoiarem na pesquisa, devem contribuir para a incrementação da complexidade, da incerteza e da criação e, por outro, devem preparar os indivíduos e os grupos humanos para manejar e viver imersos em tais contextos de complexidade e incerteza que estão ajudando a criar.
- A escola convencional se mostrou já ineficiente para formar pessoas competentes para agir de modo racional e autônomo no complexo cenário natural, econômico, social e cultural da atualidade.
- É necessário mudar o olhar. Não basta apenas transmitir conhecimento e desenvolver habilidades que na maioria das ocasiões apenas servem para aprovar nas provas. A finalidade atual da educação deve ser mais holística, útil e relevante: formar competências de reflexão e atuação racional, eficaz, autônoma e com sentido.
- As competências ou qualidades humanas fundamentais não podem ser confundidas com habilidades e rotinas que, por serem simples, mecânicas, restritas e estáticas, são incapazes de enfrentar a mudança, a incerteza e a complexidade da vida contemporânea.
- Saber agir requer reflexão, a ação é adaptativa, criativa, portanto mutante e exige reflexão, conhecimento, capacidade tanto quanto vontade, desejo e sentido. No centro da ação racional se encontra o pensamento, a compreensão, tanto quanto o desejo e a intenção.
- Em toda ação humana podemos distinguir duas dimensões: uma técnica-compreensiva e outra ética-valorativa. Não podemos compreender nem orientar a ação humana sem considerar os elementos inevitáveis que a compõem: conhecimentos, habilidades, atitudes, valores e emoções, ou seja, o que aqui se considerou competências ou qualidades humanas fundamentais.
- A compreensão é nutrida de significados organizados logicamente em torno de eixos de sentido. E os eixos de sentido se nutrem de desejos, de interesses, de intenções e valores que surgem de contextos social e historicamente contingentes.
- Os significados são representações subjetivas de fatos, objetos, códigos, processos, sentimentos, condutas, valores, desejos e intenções, modelos, teorias e paradigmas sobre âmbitos da realidade e sobre os métodos que utilizamos para conhecer. O propósito educacional é contribuir para a construção de significados de qualidade

integrando-os de forma coerente e consistente em ideias, modelos e teorias.
- Deve-se considerar culto quem sabe organizar os dados nas mais potentes teorias explicativas sobre a realidade. A perversão academicista implica o reducionismo dos significados atribuídos aos dados. Considerou-se culto quem com demasiada frequência retinha armazenados e ativos a maior quantidade de dados, informações, independentemente da qualidade dos modelos ou das teorias que organizam tais dados e da finalidade e utilidade dos mesmos.
- No passado, a relevância dos dados tinha uma clara justificação na funcionalidade de seu uso. Se os dados não estavam na memória, na cabeça de cada um, não estavam disponíveis em nenhum lugar ou nada mais que para alguns poucos privilegiados que tinham acesso aos escassos templos do saber ou para as escassas bibliotecas, lugares onde tais dados eram armazenados.
- A funcionalidade das informações e das ideias se encontra atualmente distribuída de maneira profusa em múltiplas fontes de informação de acesso fácil, universal, em tempo real e de forma permanente.
- O problema educacional na atualidade não está, de modo geral, na falta de informações e dados, mas sim na qualidade dos mesmos e na dificuldade para selecioná-los. Quer dizer, o problema de formação do cidadão autônomo está na necessidade de formar ideias, modelos e teorias de qualidade cada vez mais úteis, potentes, melhor estruturadas logicamente, com maior apoio nas evidências e com maior riqueza e diversidade criativa para entender, agir e transformar a realidade.
- Conhecer e compreender a complexidade da realidade contemporânea não significa reter e armazenar informação enciclopédica, mas sim buscar e manejar informação, organizá-la em torno de modelos explicativos, reformulá-la e avaliá-la com critérios e valores debatidos e consensuados.
- Para que esse processo complexo envolva o aluno é preciso que ele mergulhe no rio de preocupações e interesses do contexto social, nos problemas e nas situações que condicionam a vida de cada aprendiz e nas possibilidades que abrem novos e melhores horizontes sociais de satisfação pessoal e coletiva.
- Para o desenvolvimento de um sujeito relativamente autônomo, agente de seu destino e projeto de vida, requer-se a formação dos três âmbitos de competências que DeSeCo distingue: competência para entender e para utilizar os instrumentos interativos de compreensão, capacidade e desejo para conviver em grupos cada vez mais heterogêneos, capacidade e atitude de autorregulação e autonomia.

- Criar na escola ricos contextos de aprendizagem de caráter natural e recursos cultivados é a melhor estratégia para a formação das competências. Ou seja, contextos culturais de vivência dos problemas e situações habituais, mas com linguagens, significados, ideias, modelos, expectativas e horizontes mais elaborados, submetidos permanentemente ao questionamento, ao contraste e à crítica pública.
- Participar em projetos culturais, científicos, artísticos ou tecnológicos de elevada qualidade, é a melhor garantia de formação das competências que a participação ativa nos complexos cenários sociais contemporâneos requer. Esse programa requer definitivamente refundar, reinventar a escola que conhecemos.
- A escola é uma instituição enraizada na cultura e o ensino não é uma simples habilidade, mas sim uma complexa atividade cultural profundamente condicionada por crenças e hábitos que funcionam em parte fora da consciência, por isso é tão difícil sua transformação.
- Transformar a cultura da escola exige a mudança de crenças e hábitos de todos os participantes, por meio de processos complexos de pesquisa e de ação, que exigem formar comunidades de aprendizagem e criar novos contextos.
- A forma mais importante de aprendizagem para o estudante e para o professor, para o ser humano em geral, é o desenvolvimento de formas distintas de olhar a realidade e de intervir na mesma.

NOTAS

1. De acordo com Barnett (1999), uma situação de complexidade é quando alguém se depara com uma multiplicidade de dados. Uma situação de supercomplexidade é quando alguém se depara também com múltiplos marcos de interpretação de ação e de autoidentidade. A supercomplexidade é uma forma superior de complexidade em que não apenas as instituições, os conhecimentos e as teorias são questionadas, mas sim as metateorias, nossos marcos de interpretação mais gerais e básicos. A origem do mundo é por nós desconhecida, por quanto nossos conhecimentos se dirigem a mudá-lo, e portanto quanto mais conhecimentos desenvolvemos mais se modifica e mais se expande o novo território por conhecer. Esse movimento paradoxal dá lugar à expressão de Lukasiewicz (1994) "A explosão da ignorância".
2. Vale a pena considerar, de acordo com Riegel (2007), as seguintes peculiaridades da internet e a tecnologia digital:
    - A maioria da informação valiosa está na *web*. Bibliotecas, museus, enciclopédias, centros de pesquisa, bases de dados, repositórios, *blogs*...
    - A informação que ainda não está disponível e é verdadeiramente útil e valiosa pode ser acessada e incorporada por meio da *web*.

- Cada novo paradigma muda ou enfatiza um novo conceito de meio ou cenário de informação valiosa. Na era oral, a narração, na era da escrita e da imprensa, os textos, e na era digital, as multimídias.
- O princípio de acesso imediato e global facilita o intercâmbio, estimula a motivação, o contraste, e pode favorecer o debate e a crítica atual, mas também o trânsito banal pelo caminho das novas informações.
3. A internet é a tecnologia que na história da humanidade mais rapidamente se infiltrou na sociedade. O rádio necessitou de 38 anos para ter 50 milhões de ouvintes, a TV, 15, o computador, 7 e a internet, 4 (Riegel, 2007).
4. Entendo por sabedoria a arte de saber manejar e se situar em situações de incertezas, conscientes das possibilidades e limitações, do contexto e de nós mesmos, em razão dos próprios valores e propósitos, debatidos e questionados.
5. Entendo por educação o processo pelo qual oferecemos a oportunidade para cada indivíduo, de forma isolada e/ou colaborativa, de questionar o valor antropológico das influências que recebeu no processo de socialização. Ou seja, a oportunidade de conhecer e questionar a origem, o sentido e o valor dos significados que formam seus modos de pensar, de sentir e de agir. A educação transcende os limites da própria cultura da comunidade que rodeia cada indivíduo, para poder acessar os significados das culturas mais distantes no espaço e no tempo.
6. Entendo por eixos de sentido as agrupações de significado em torno de componentes ideológicos carregados de valores que proporcionam sentido e finalidade aos comportamentos e costumes dos indivíduos, dos grupos e das comunidades. Os eixos de sentido agrupados de forma mais ou menos coerente dão lugar às narrativas que proporcionaram identidade às comunidades humanas ao longo da história.
7. Beard e Wilson (2002) podem ser consultados a esse respeito.
8. Sobre o conceito de cultura experiencial pode ser consultado o livro de Pérez Gómez (1998), *A cultura escolar na sociedade neoliberal*.
9. Convém consultar os diversos documentos elaborados nesse período, publicados na página da OCDE: www.ocde.org/publications
10. Apresentarei aqui uma síntese atualizada das ideias expressadas em tal artigo.
11. O movimento de ensino baseado nos objetivos de conduta, derivado da psicologia condutivista (Watson, Skinner, Thorndike...), tem suas origens nos últimos anos da década de 1950 e na década de 1960 que conclui, na década de 1970, com a proposta do *mastery learning* de Bloom (1974); e o movimento de *competency-based education* (Burke et al., 1975).
12. Pode-se consultar a esse respeito a obra de José Gimeno Sacristán (1982), *A pedagogia por objetivos* (Madrid, Morata).
13. Sanders (1994) distingue quatro correntes ou enfoques sobre as competências:
    - Condutivista: microcompetências isoladas. – Somativo: justaposição de conhecimentos e habilidades são desenvolvidos de modo separado embora coordenados e avaliados também de forma separada. – Integrativo: as habilidades e os conhecimentos são desenvolvidos de modo conjunto. – Holístico: as competências são complexos sistemas de reflexão e ação que incluem conhecimentos, habilidades, valores, atitudes e emoções.
14. DeSeCo (Definição e seleção de competências-chaves) é um documento seminal elaborado pela OCDE no 2000 e revisado e difundido para todos os países da OCDE em 2003.

15. Sobre isso vale destacar as contribuições de Hipkins (2006), Brewerton (2004), Car (2004, 2006), Perrenoud (2001), Kegan (2001) e Rychen e Salganik (2003).
16. A esse respeito deve ser consultado o interessante artigo de Brown, Collins e Duguid (1989), em que se argumenta de maneira exaustiva e fundamentada que o conhecimento e a aprendizagem são fundamentalmente situações, ligadas aos contextos em que os sujeitos humanos vivem e experimentam, sendo, em grande medida, o produto da atividade, da cultura, do contexto e das relações.
17. Convém lembrar aqui que o tão repetido aforismo do "vive como pensas ou terminarás pensando como vives" não é senão uma clara manifestação desse caráter evolutivo das competências básicas dos seres humanos. Como propõe José Millas em seu antigo romance *Letra muerta*, o protagonista que pretende se inserir clandestinamente em uma organização para dinamitá-la por dentro – sem se aperceber de que acaba por ser possuído pelo espírito de corpo da congregação – é tomado por esse espírito e termina por se converter em um deles, porque é muito difícil viver de uma forma e seguir pensando de outra diferente, viver emboscado, fazer uma coisa e pensar outra (Reig, 2007).
18. Sobre isso deve ser consultado o documento denominado Tuning e suas aplicações para a elaboração dos livros brancos que pretendem orientar o projeto dos planos de estudo.
19. É curioso como a **Universidade de Harvard**, uma instituição tão acadêmica, também abre ao campo das prioridades do ensino universitário o âmbito das emoções, atitudes e valores, ao propor as seguintes finalidades:
   - Capacidade de pensamento independente, disciplinado, criativo e reflexivo.
   - Capacidade para entender as múltiplas perspectivas do mundo.
   - Tornar-se cidadãos responsáveis, que aceitam a responsabilidade de suas decisões, crenças, ações e consequências.
   - Capacidade de entender as questões científico-técnicas e ético-políticas das situações humanas.
   - Capacidade de participar em comunidades de aprendizagem.
   - Capacidade de ler e escrever com clareza e de forma eficaz.
   - Capacidade de falar de forma clara, argumentada e convincente. E capacidade de negociação a partir do respeito e da tolerância.
   - Capacidades quantitativas.

   No mesmo sentido podem ser citadas as recomendações do **Relatório Boyer**. Foi publicado no ano 2000 como produto de uma comissão de estudo, fundada pela *Carnegie Foundation for the Advancement of Teaching*, cujas recomendações foram aplicadas, em distintos graus e distinta intensidade, em mais de 30 universidades dos Estados Unidos, que ao longo desses anos e até a atualidade produzem relatórios e avaliações periódicas. Em tal relatório se destaca que o propósito do ensino universitário é proporcionar ao estudante as máximas oportunidades de desenvolvimento criativo e intelectual e para isso deverão facilitar:
   - Oportunidades de aprender por meio da pesquisa mais do que simplesmente transmissão de conhecimento.
   - Treinamento e formação de habilidades de comunicação oral e escrita em nível suficiente para sua atividade acadêmica e profissional.

- Oportunidades para apreciar as artes, as humanidades, as ciências naturais e as ciências sociais e para experimentar seus territórios na medida de suas possibilidades e desejos.
- Oportunidades para trabalhar com docentes e pesquisadores experientes, de modo que possam aprender de seu testemunho explícito e de suas recomendações.
- Oportunidades de acesso aos recursos mais adequados para a pesquisa, a transferência de informação e o desenvolvimento cultural.
- Oportunidade de conhecer as relações interdisciplinares entre os campos do saber.
- Oportunidades de conhecer, interagir e trabalhar com outras pessoas de origens bem diferentes a partir do ponto de vista cultural, social, intelectual, pessoal e profissional.

As **constelações de Barnett**. Barnett (1999) assume a seguinte lista de finalidades ou propósitos, que define como constelações, aos quais a educação em geral e a universidade em particular devem atender:

- Preparação para a vida laboral, econômica e da vocação profissional.
- Preparação para participar e viver em sociedades democráticas.
- Desenvolvimento da autonomia e independência do sujeito, fortalecendo a identidade própria.
- Desenvolvimento da competência crítica, do pensamento crítico, da reflexão autocrítica, do direito e da oportunidade de discordar.
- Preparação para enfrentar a supercomplexidade, contextos cada vez mais mutantes, frágeis, complexos e incertos, nos quais são questionados inclusive os marcos mais básicos e fundamentais de interpretação.

20 Ramsden (1984) distingue os seguintes fatores que induzem a aprendizagem superficial. Inadequado conhecimento prévio, escassez de tempo, um currículo demasiadamente extenso, provas frequentes como requisito total de aprovação que enfatizam a memorização, ausência de *feedback* e frequência de recompensas. Entre aqueles fatores que induzem a aprendizagem profunda distingue: atividades que requerem implicação do estudante durante períodos longos de tempo, expectativas claramente definidas, implicação dos docentes no material e nas atividades, ênfase no significado e relevância das tarefas para os estudantes, oportunidades para que eles exerçam sua capacidade de escolha responsável sobre o que e como aprender.

21. Um exemplo dessa participação real dos alunos no projeto e desenvolvimento do currículo é o programa denominado Geração Y (GEN Y) desenvolvido por Dennis Harper (1998, 2002) em uma escola de Washington.
22. Pode-se consultar sobre isso o conceito do *double loop* de Argyris (1995).
23. O desafio da personalização da aprendizagem se reflete na citação de W. B. Yeats que diz que "Educar não consiste em encher um cubo, mas sim acender uma chama", David Hargreaves (2005).
24. Sobre isso, pode-se consultar o interessante documento de Sjober (2007).
25. Murata (2002), Chokshi (2004), Ferences Marton (2006), National Council (2002), Perry, R. e Lewis, C. (2003). John Bowden, Ference Marton (2004), Lewis (2002, 2004, 2005).

REFERÊNCIAS

APA WORK GROUP OF THE BOARD OF EDUCATIONAL AFFAIRS. (1997), *Learner-centered psychological principles: A framework for school reform and redesign*. Washington, DC: American Psychological Association.

ARGYRIS, C. (1993), *Knowledge for Action. A guide to overcoming barriers to organizational change*. San Francisco, Jossey Bass.

_____ y SCHÖN, D. (1978), *Organizational learning: A theory of action perspective*, Reading, Mass, Addison Wesley.

BAIN, B. (2006), *Lo que hacen los mejores profesores universitarios*. Valencia, PUV.

BARNETT, R. (1999), *Realizing the University in an Age of Supercomplexity*. Buckingham, SRH & OU.

BEARD, C. y WILSON, J. P. (2002), *The power of experiential Learning*. Londres, Kogan Page Limited.

BLOOM, B. S. (1956), *Taxonomy in cognitive domain: A classification of educational goals*. Nueva York, David McKay. (Trad. cast.: *Taxonomía de los objetivos de la educación. Tomo I: Ámbito del conocimiento*. Alcoy. Marfil, 1975, 2.a ed.)

_____ (1974), "An instruction to mastery learning theory", en J. BLOCK (ed.), *Schools, Society and Mastery Learning*, Holt, Rinehart and Winston, New York.

BOUD, D. (1995), "Assesment and Learning: Contradictory or complementary?", en KNIGH, P. (ED) *Assesment for Learning in Higher Education*, Londres, Kogan Page, págs. 25-48.

_____ (1988), *Developing student autonomy in learning*. Londres, Kogan Page.

_____ (1995), *Enhancing Learning through Self Assessment*. Londres: Kogan Page.

_____ (2000), "Sustainable assessment: rethinking assessment for the learning society". *Studies in Continuing Education*, 22, 2, págs. 151-167.

BOWDEN, J. y MATON, F. (1998), *The University of Learning: Beyond Quality and Competence in Higher Education*. Londres, Kogan Page, 1998.

_____ (1990), "Deep and surface approaches to learning", en M. Akbar HESSAMI y J. SILLITOE (eds.), *Deep vs Surface Teaching and Learning in Engineering and Applied Sciences*, Victoria University of Technology, Footscray.

BRANSFORD, J., BROWN, A., y COCKING, R. (Eds.) (1999), *How people learn: Brain, mind, experience, and school*. Washington, D.C., National Academy Press.

BREWERTON, M. (2004), *Reframing the essential skills: Implications of the OECD Defining and Selecting Key Competencies Project*. Documento informativo para el Ministry of Education. Wellington, Ministry of Education (inédito).

BROWN, A. L. y CAMPIONE, J. C. (1990), "Communities of learning and thinking, or a context by any other name", en: D. KUHN (Ed.) *Developmental perspectives on teaching and learning thinking skills: contributions to human development*, Volume 2, Basle, Karger.

BROWN, J. S., COLLINS, A. y DUGUID, P. (1989), *Situated cognition and the culture of learning*. Educational Researcher, 18(1), págs. 32-42.

BRUNER, J. (1986), *Actual Minds, Possible Worlds*. Cambridge, MA, Harvard University Press. (Trad. cast.: *Realidad Mental y Mundos Posibles*. Los actos de la imaginación que dan sentido a la experiencia. Barcelona. Gedisa, 1988.)

_____ (1996), *The Culture of Education*, Cambridge, MA, Harvard University Press. (Trad. cast.: La educación, puerta de la cultura. Madrid. Visor, 1997.)

BURKE, John (Ed.) (1989), *Competency Based Education and Training*, Lewes, Falmer Press.

CARR, M. (2004), *Key Competencies/Skills and Attitudes: a Theoretical Framework: Background paper*, Documento inédito del Ministerio de Educación de Nueva Zelanda.

_____ (2006), *Dimensions of strength for key competencies*. University of Waikato.

CASTELLS, M. (1998), *La Era de la Información*. Economía, Sociedad y Cultura. Vol I, II y III. Madrid, Alianza Editorial.

CERI (2002): *Definition and selection of competencies: Theoretical and conceptual foundations: strategy paper on key competencies*. OCDE.

CHOKSHI, S., y FERNANDEZ, C. (2004), *Challenges to importing Japanese lesson study: Concerns, misconceptions, and nuances*. PhiDeltaKappan, 85(7), págs. 520-525.

ELIAS, N. (1983), *Compromiso y distanciamiento*. Barcelona, Península.

FENWICK, T. J. (2003), *Learning Through Experience: Troubling Orthodoxies and Intersecting Questions*. Malabar, Fla., Krieger Publishing Company.

GERGEN, K. (2001), *Social constructions in context*, Londres, Sage.

GERGEN, K. J., (1992), *El yo saturado*, Paidos, Buenos Aires.

_____ (1998), *Representaciones y realidades*, Paidos, Buenos Aires.

GIGERENZER, G. (2008), *Decisiones instintivas: la inteligencia del inconsciente*, Barcelona, Ariel.

GIL CALVO, Enrique (1993), *Futuro Incierto*, Barcelona, Anagrama, D.L.

_____ (1995), *Prisa por tardar*, Madrid, Taurus.

GIMENO SACRISTÁN, J. (1982), *La pedagogía por objetivos*, Madrid, Morata.

GONCZI, A. (2002), *Teaching and Learning of the Key Competencies*. Presentado en el DeSeCo's 2o International Symposium, Neuchâtel, Suiza, Swiss Federal Statistical Office.

HARGREAVES, D. (2005), *Personalising learning Learning to learn & the new technologies*. Publicado conjuntamente con The Secondary Heads Association. Dartford.

HARPER, D. (1998), *Generation www. Y*: Segundo informe anual. Washington, DC: U.S. Department of Education.

_____ (2002, Marzo), Generation www. Y White Paper 2. Olympia, WA: Generation y Organization.

HIPKINS, R. (2006), *The nature of the key competencies. A background paper*, Wellington, New Zealand Council for Educational Research.

INFORME BOYER (2000), http://www.reinventioncenter.miami.edu/index.html

JAHANBEGLOO, R. (1998), *Gandhi*, París, Felin.

KEGAN, R. (2001), "Competencies as Working Epistemologies: Ways We Want Adults to Know". En D. S. RYCHEN y L. H. SALGANIK (Eds.), *Defining and Selecting Key Competencies*. Göttingen. Hogrefe & Huber Publishing, págs. 192-204.

KERKA, S., (1998), *Competency-Based Education and Training, Myths and Realities*. Columbus, OH. ERIC Clearninghouse on Adult, Career and Vocational Education.

LAVE, J. y WENGER, E. (1991), *Situated Learning: Legitimate Peripheral Participation*. Cambridge, Cambridge University Press.

LEWIS, C. (2002), *Lesson study: A handbook of teacher-led instructional change*, Philadelphia, Research for Better Schools.

_____, PERRY, R., y HURD, J. (2004), "A deeper look at lesson study". *Educational Leadership*, 61(5), págs. 18-23.

_____, PERRY, R., y HURD, J. (2005), *Lesson study: A theoretical model and a North American case*.

LUKASIEWICZ, J. (1994), *The Ignorance Explosion. Understanding Industrial Civilization*, Montreal, Ouebec, Canadá, McGill-Oueen's University Press.

MARTON, F, TSUI, A. B. M. y cols. (2004), *Classroom discourse and the space of learning*, Mahwah, NJ, Lawrence Erlbaum.

McCOMBS, B. L. (2000), *Learner-centered psychological principles: A framework for technology evaluation*. Documento presentado en la U.S. Department of Education's Regional Conference "Evaluating Technology in Education", Atlanta.

_____ (2001), *Self-regulated learning and academic achievement: A phenomenological view*. En B. J. ZIMMERMAN y D. H. SCHUNK (Eds.), "Self-regulated learning and academic achievement: Theory, research, and practice" (2ª ed., págs. 67-123), Mahwah, NJ: Erlbaum.

McCOMBS, B. L. y MILLER, L. (2007), *Learner-Centered Classroom Practices and Assesment*, Thousand Oaks, CA. Sage Publication.

MURATA, A., y TAKAHASHI, A. (2002), *District-level lesson study: How Japanese teachers improve their teaching of elementary mathematics*. Documento presentado en una sesión previa de la Reunión Anual de la National Council of Teachers of Mathematics, Las Vegas, NV.

NATIONAL RESEARCH COUNCIL. (2002), *Studying classroomteaching as a medium for professional development: Proceedings of a U.S.-Japan Workshop*, Washington, DC, National Academy Press.

NUSSBAUM, M. (2002), "Capabilities and social justice". *International Studies Review* 4 (2), págs.123-135.

_____ (2003a), "Capabilities as fundamental entitlements: Sen and Social justice". *Feminist Economics* 9 (2/3), págs. 33-59.

_____ (2003b), *Beyond the Social Contract: Toward Global Justice*. The Tanner lectures on human values. Clare Hall, University of Cambridge March, 2003.

_____ (2000), *Women and Human Development: The Capabilities Approach*. Cambridge, Cambridge University Press.

NUTHAL, G. (2005), "The Cultural Myths and Realities of Classroom Teaching and Learning: A Personal Journey". *Teachers College Record*, Volumen 107, Número 5, 2005, págs. 895-934.

OECD (2002), *Definition and Selection of Competencies (DeSeCo): Theoretical and Conceptual Foundations: Strategy Paper*. Disponible en http://www.statistik.admin.ch/ stat_ch/ber15/deseco/deseco_strategy_paper_final.pdf

PÉREZ GÓMEZ (1999), *La cultura escolar en la sociedad neoliberal*, Madrid, Morata.

_____ (2007), "Reinventar la escuela, cambiar la mirada". *Cuadernos de Pedagogía*. Nº 368, mayo, págs. 66-71.

_____ (2003), *Mas allá del academicismo. Los desafíos de la escuela en la era de la información y de la perplejidad*. Universidad de Málaga. SPICUM.

_____, SOTO, E. y SERVAN, M. J. (2007), *Enseñar a aprender*. Chaco aprende. Gobierno de Chaco. Argentina.

PERRENOUD, P. (2001), "The key to social fields: competencies of an autonomous actor". En D. S. RYCHEN y L. H. SALGANIK (Eds.) *Defining and Selecting Key Competencies*. Gottingen, Hogrefe & Huber. Capítulo 6, págs. 121-150.

PERRY, R., y LEWIS, C. (2003), *Teacher-initiated lesson study in a Northern California district*. Documento presentado en la Reunión Anual de la American Educational Research Association, Chicago.

_____ y LEWIS, C. (2004), *What is successful adaptation of lesson study in the U.S.?* Publicado online en *Journal of Educational Change*.

_____ y LEWIS, C. (2008) What is successful adaptation of lesson study in the US? *Journal of Educational Change*. Publicado online en *Journal of Educational Change*. http://www.springerlink.com/content/vk20104381w6I501/

POZO, I. (2003), *Adquisición del conocimiento*, Madrid, Morata.

RAMSDEN, P. (1997), "The Context of Learning in Academic Departments". En: MARTON, F., HOUNSELL, D. y ENTWISTLE, N. (eds.) *The Experience of Learning*. 2ª ed., Edimburgo, Scottish Academic Press, pág. 198.

_____ (2003), *Learning to teach in higher education* (2ª ed.). Londres, Routledge-Falmer.

REIG, R. (2007), "Millas y los escritores abducidos". *El público*, 16 de Octubre.

RESNICK, L. B., LEVINE, J. M. y TASLEY, S. D. (1991), *Perspectives on social shared cognition*, Washington D.C., Apa.

RIEGEL, R. (2007), *Education in the Information Age*. En http://people.coe.ilstu.edu/rpriegle/wwwdocs/educationinfoage.htm.

ROBEYNS, I. (2006), "Three models of education: rights, capabilities and human capital". En: Theory and Research in Education, 1, págs. 69-84.

RODRIGUEZ IBARRA, J. C. (2008), "El asfalto, La red y las aulas". *El País*, 28-3-2008.

ROGOFF, B., (1990), *Apprenticeship in thinking: cognitive development in social context*, Nueva York, Oxford, Oxford University Press.

RYCHEN, D., y SALGANIK, L. (2003), "A holistic model of competence". En D. RYCHEN y L. SALGANIK (Eds.), *Key competencies for a successful life and a well-functioning society* (págs. 41-62), Cambridge, MA: Hogrefe and Huber.

SAITO, M. (2003), "Amartya Sen's Capability approach to Education: A critical exploration", en: *Journal of Philosophy of Education*, 1, págs.17-33.

SARUP, M. (1993), *An introductory guide to post-structuralism and postmodernism*. Nueva York, Harvester Wheatsheaf, 2ª ed.

SCHÖN, D. (1987), *Educating the Reflective Practitioner*: Toward a New Design for Teaching and Learning In the Professions. San Francisco, Jossey-Bass.

_____ (1983), *The Reflective Practitioner. How professionals think in action*, Londres, Temple Smith.

SEN, A. (2002), "Response to Commentaries". *Studies in Comparative International Development* 37 (2), págs. 78-86.

_____ (1988), "Freedom of Choice". *European Economic Review*. 32, págs. 269-294.

_____ (1992), *Inequality Re-examined*, Oxford, Clarendon Press.

_____ (1999), *Development as Freedom*. Nueva York, Knopf.

SENGE, P. (1990), *The Fifth Discipline. The art and practice of the learning organization*, Londres, Random House.

SJORB, Svein. (2007), "Constructivism and learning", en, E. McGAW, B. y PETERSON, P. (Ed.) (2007), *International Encyclopaedia of Education 3rd Edition*, Oxford, Elsevier.

TABER, K. S. (2006), "Beyond Constructivism: the Progressive Research Programme into Learning Science", *Studies in Science Education*, 42, págs. 125-184.

WALKER, M. y NIXON, J. (2007), *Reclaming universities from a Runaway World*, Londres, Open University Press.

WELLS, G. (ed.), (2001), *Action, talk, and text: learning and teaching through inquiry*, Nueva York, Londres, Teachers College, Columbia University.

_____ y CLAXTON, G. (2002), *Learning for life in the XXI century*, Nueva York, John Wiley & Sons.

WINTER, R. y MAISCH, M. (1996), *Professional Competence and Higher Education: The ASSET Programme*, Londres, Falmer Press.

_____ (2003), "Contextualising the Patchwork Text: Addressing problems of coursework assessment in higher education", en WINTER, R., PARKER, J. y OVENS, P. "The Patchwork Text: A Radical Re-assessment of Coursework Assignments", *Innovations in Education and Teaching International Special Issue*, Vol. 40, No.2, págs. 112-122.

WOOD, D. (1998), *How Children Think and Learn: The Social Contexts of Cognitive Development*, 2ª ed., Oxford, Blackwell.

ZAFAR, S. (2006), *Action Learning Methodology in the SAMDI, Accelerated Development Programme* (ADP). Republic of South Africa. The SAMDI Department: SA Management Development Institute. http://unpan1.un.org/intradoc/groups/public/documents/CPSI/UNPAN026040.pdf

3

A CIDADANIA SE TORNA COMPETÊNCIA
Avanços e retrocessos

Juan Bautista Martínez Rodríguez

> Por que era preciso criar a disjunção entre família e cidade?
> Para impedir que a igualdade democrática se infiltrasse na vida privada.
> Geneviève Fraisse (2003, p. 144)

A incorporação das competências básicas no currículo, apesar de na Espanha se dar de forma precipitada e de maneira parcial no desenvolvimento da Lei Orgânica da Educação (LOE), e de maneira geral no âmbito universitário, é um primeiro passo para aproximar o sistema educacional espanhol às exigências internacionais que, por um lado, são de inclinação europeia do sistema educacional e, por outro, de orientação em direção à aprendizagem. Ambas as decisões ou tendências devem ser analisadas em nosso contexto para identificar de que maneira afetam as decisões curriculares e quem as adotam. Ao mesmo tempo, o governo espanhol assume na legislação (Lei Orgânica de Educação 2/2006, de 3 de maio) as conclusões dos organismos internacionais, a OCDE e a Comissão Europeia, e se incorpora ao programa para a avaliação internacional dos alunos da própria OCDE (PISA) sobre o ensino e a aprendizagem das competências básicas, como um meio para melhorar a qualidade e a equidade do sistema educacional. (Incorporar as competências básicas ao currículo nasce – de novo – com o olhar em direção à avaliação geral de diagnóstico e à avaliação dos rendimentos.)

É nesse contexto em que se produz a proposta de uma *competência social e cidadã* como uma das chaves na formação daqueles que devem aprender a conviver porque se desenvolvem em sociedades com aspirações democratizadoras. A *Educação para a Cidadania* (Epc) se propõe como competência básica no contexto europeu e, ao mesmo tempo, como competência e disciplina no sistema educacional espanhol. Perguntamo-nos neste capítulo quais as repercussões que esse fato tem e de que maneira afeta os desafios da formação dos cidadãos.

SEQUELAS DA ORIGEM EMPREENDEDORA E PSICOLÓGICA NA MITIFICAÇÃO DAS COMPETÊNCIAS

Para explicar uma palavra utilizamos outras. As novas necessitam das antigas para poderem ser explicadas e todas vão construindo e reconstruindo seus significados. O conceito de "competência" nasceu e foi divulgado junto a outros conceitos diferentes: habilidade, destreza, capacidade, aptidão, padrão, objetivo, indicador, todos eles cresceram sob o amparo da necessidade de precisar as atuações práticas para avaliar os rendimentos. Tais conceitos foram utilizados – em princípio – pela psicologia e pela gestão empresarial para adotar atualmente alguns significados mais relacionados com o contextual, próximo do social, definido a partir da prática. A origem das competências para cumprir uma função avaliativa se relaciona com a exigência psicológica condutivista de identificá-las como "comportamento observável". Essa origem das competências se manterá como uma das consequências mais condicionantes em sua história.

Constatamos um interesse mais econômico que educacional ao revisar a história da Educação Baseada em Normas (EBNC), que remonta aos anos de 1930 nos Estados Unidos. Seu renascimento mais recente começou há 15 anos, com a finalidade de adequar a educação e a capacitação às necessidades da indústria. A partir de então, a EBNC foi um conceito muito controverso entre representantes dos setores industriais, governamentais, acadêmicos e educacionais. Também gerou certo consenso injustificado em torno do que pode ser uma base para elevar os níveis de competências em um determinado país, para aumentar os recursos investidos em programas de capacitação e para tornar possível que outras instituições não governamentais também ministrem cursos de capacitação. Essa proposta surge a partir das preocupações dos grupos de interesse próprios do mundo do trabalho em que os corpos diretivos necessitam de trabalhadores e devem identificar os *padrões* ocupacionais originados nas competências necessárias.

Começou-se a prescindir dos procedimentos habituais e a incluir essas áreas de preparação profissional nos programas para os estudantes dos cursos de licenciatura, nos anos de 1970, por parte de algumas universidades e *colleges* dos Estados Unidos. Tais programas, orientados em direção ao trabalho dos professores em sala de aula, denominavam-se *Performance of Competency- -Based Teacher Education Programs* (Programas de educação docente baseados na competência ou rendimento) ou P/CBTE. Trata-se de desenvolver habilidades didáticas isoladas, aplicadas a situações da docência nas salas de aula. A partir do próprio campo da indústria são adaptados os *indicadores* de comportamento ou rendimento, cuja definição também se pensa que irá melhorar o processo de aprendizagem. No entanto, imediatamente se reconheceu como insuficiente enumerar típicas habilidades didáticas, competências, destrezas e praticá-las uma por uma, pois se considerava que era necessário reunir todas elas em unidades lógicas para conseguir o treinamento.

Na Espanha foram divulgadas tais competências ou habilidades no campo teórico-pedagógico nos anos de 1970. Um exemplo bastante significativo é a proposta de três volumes traduzida para o espanhol (Becker, Bilek, Clemens--Lodde e Kohl, 1979, p. 10). Curiosamente, a contribuição dessa publicação exigirá o contexto de aplicação real; o caráter "situacional" da competência para reclamar os contextos de aplicação se separava de outras traduções nas quais as propostas procediam do condutivismo mais ortodoxo. Era primordial nessa concepção que o progresso dos alunos por meio do programa de treinamento pudesse ser avaliado em razão da demonstração das competências adquiridas. Essas competências apenas podem ser detectadas nas atuações dos professores. Registravam-se em termos de conduta observável, uma prática que ainda persiste, com critérios avaliáveis em função das atuações, e planejadas de modo sistemático.

As competências cresceram em variedade sob o amparo da psicologia da instrução e se proliferaram taxonomias variadas: assim surgem as competências cognitivas, afetivas, comunicacionais, de conhecimentos básicos, técnicas, competências administrativas e interpessoais. De modo geral, identificam-se para cada categoria básica várias competências genéricas, que por sua vez estão formadas por subcompetências. Trata-se de apresentar modelos de instrução eficazes, que incluam funções principais, que por sua vez possam ser subdivididas em outras subfunções. A organização de competências se agrupa em grandes domínios, cada domínio consiste em condutas específicas agrupadas em competências. Supõe-se que um estudante deverá dominar ao final de seus estudos grande parte de tais competências, aprovando no exame correspondente.

Essa lógica baseada em categorias ou competências excludentes, agregadas ou subdivididas em outras mais precisas, representa uma lógica racional e instrumental que terminará representando outra das consequências mantidas na atualidade: as competências definidas como ações observáveis e excludentes. É o domínio absoluto da lógica formal em detrimento do experiencial.

A evolução dos programas P/CBTE é significativa na medida que se tem necessidade de uma formação docente muito mais profissional e em que se transforma a docência em uma profissão na qual aparecem programas de formação baseados em competências, politicamente apoiados, nos centros de formação de professores e nas escolas; programas que por sua vez delimitam os critérios de avaliação e certificação do estudante de educação* ou supõem um elemento-chave na carreira profissional do professor. Relembraremos que esse enfoque de origem condutivista se baseava na hipótese de que as

---

* N. de T. Estudantes de cursos universitários de formação de professores.

competências podiam ser descritas exatamente sobre a base de análise das tarefas envolvidas na docência (*job analisis*) e das habilidades (*skills*) requeridas para isso. O problema desse enfoque, que expressamos metaforicamente como "sequelas", é que se secundariza tudo aquilo que se refere ao contexto sociocultural, como também aos avanços da teoria da aprendizagem não exclusivamente psicológica, assimilando-se a preparação de professores a de um trabalhador ou técnico em uma indústria de tipo *fordista* (Eraut, 1994).

Nessa evolução se confirma que as experiências mais propriamente pedagógicas são realocadas progressivamente pelos enfoques empresariais. Assim, as políticas educacionais se discutem a partir da perspectiva da *garantia de qualidade*, dos *incentivos laborais* como motor para obter um bom rendimento, do *rendimento de contas ou accountability*, da *formação por competências* e seus *padrões* correspondentes, avaliados com um sistema de *indicadores* justificados pela responsabilidade pelos resultados de administradores e executores das tarefas de ensino; e da especificação daquilo que é necessário para agir bem em uma sociedade que deve competir em boas condições. Esses enfoques, por sua vez, se traduzem em políticas dirigidas para a avaliação comparativa dos resultados individuais, coletivos, institucionais, nacionais e internacionais do sistema educacional. Essa "sequela" avaliativa pressionará, deformará e desviará a atenção em relação à contínua medição que justificava o controle do sistema.

As primeiras expansões do estabelecimento de sistemas de especificação das competências dos professores e de controle sobre sua aquisição aparecem nos países anglo-saxões, nos anos de 1990: Inglaterra, Austrália, Estados Unidos e Canadá, Escócia, Irlanda e Nova Zelândia. A reação inicial dos professores é de incômodo, já que se trata da intromissão de instituições estatais sobre o que eles fazem. Um segundo nível de reação levou os acadêmicos especialistas em educação a tentar dar um sentido às noções de competência e *accountability* presentes nos sistemas educacionais (Hustler e McIntyre, 1988). Nos Estados Unidos, são os sindicatos de professores que decidiram participar na elaboração de um conjunto de padrões para o desempenho docente e a academia justifica essa participação como própria da profissão docente já que se considera missão dos professores estabelecer tais padrões para o exercício de suas funções, exigindo seu cumprimento (*National Board Professional Teaching Satandars;* Sykes e Burian Fitgerald, 2004). No âmbito europeu, a partir de perspectivas mais acadêmicas, discute-se e se propõe a necessidade de explicitar as competências necessárias para um bom exercício docente. Para isso, opta-se por uma perspectiva genérica em contraposição ao conceito inicial derivado do condutivismo (Eraut, 1994; Perrenoud, 1998).

Também do ponto de vista político, alimenta-se o discurso da efetividade do trabalho docente e da instalação de sistemas que garantissem a qualidade do trabalho, justificando a necessidade de utilizar instrumentos de avaliação baseados em descrições do que é um bom trabalho de ensino. Essa é a história que chegou a formular o que atualmente se conhece por competências e padrões docentes. O conceito de *padrões*, por seu lado, se refere ao sistema de qualidade do desempenho ou da competência do professor e, portanto, especifica o que pode ser exigido razoavelmente do profissional em distintos momentos de sua vida laboral. Oferece os critérios necessários para a avaliação do desempenho docente. No entanto, dado que os padrões necessitam se basear em descrições de desempenho, na prática os padrões são definidos quase da mesma forma que as competências.

Todavia, as demandas da sociedade do conhecimento que incluem aspectos como flexibilidade, amplitude de olhar, aceitação do risco, não são englobadas por esse enfoque. Isso levou a revisar e reformular o conceito de competência aplicando uma vez mais a psicologia, desta vez a cognitiva, de maneira que se chega a formulações excessivamente globais e pouco específicas.

Diante dessa pressão e crítica, fortalece-se o conceito de *competência profissional*, referente à amplitude de tarefas que correspondem ao profissional e à qualidade das mesmas. Ou seja, não há espaço para versões da tarefa docente que a reduzem a técnicas específicas, mas sim que de alguma maneira sua formulação deve incluir uma perspectiva atualizada do processo de aprendizagem, a responsabilidade frente as diferenças trazidas pelos contextos socioculturais e as pessoas de modo individual, e tudo aquilo que se deriva da própria natureza dos conhecimentos envolvidos. Nesse entendimento, um *indicador* de desenvolvimento é intrínseco ao conceito de competência, ou seja, o caminho que se percorre durante o exercício profissional, a via entre novato a veterano (Eraut, 1994, p. 23).

O termo competência também foi eleito pelo projeto Sócrates-Erasmus – intitulado *Tuning Educacional Structures in Europe*, projeto Tuning – para condensar em um projeto universitário o significado que melhor pode representar os novos objetivos da educação europeia. O conceito de competência invocado nesse projeto põe a ênfase nos resultados da aprendizagem, os quais poderão ser feitos pelo aluno ao término do processo educacional e por meio de procedimentos que lhe permitirão continuar aprendendo de forma autônoma ao longo de sua vida. Os resultados da primeira fase do projeto estão sendo utilizados na discussão, coordenação e organização dos distintos planos de estudo que futuramente serão cursados na União Europeia. Enumerou-se um conjunto de competências com a finalidade de conhecer a opinião que os três coletivos a seguir tinham sobre sua importância: graduados, empresários e acadêmicos. Elaborou-se uma lista de 85 competências e habilidades diferentes que foram consideradas pertinentes por companhias privadas e instituições de ensino superior. O resultado final foi uma lista com 30 competências. Entendem por competências básicas aquelas envolvidas para compor outras mais complexas. Essas competências estão agrupadas em categorias: cognitivas (conhecimento básico e específico, análise e síntese, organização e planificação, solução de problemas, tomada de decisões e capacidade de aprender) e motivações e valores (motivação de conquista, iniciativa e espírito empreendedor, preocupação pela qualidade e compromisso ético). As competências de intervenção de caráter social incluem as habilidades interpessoais, a liderança, o trabalho em equipe. Finalmente, entre as competências de intervenção culturais se encontram a capacidade de apreciar a diversidade, o conhecimento de culturas e o trabalho intercultural.

O procedimento experimental de tipo correlacional aplicado para construir os conceitos das competências não se caracteriza precisamente por fomentar uma teorização profunda, que no entanto foi abordada em outros trabalhos europeus. O projeto Tuning é o resultado histórico das experiências na elaboração de taxonomias, abrangidas pelo início da psicologia cognitiva e pelas aplicações racionais da filosofia racional, ao abordar categorias e processos próprios do conhecimento filosófico ou intelectual: capacidade de síntese, análise. Partiu-se do desenvolvimento ampliado dos âmbitos das taxonomias e dos modelos filosóficos formais do conhecimento. Deu-se lugar a competências especificas, muitas delas elaboradas de acordo com os âmbitos já tradicionais: cognitivos (saber), procedimentais ou instrumentais (saber fazer) e atitudinais (ser). Outra vez é recriada a famosa taxonomia de Bloom, quando as "novas" competências formais pretendem marcar um espaço de ação não delimitado entre capacitações formais impossíveis de isolar.

Outro dos trabalhos de pesquisa mais importantes que podemos citar é o mais relevante realizado sob a tutela da OCDE com uma primeira versão no ano 2000 e concluído em 2003, com a seguinte denominação: "projeto DeSeCo" (*Definition and Selection Competencies*), dentro de seu programa sobre os indicadores dos sistemas educacionais (INES), materializado pelo Escritório Federal de Estatística da Suíça e apoiado pelo *National Center for Education Statistics* dos Estados Unidos e Canadá. As competências propostas no projeto são: comunicação na língua materna, comunicação em uma língua estrangeira, competência matemática e competências em ciência e tecnologia, competência digital, aprender a aprender, *competências interpessoais e cívicas*, espírito empreendedor e expressão cultural (2004, Grupo de Trabalho B da Comissão Europeia). O conjunto de competências é concebido como um sistema de ação complexo que engloba as habilidades intelectuais, as atitudes e outros elementos não cognitivos (Rychen e Hersh, 2002, p. 7); também propõe que as competências sejam agrupadas por "constelações" dadas suas interações, reconhecendo que sua importância relativa depende do contexto socioeconômico e cultural. Esse reconhecimento, por outro lado esperado na definição das competências, representa a conhecida contradição de não poder definir as competências se desconhecemos o contexto cultural, social e econômico.

A partir desse projeto, a maioria dos países da OCDE, entre eles a União Europeia, começou a reformular o currículo escolar em torno do controvertido, complexo e poderoso conceito das competências. A leitura e proposta prática que Pérez Gómez faz (2006, p. 16) de tal projeto na Comunidade Autônoma da Cantábria ressalta as características mais adequadas, sintetizando aquelas que são diferenciais das competências fundamentais: um "saber fazer" complexo e adaptativo, isto é, um saber que se aplica não de forma mecânica, mas sim reflexiva, suscetível a se adequar a uma diversidade de contextos e com um caráter integrado, abarcando conhecimentos, procedimentos, emoções, valores e atitudes, que evoluem ao longo da vida. Além disso, para que uma competência possa ser selecionada como chave ou básica, DeSeCo considera que deveria cumprir algumas condições como contribuir para a obtenção de resultados de alto valor pessoal ou social, poder ser aplicada a um amplo leque de contextos e situações relevantes, e permitir às pessoas que a adquiriram superar, com êxito, exigências complexas. Ou seja, as competências são básicas ou "chave" quando valiosas para a totalidade da população, independentemente do sexo, da condição social e do entorno familiar e podem ser aplicadas a múltiplos contextos.

> Vale destacar, devido à potencialidade implícita na proposta de DeSeCo, a mudança substancial nas prioridades e na proporção dos componentes do currículo. Dos três eixos de competências que compõem esta proposta, dois deles se encontravam praticamente ausentes do currículo convencional do sistema educacional espanhol, até o ponto que se considerava, por grande parte da opinião pública e inclusive por uma parte importante dos professores, que o desenvolvimento de tais componentes corresponde à responsabilidade exclusiva da família. Para esses setores, a função da escola é instruir, ensinar os conteúdos convencionais das disciplinas, contemplados, aqui, no primeiro eixo; o restante, educar, não diz respeito nem à escola e nem aos professores. (Pérez Gómez, 2006, p. 20)

Esse é o argumento-chave que nos permitirá entrar, de modo profundo, em uma competência real. Precisamente uma competência que responde à função pedagógica fundamental possuída pelos professores: a educação cívica e cidadã. A recuperação por parte do projeto que comentamos dessas funções educacionais – na prática desviadas do objetivo dos professores – é um passo formal que insiste no conceito de educação mais certeiro. No entanto, à margem da proposta de DeSeCo, o que Pérez Gómez (2006, p. 23) propõe é uma série de princípios pedagógicos que atribui ao enfoque baseado em competências, mas que, no entanto, são recomendáveis a qualquer enfoque pela justificação psicopedagógica inovadora e pelo potencial formador de sua aplicação. É a tradução das competências à linguagem mais versátil da prática por meio do que se chamou "princípios de procedimento". Uma formulação mais útil para a realização de atividades em situações cotidianas, mais inspiradora dos processos de ensino-aprendizagem, mais abarcadora do território global e complexo da prática educacional.

AVALIAÇÃO CRÍTICA DAS CONTRIBUIÇÕES DAS COMPETÊNCIAS: MUITAS LIMITAÇÕES E POUCOS AVANÇOS

Entre as críticas que se fizeram à proposta da formação baseada em competências está a que parte do fato de que vivemos em uma sociedade que evolui permanentemente, em que as competências de hoje são provisórias e mutantes, e em que os profissionais competentes não apenas devem poder resistir às mudanças, como ainda devem ser capazes de participar das mesmas de forma ativa; o profissional deve estar capacitado para orientar de novas maneiras a sua profissão. Barnett (2001, p. 111) se pergunta de que forma é possível, em um campo profissional no qual o conhecimento muda, especificar de antemão o conhecimento que se requer para obter a competência profissional. A noção de competência está relacionada com condutas previsíveis em situações previsíveis.

A perspectiva aplicada na seleção de competências supõe, de acordo com o autor citado, uma fraqueza conceitual do caráter do ser humano, posto que nos apresenta uma visão empobrecida da ação humana, segundo a qual os indivíduos se veem impulsionados a se moverem contra os padrões externos. Nesse sentido poder-se-ia entender como uma concepção que nega aos indivíduos sua capacidade: eles não são autores de suas próprias ações, nem sequer de seus pensamentos; também como uma concepção que entende que os seres humanos são simples atores, que não agem reflexivamente porque se nega o poder da crítica autogerada, que poderia acabar com os padrões de competência. Não se trata de uma filosofia da razão tecnicizada ou do desempenho tecnicizado, mas sim de uma filosofia que nega a razão crítica (e autocrítica) ilustrada (Barnett, 2001, p. 116). As competências são comportamentos e capacidades para agir de maneiras desejadas e definidas por outros, reduzem a autenticidade e a indeterminação da ação humana. A ideia de uma competência que contenha o imprevisível é, em si mesma, incoerente tanto quanto se pensa no desenvolvimento da mente como se se tratasse de um resultado, o que leva a uma interpretação irremediavelmente limitada da educação. Tal como ocorre com as competências, a formulação em termos de resultados representa uma forma de fechamento. A partir deles se predeterminam as características que devem chegar a ter os estudantes, a maneira de inicialmente culpabilizar o processo de ensino. São termos que fazem parte de uma linguagem cheia de preconceitos, imposições e limitações; que surgem de uma forma particular de raciocínio instrumental e que buscam estender o domínio que a educação superior exerce na sociedade e, desse modo, tomar como marginais outras formas de ação e pensamento (*ibid.*, p. 122).

> As ideias de competência, resultados, desempenhos e atividades não se encaixam bem com a ideia de compreensão. É tentador dizer que esta não é observável. Ao estar interessado na ação e no comportamento como tais, deixa de lado por completo, pelo menos na vida profissional, o modo como a ação se reveste de pensamento, de ação e de compreensão. (Barnett, 2001, p. 115)

O processo de definição de competências, embora tenha admitido um grupo de competências que a concepção mais academicista do conhecimento havia suprimido, no entanto, resulta cada vez mais complexo e ambíguo, já que aumenta a distância que se dá entre o contexto de elaboração das competências e o contexto em que tem lugar a aprendizagem, em se considerando que na definição das competências se referem sempre a respostas contextualizadas, referidas em abstrato. As competências se identificam independentemente do processo de aprendizagem ou dos conteúdos que condicionam o mesmo. O contexto externo real, o conteúdo situado é parte da competência e não algo separável dela. Voltemos a entrar no planejamento das aprendizagens, na ênfase no pré-ativo, no normativo e no regulativo; e o façamos a partir de um contexto, teorização e pensamentos externos aos alunos, a seus processos e a suas situações.

Seguindo Rychen e Salganic (2004, p. 415) a ideia inicial de ver as competências-chave por meio das lentes de distintas disciplinas se confirmou como uma estratégia indispensável para adquirir uma reflexão interdisciplinar sobre a natureza das competências. Nesse sentido, recupera-se o legado curricular dos conteúdos, do conhecimento sistematizado como uma fonte importante para a elaboração de informação seguindo um sentido epistêmico. No entanto, a aquisição e a conservação de competências implica a aprendizagem durante toda a vida e a aprendizagem depende da existência de um ambiente material, institucional e simbólico favorável. Seguindo esse argumento, comprovamos com as autoras que, ao discutir competências, frequentemente se deixa de lado sua dimensão sociológica, dando-se prioridade aos aspectos cognitivos e a outros fatores psicológicos.

É especialmente significativo o reconhecimento que atualmente se faz no sentido de considerar a identificação de competências a partir de uma base coletiva e moral que resgata as necessidades básicas necessárias para o homem e para a mulher atuais. De tal maneira que é impossível construir competências-chave sem que isso signifique que estamos tomando decisões éticas e políticas. Admitir isso supõe incorporar aos processos de planejamento do ensino e das aprendizagens toda uma dimensão sobre a cultura comum e sobre as formas de realizar as trocas entre os indivíduos a partir de uma perspectiva moral. É importante saber quem interpreta as necessidades educacionais e quais considerações atendem àqueles a quem elas se dirigem.

Como uma incorporação especialmente relevante para o tema que nos ocupa, consideramos o fato de que os diferentes colaboradores do projeto DeSeCo destacaram várias características de uma vida exitosa e responsável fazendo referência à *Declaração dos Direitos do Homem das Nações Unidas* como ponto de partida para uma descrição de uma sociedade docente (Rychen e Salganic, 2004, p. 416). Se aludimos ao projeto mencionado, a maioria das discussões sobre as competências-chave se focou em sua contribuição para o êxito das vidas individuais, argumentando a partir do fato de que as competências são necessárias em termos individuais ao mesmo tempo em que pretende preservar a capacitação como um elemento não coletivo. No entanto, compartilhamos com a avaliação do projeto que a qualidade do conceito de vida, e a ideia da qualidade de sociedade não apenas oferece uma perspectiva complementar, como também uma dimensão imprescindível para poder situar as aprendizagens: a ideia da qualidade da sociedade. A paz e a segurança, o desempenho econômico, a coesão social, a igualdade, a ausência de discriminação, a excelência científica, a qualidade ambiental, etc., poderiam constituir alguns dos múltiplos aspectos que contribuem para a qualidade de uma sociedade (*ibid.*, p. 417). À ideia liberal das competências, baseada nas responsabilidades individuais dos sujeitos sob controle individual, deve-se somar as condições mais coletivas e contextuais de maneira que adquirir uma competência não seja avaliado tão somente na responsabilidade final individual, mas também valorizada nas situações nas quais se desenvolveu. O que exige inventar equações para avaliar as competências levando em consideração suas condições de desenvolvimento.

À limitação da ênfase individualista das competências deve-se acrescentar a ênfase disciplinar. Abordar as competências-chave a partir da perspectiva das disciplinas acadêmicas possui aspectos positivos inquestionáveis; no entanto, também possui muitas limitações. É necessário reconhecer que o resultado do enfoque multidisciplinar não pode levar diretamente a uma base de trabalho coerente, ampla e conceitual. De fato, seria ingênuo esperar que as diferentes propostas pudessem ser unidas para realizar uma oferta formadora coerente. É preciso que haja uma troca contínua de ideias entre acadêmicos e representantes da política e da prática. A interação entre a prática, o conhecimento exigível e as decisões políticas curriculares deve ser permanente.

Todavia, vez e outra constatamos como as necessidades do setor industrial são o local de pressão mais importante que promove a seleção das competências. O conhecimento se adapta às motivações pessoais e às circunstâncias institucionais e sociais em que é produzido. E é nesse sentido que a formação dos cidadãos requer uma visão integral não movida exclusivamente pelas necessidades do mundo empresarial e tecnológico. A educação superior não se restringe a desenvolver competências para ocupações (profissões) particulares. Absolutamente. Não deve parecer estranho para nós que com as competências se chegue a sistemas demasiado regulamentados, inflexíveis e complexos que acabem por definir um artifício complexo, exaustivo e artificial que não favoreça as propostas formativas. Nesse sentido, deve-se assegurar que os formadores adquiriram as competências necessárias para criar boas condições de formação.

Definitivamente, da perspectiva avaliativa devemos reconhecer que o desenvolvimento dos indicadores, desde seus padrões correspondentes, da seleção e aplicação das diferentes estratégias de avaliação não apenas deve-se enfocar nas competências e em seus componentes, como também devem levar em conta os diversos fatores que existem por trás da definição de competências-chave: os conceitos de uma vida exitosa e a qualidade da sociedade, os fatores socioeconômicos e culturais, etc. No entanto, muitos dos fatores-chave são inatingíveis e não podem ser medidos nem comparados facilmente, pelo menos não com os meios que atualmente dispomos e que disporemos em um futuro próximo. O ponto de trabalho que pretendemos desenvolver no futuro deve se projetar de tal maneira que incorpore as inter-relações dinâmicas e dialéticas nos níveis individual e social, e que explique os pontos de referência multidimensionais e polifacetados das competências-chave (Rychen e Salganic, 2004, p. 420).

Sobre a implantação das competências, podemos constatar que naqueles países em que sua utilização alcançou maior desenvolvimento e eficácia, geraram complicados sistemas orientados em direção à *normatização e certificação*, bem como à formação. Devemos considerar que a normalização tem como propósito formular normas de competência, acordadas entre sindicatos, empresários e outros atores vinculados a um determinado setor produtivo e cuja utilização posterior é voluntária. Não pode ser um procedimento elitista, corporativo ou de decisões aristocráticas. As normas devem ser permanentemente atualizadas e ser referência básica dos sistemas de competências. Quanto à certificação, partindo das normas aprovadas e de avaliações dos trabalhadores, criaram-se organismos "independentes" que concedem a certificação e que muitas vezes abrem mão da participação dos trabalhadores, justificando os empresários e educadores, certificando seu nível de competência.

A necessidade de aprender constantemente para manter sempre atualizados os próprios conhecimentos, e com as mudanças de profissão e emprego que agora mais do que nunca os trabalhadores experimentam, é uma justificativa mais ou menos admissível para uma certificação regular as competências. Sob o argumento da necessária formação continuada, é inevitável que essas estratégias sejam aplicadas no ensino universitário e no sistema educacional em geral? Tanto é fato que a administração educacional obriga nessa direção – como se o próprio mercado o fizesse –, as diretrizes educacionais e os políticos atuais confiam cada vez mais nas certificações e reconhecimentos como prova dos conhecimentos que um indivíduo possui, bem como de sua capacidade para aplicá-los em situações reais. Algumas empresas com fins lucrativos desenvolveram-se em torno dessa necessidade, especialmente na área de formação; e novas organizações sem fins lucrativos têm como produtos principais os certificados e a aprendizagem baseada nas competências. A certificação da aprendizagem e o reconhecimento dos conhecimentos por meio da avaliação parecem constituir uma possibilidade de crescimento na qual as instituições de ensino universitário têm pouca experiência, não possuem infraestrutura para desenvolvê-la e para as quais quase nunca prestaram atenção. Até hoje os desafios dessa avaliação se centram na capacidade de aplicar os conteúdos em situações reais e de valorizar habilidades de difícil quantificação como a capacidade de síntese e aplicação, de resolução de problemas, de trabalho em equipe, de relações interpessoais ou de criatividade. O enfoque baseado nas competências ataca o próprio núcleo das estruturas tradicionais de financiamento do ensino universitário com contratos-programa, sistemas de incentivo, controles de avaliação.

Essa ideia de certificação significa que as pessoas precisam ter condições de demonstrar seu conhecimento e domínio de um campo, adquiridos por meio de sua experiência – de forma autodidata –, da formação fornecida por seu local de trabalho ou na universidade. Um exemplo da certificação aplicada ao ensino universitário é o reconhecimento da competência adquirida pela própria experiência e que é considerada parte das titulações acadêmicas concedidas àqueles que têm conhecimento ou experiência oriundos de postos de trabalho ou por outros meios demonstráveis.

Ao comprovar a expansão desses procedimentos de identificação de competências e padrões, fixação de indicadores, aplicação de sistemas de certificação e reconhecimento, estamos em uma fuga desenfreada ao futuro quando, ainda, é muito complicado: denominar com o mesmo termo ações humanas tão simples quanto complexas; definir indistintamente as propriedades individuais e aquelas que requerem um contexto; não distinguir de modo conveniente entre as competências da formação para um campo profissional e as competências especificamente profissionais de acordo com os padrões dos profissionais em exercício; definir as competências adquiridas como propriedades individuais, ou seja, um certo tipo de inteligência ou desenvolvimento cognitivo, com aquelas que são produto da aprendizagem específica. Sobretudo, o equívoco mais contraditório está em estabelecer, na avaliação, uma relação simples entre competência e ação, uma vez que os resultados esperados da aprendizagem dos processos e contextos do mesmo são segregados (como ocorre no projeto Tuning).

A distinção tipológica entre competências genéricas e específicas é um obstáculo que gera entre os professores uma falsa diferenciação entre "ser", "o que saber" e "como saber"; de igual forma que a distinção entre competências cognitivas, sociais e culturais e instrumentais. Não se pode esquecer que as habilidades genéricas fazem parte do conhecimento implícito em uma matéria, fato que não as torna necessariamente explícitas – apesar de serem justificadas na própria epistemologia da matéria. É provável que algumas instituições, entre elas as universitárias, com sua cultura, políticas e práticas se deixem levar por essa pressão teórica substituindo experiências de tradição docente demonstradamente ricas.

A pesquisa de Eraut (2006, em Rué, 2007, p. 75) no campo das profissões e nas qualificações baseadas em competências, nos locais de trabalho, mostra as dificuldades reais decorrentes da tentativa de formular e identificar adequadamente uma competência. As limitações para encontrar o nível de especificação mais apropriado nos leva a ter dificuldades quando formulamos as competências de maneira muito geral, então elas parecem demasiado imprecisas para um uso prático, ou no caso oposto, quando são muito específicas, tendem a ser muito numerosas.

Por outro lado, as situações e os contextos dos alunos é algo imprevisível no planejamento e na seleção das competências. A interação entre as diferentes competências prévias dos alunos e professores requer contextualizar as propostas das competências sob o risco de torná-las abstratas e distanciadas das dimensões práticas, sociais, pessoais e culturais. Como afirma o autor citado (*ibid.*, p. 76), presta-se pouca atenção ao modo como um aluno compreende e se aprofunda nas principais teorias de uma disciplina ao longo do tempo. O sistema de valoração por meio de notas não representa informação útil para os estudantes reconhecerem seu progresso, cujo conhecimento realmente ajuda a aprender. É paradoxal que toda uma visão das competências que está baseada na centralidade da aprendizagem dos alunos e em sua prática mais diversificada esqueça tão drasticamente quais são os elementos que condicionam a aprendizagem e como as epistemologias do conhecimento e dos profissionais deverão se orientar.

É necessário entender o conhecimento como uma experiência íntima e global, a mais especificamente humana que se pode ter. Para isso, assinalamos como fato mais importante a diferença que existe entre as simples apreensões sensitivas e intelectuais, que nos dão um conhecimento meramente informativo, e a verificação das mesmas apreensões no processo de consciência. Sob o discurso das novas retóricas competenciais, parece que esquecemos a história e a filosofia do conhecimento. Convém repassar nossas tradições do pensamento e relembrar, por exemplo, a teoria escolástica da *reditio completa* (Ramis, 2006), como uma metáfora histórica que consiste em dirigir a mente em direção ao objeto intencional, observá-lo o quanto possível, todos os seus detalhes essenciais e secundários, e logo voltar a si mesma e, recolhida em sua interioridade, elaborar o que observou. Todos os que cultivam alguma ciência, realizam, em certo sentido, a *reditio completa,* embora de modo inconsciente na maioria dos casos. Poderão comprovar que todo seu trabalho consiste em dirigir a atenção em direção ao objeto de estudo, e depois da observação, considerar em seu interior os dados obtidos dando-lhes o sentido necessário. Apesar disso não ser nada novo, convém chamar a atenção que os erros epistemológicos são produzidos precisamente quando os aspectos tão óbvios como o mencionado são esquecidos, os quais costumam passar despercebidos como se se tratassem de coisas sem importância. A experiência do conhecer é um desses casos. Pelo menos desse modo se entende em grande parte da história do pensamento. Os filósofos procederam com atitudes distintas: ou não dando nenhuma atenção, ou tratando com abordagens subjetivistas, ou racionalizando a partir da experiência pré-científica ou, por fim, tornando-o objeto de uma especulação impalpável, obsessiva e inutilmente complicada. Assim, convém dirigir novamente nosso potencial cognitivo em direção ao próprio conhecimento e nos perguntarmos se é possível considerá-lo como a primeira e fundamental das experiências. O que representa uma globalidade difícil de fragmentar e necessária de resgatar com vistas a dar sentido ao conhecimento. Se é isso o que se quer propor a partir do sistemas de competências, não criamos um caminho mais artificial, abandonando uma tradição que dava outro sentido ao conhecimento? Conhecimento experiencial, conhecimento prático, pesquisa na ação, reflexão na ação, tantas e tantas metáforas para tentar corrigir desvios na maneira de entender o conhecimento.

DIFERENTES SENTIDOS DADOS À CIDADANIA E TAMBÉM ÀS COMPETÊNCIAS

Assim como as competências foram entendidas, e são entendidas, a partir de diferentes formulações, não apenas as características de sua história como também estilos muito distintos de abordagem, também quando falamos de cidadania ou da *competência social e cidadã* temos que descobrir quais são suas bases, em que estamos pensando, quem definiu e quais condições são atribuídas ao cidadão ou cidadã que vive como tal. O encontro entre competências e cidadania produziu frutos: *a competência social e cidadã*, ou melhor, o conjunto de *competências interpessoais e cívicas*, ou ainda, o tipo de competências interpessoais que respondem à preocupação da aprendizagem em convivência. Para poder valorizar o resultado desse encontro – competências e cidadania – convém saber do que falamos: quais competências, qual cidadania.

As diferentes opções e tipos de cidadania podem ser representados nos modelos de estado tradicionalmente aceitos. Por isso, poderíamos utilizar a metáfora do tipo de cidadania neoliberal, a comunitária e a democrática. No primeiro caso, a condição básica é a propriedade individual, a imagem do cidadão (*proprietário*), que deseja se consolidar como sujeito político que reclama direitos diante de uma sociedade que não lhe protege, deixando-lhe à mercê de sua situação como proprietário em uma sociedade de livre mercado provavelmente "vampirizado" pelo consumo e explorado em sua capacidade de participação social. Cidadão que cultiva os afetos familiares e as relações filiais em uma unidade de propriedade onde os filhos se tornam dependentes economicamente. É um sujeito moral abandonado a suas capacidades e condições individuais. Pensa, decide, delibera de acordo com as possibilidades herdadas de sua família. Seu objetivo é a aquisição progressiva de bens, garantir sua propriedade e adquirir mais *status*. O caminho é longo para os que não podem, que terminam competindo em condições desiguais diante de um Estado vazio e passivo. Esse cidadão se deparará com as políticas que põem em dúvida esse delicado sistema. As instituições são um obstáculo para a livre aquisição dos bens. Seu caráter de membro da sociedade é um obstáculo – apesar de se beneficiar dessa mesma condição e do patrimônio público adquirido de maneira inconsciente e sem prestação de contas para nada e ninguém.

Esse cidadão busca um acordo social na base da racionalidade e da deliberação. É um indivíduo que acredita que constrói a si mesmo, tem-se como livre, não aceita sua construção histórica e social como pessoa. Acredita-se que nasceu *ex novo*, rejeita as evidências históricas, já que considera que é algo que mereceu, abriga-se no privado como espaço de liberdade e despreza o público. Considera-se com direitos "naturais" embora, em condições desfavorecidas, complique sua defesa.

Em outro sentido, o cidadão *comunitário* pensa que a prática individual deve ser interpretada a partir da perspectiva coletiva uma vez que esta dá sentido àquela. Por isso, entende-se, compartilham-se vínculos e significados e criam-se vínculos com o "nós" em uma identidade coletiva como defesa de um modelo cultural e histórico homogêneo. O cidadão se define no lugar e nas condições nas quais mantém relações e compromissos com quem se sente identificado. Apela à norma comunitária e a justifica para o crescimento coletivo.

Por último, o cidadão *democrata* supera a ideia liberal do *status* legal que considera cumprido e a ideia comunitária de pertencer a uma única comunidade, uma vez que seu pertencimento se refere a diferentes instituições políticas, econômicas, sociais e culturais. Admite um "nós" heterogêneo, descentrado e não totalizado, amparando-se em uma multiplicidade de práticas. O sentido das ações está aberto. A comunidade política é um espaço plural em que convergem diferentes discursos e diferentes interpretações. O que no liberalismo se restringe ao espaço privado, aqui é percebido como público, lutando-se para tornar as posições hegemônicas, confrontando ideias e perspectivas diferentes. É um cidadão que deve responder à pluralidade ideológica e cultural, à existência de culturas que interagem, que deverá estabelecer as condições em que os sujeitos possam ter condições de inclusão e possam desenvolver seus direitos básicos.

Devemos formar sujeitos na cidadania que contém a sabedoria e as experiências desses diferentes padrões cívicos. Não devemos passar por cima da insistência de pressões em direção a qualquer um desses estilos. Inclusive na comunidade nos encontraremos com aqueles que defendem linhas diferentes de ação justificadas nessas experiências tão variadas de modelos de cidadania. Partindo dessa realidade complexa, cabe-nos formar os sujeitos, "desenvolver competências", experimentar novas ou velhas práticas dirigidas para o crescimento no sentido de cidadania superando práticas que incentivam ou mantêm a exclusão e a desigualdade.

As diferentes maneiras anteriores de entender a cidadania se correspondem com ideologias desde as que justificam as competências e foram caracterizadas para o cidadão proprietário, como a Competência Profissional determinada pelo mundo da produção; para o cidadão comunitário, como a competência acadêmica defendida para o mundo acadêmico; e para o democrático, como competência cultural baseada em identidades diferentes.

A competência laboral concebida no mundo do trabalho e produção se orienta de modo deliberado e quase exclusivo em direção a uma situação do trabalho realizado (Barnett, 2004, p. 86). Impera o saber pragmático, instrumental, técnico automatizado. As habilidades se ligam às funções. A competência é traduzida em aquisição de habilidades que devem ser demonstradas e que asseguram a produção econômica para a maior rentabilidade do capital e para obter o maior benefício. O conhecimento tem um sentido: o rendimento, o lucro. A formação tem sentido no desempenho funcional das operações concretas das empresas. Essa concepção implica as relações sociais, as interações humanas e o exercício da cidadania. É o saber técnico, o saber como (*know-how*) que interessa, por isso as competências são definidas praticamente com um único foco: a obtenção de resultados. A avaliação é econômica. Promove-se uma aprendizagem experiencial com metaoperações, organizando uma comunicação estratégica e algumas normas organizacionais como valor de sobrevivência econômica e para a melhor eficácia prática.

A competência acadêmica é organizada como uma formação com competências genéricas, habilidades específicas e transferíveis. A compreensão é a peculiaridade acadêmica, compreender o mundo, interpretar e avaliar, projetar a própria visão. Trabalha-se pelo "o que saber" (*know-that*) definido no mundo acadêmico para o fortalecimento intelectual projetado na capacidade de expressar ideias, apoiá-las com argumentos. O foco são as proposições e a transferência por meio da metacognição. As comunicações são procedentes das diferentes disciplinas, a avaliação é entendida como a "objetividade", e são aplicadas as normas do campo intelectual para a melhor compreensão cognitiva.

A competência cultural (vital) mantém sua origem epistemológica no conhecimento reflexivo por meio do qual se define, de maneira aberta e com múltiplas propostas, o bem comum como valor definido por consenso. A comunicação é dialógica e a aprendizagem é meta-aprendizagem; as normas práticas do discurso são aplicadas para a melhor compreensão prática, tendo como foco o diálogo e o argumento. As competências laborais ou acadêmicas não ficam desatendidas, situam-se como construções ideológicas que podem considerar as necessidades do sujeito (Restrepo, 2006).

Existe, como explicamos, uma reconhecida história sobre como se entende ou se entendeu a cidadania em comunidades reais, incluída a própria história, sob modelos de estado reais. Dessa história podemos extrair lições. Valorizar avanços, comprovar efeitos sociais e políticos. Também descrevemos alguns fatos do nascimento e da diversificação das diferentes concepções acerca das competências como instrumento de organização didática e política. A crítica de cada caso nos permite um olhar mais amplo e nos ajuda a pensar as propostas educacionais para repensar as práticas e buscar novas alternativas.

SURGE A CIDADANIA COMO COMPETÊNCIA EM EDUCAÇÃO SOCIAL E CIDADÃ E COMO NOVA DISCIPLINA PARA OS ENSINOS FUNDAMENTAL E MÉDIO

No começo, surgiu na Espanha a Epc como um acréscimo insignificante à área da mídia e da filosofia nos anos de 1970, área que poderia conter alguns conteúdos relacionados com o conhecimento social. Mesmo que os movimentos pedagógicos vanguardistas lhe dessem uma ênfase especial, nos anos de 1980 manteve como comum e obrigatória *a educação para a convivência*. Com a LOGSE (1990), a educação em atitudes e valores era parte de todas as matérias e conteúdos transversais, e eram especificamente de ética: uma prática ilusória. O marco global de inclusão normativo desses conteúdos deveria estar presente nos projetos de centro.

Foi em setembro de 2004 quando o Ministério da Educação e Ciência (MEC) apresentava e publicava em sua página na internet um documento chamado *Educação de qualidade para todos e por todos: propostas para o debate,* no que se propunha a inclusão de uma nova disciplina chamada *Educação para a Cidadania*. O MEC manteve distintas reuniões com o Conselho Escolar do Estado, com os representantes das comunidades autônomas e com atores sociais como sindicatos, associações de pais e mães, professores e estudantes, bem como com diretores de escolas. O MEC elaborou um relatório no qual eram relacionadas, de forma sintética, as reações recebidas sobre os diferentes temas da proposta (MEC, 2005). Duas semanas mais tarde, em 30 de março, era apresentado o anteprojeto. No projeto de lei aprovado pelo Conselho de Ministros no dia 22 de julho de 2005 (MEC, 2005), mantinha-se a Educação para a Cidadania como disciplina própria em dois cursos durante as fases da educação obrigatória. Iniciou-se o debate do projeto de lei no Congresso em setembro de 2005. Os grupos parlamentares em sua maioria rejeitaram a disciplina de Educação para a Cidadania, com a justificativa de que sua forma deveria ser transversal e não constituir uma nova disciplina.

Transcorrida a apresentação de emendas parciais e a discussão e votação das mesmas na Comissão de Educação do Congresso, o texto foi aprovado pelo Congresso no dia 15 de setembro. A novidade em relação ao anteprojeto foi sua denominação como *Educação para a Cidadania e Direitos Humanos*. Durante o trâmite posterior no Senado, foi proposto que se suprimisse a Educação para a Cidadania na etapa primária (ensino fundamental), apesar de se manter como área diferenciada a parte de Direitos Humanos.

Depois da publicação da LOE (2006), o governo espanhol redigiu um decreto no qual definiu o calendário de aplicação de todas as medidas incluídas na Lei e que regulou o currículo da nova disciplina. Na Espanha, o governo regula o currículo mínimo comum a todas as comunidades autônomas, para que estas desenvolvam a parte que lhes corresponde, de acordo com a competência de cada uma.

Por sua vez, o Conselho da Europa vem tomando iniciativas em torno da educação para a cidadania democrática desde fevereiro de 1997, propondo um projeto para identificar os valores e as habilidades necessárias para que os indivíduos possam se comportar como cidadãos participativos, bem como a estratégia para adquirir e aprender esses mesmos valores e habilidades transmitindo-os para outras pessoas. Esse projeto se iniciou oficialmente em outubro de 1997, contando com o respaldo de todos os Chefes de Estado e de Governo dos Estados membros do Conselho da Europa, e culminou em dezembro de 2004 com a declaração, por parte do Conselho de Ministros do Conselho da Europa, do "Ano Europeu da Cidadania por meio da Educação".

De igual modo, definiu as linhas políticas a serem seguidas em termos de educação para a cidadania democrática e recomendou aos Estados membros que as adotassem. Assim, o Conselho de Ministros da Espanha apoiou os resultados do projeto adotando a Recomendação 12 de 2002 sobre Educação para a Cidadania Democrática, que acomoda as tarefas em todas as áreas, sendo prioritária a ação da escola para conseguir a aquisição das seguintes competências-chave: resolver conflitos de forma não violenta, argumentar em defesa dos pontos de vista próprios, escutar, compreender e interpretar os argumentos de outras pessoas, reconhecer e aceitar as diferenças, escolher, considerar alternativas e submetê-las a uma análise ética, assumir responsabilidades compartilhadas, estabelecer relações construtivas – não agressivas – com os demais e realizar um enfoque crítico da formação.

Foi na União Europeia (2005) onde se estabeleceu uma base de referência europeia com oito competências-chave sobre as competências interpessoais, interculturais e sociais e sobre a competência cívica. Compreendem todas as formas de comportamento que preparam as pessoas para participar, de maneira eficaz e construtiva, na vida social e profissional, especialmente em sociedades cada vez mais diversificadas e, em seu caso, para resolver conflitos. As habilidades interpessoais são necessárias para que haja uma interação efetiva, devendo ser empregadas tanto no âmbito público quanto no privado.

A competência cívica prepara as pessoas para participar plenamente na vida cívica graças ao conhecimento de conceitos e de estruturas sociais e políticas, e ao compromisso de participação ativa e democrática.

Recentemente na Espanha foi decidido incluir as competências básicas no currículo da nova Lei de Educação (LOE, 2006). Poderia haver interesse pela inclusão das competências básicas entre os componentes do currículo, uma vez que deve permitir caracterizar de maneira precisa a formação que os estudantes devem receber. Essa inclusão das competências coincide na Lei – mais uma vez – com a proposta de realização de uma avaliação-diagnóstico do sistema educacional (Art. 20) e das competências básicas alcançadas pelos alunos ao finalizar o segundo ciclo dessa etapa, e ao terminar o segundo curso de educação secundária obrigatória. Além disso, defende-se *a aprendizagem ao longo da vida* (Art. 5). O Ministério da Educação e Ciência no Anexo I dos Reais Decretos 1513/2006, de 7 de dezembro, estabelece o currículo mínimo da Educação Primária (equivalente a 1ª a 6ª séries do ensino fundamental) e no 1631/2006, de 29 de dezembro, estabelece o currículo mínimo da Educação Secundária (da 7ª série do ensino fundamental ao 1º ano do ensino médio), no qual reúne oito competências básicas sob o título de educação obrigatória, entre as quais destacamos a *Competência Social e Cidadã*.

É correto, no entanto, que a interpretação e entrada das competências fundamentais no currículo espanhol difere em grande medida das propostas no DeSeCo (Pérez Gómez, 2007, p. 5). Aparece como uma versão mais próxima da perspectiva psicologista, da tradição instrumental, a qual incentivou com os projetos curriculares-base e os desenvolvimentos a partir da LOGSE. Produz-se uma proposta de materiais apresentados no dia 16 de outubro de 2007 na sede madrilenha da Organização dos Estados Ibero-Americanos, sob a responsabilidade de Álvaro Marchesi, que apresentou a coleção *Competências básicas em Educação*, editada pela Aliança Editorial (na Espanha). Algumas pessoas que elaboraram a proposta anterior por objetivos na reforma e algumas novidades também se manifestaram. Nessa coleção a competência social e cidadã é elaborada por José Antonio Marina e Rafael Bernabeu.

Depois da finalização dessa etapa, o Conselho da Europa decidiu seguir e intensificar os trabalhos relativos à educação para a cidadania democrática e a Educação em direitos humanos e adotar um novo programa para o período 2006-2009 sob o título *Learning and living democracy for all* (Conselho da Europa, 2006-2009), para o qual projetou três linhas de ação: "Desenvolvimento e aplicação de políticas de educação para a cidadania e a inclusão social", "Novas funções e competências dos professores e de outros profissionais da educação para a cidadania democrática e para a educação em direitos humanos" e "O governo democrático das instituições educacionais". Compartilhamos o interesse nessas três linhas de trabalho na mesma medida em que consideram os seguintes âmbitos essenciais para praticar a cidadania: a política educacional, a formação de professores e a prática democrática na escola.

A União Europeia prestou, por sua parte, uma atenção especial à educação para a cidadania durante os últimos anos. A Estratégia de Lisboa, acordada no Conselho Europeu em março de 2006, traçou como objetivo, a ser alcançado antes de 2010, uma economia guiada pelo conhecimento e projetou uma nova agenda social europeia. Tanto a inclusão social quanto uma cidadania ativa são objetivos de especial relevância para o processo de Lisboa, e o sistema educacional é concebido como uma das vias mais importantes por meio das quais ensinar e dar exemplo em princípios de equidade, inclusão e coesão. Esse programa, finalmente chamado "Europa com os cidadãos", estará em funcionamento entre 2007 e 2013. Seu objetivo é "melhorar a compreensão mútua entre cidadãos europeus e o reforço do sentimento de pertencimento à Europa, bem como forjar uma identidade europeia, incentivando a participação cidadã e a cooperação entre os cidadãos" e "melhorar o conhecimento e a compreensão mútua entre os cidadãos europeus no respeito e na apreciação da diversidade cultural e do multilinguismo, ao mesmo tempo em que se contribui para o diálogo intercultural, em especial por meio da luta contra o racismo, a xenofobia e a intolerância, bem como todas as formas de discriminação". O programa será formado por quatro tipos de ações (Martín, 2006, p. 23). Existe, portanto, um acordo dentro da Comissão Europeia em torno à necessidade de incentivar a participação, a pesquisa e o projeto de indicadores de coesão social e de cidadania ativa na Europa. A rede Eurydice elaborou um completo relatório sobre a Educação para a Cidadania nos Estados membros (*Citizenship Education at School in Europe*).

Com a competência social e cidadã pretende-se compreender a realidade social em que se vive, cooperar, conviver e exercer a cidadania democrática em uma sociedade plural, bem como comprometer-se com sua melhora. O exercício da cidadania implica dispor de habilidades para participar ativa e plenamente na vida cívica. Significa construir, aceitar e praticar normas de convivência de acordo com os valores democráticos, exercitar os direitos, as liberdades, as responsabilidades e os deveres cívicos, e defender os direitos dos demais. A exasperação política no momento de surgimento da proposta de competências e da própria disciplina explica a evolução da proposta que foi reduzida a algumas questões como consequência de uma tentativa de consenso. Da Europa se pressiona na direção das competências no sistema educacional e também na proposta da competência social e cidadã.

PESQUISAS SOBRE AS COMPETÊNCIAS ADQUIRIDAS NA CIDADANIA: DADOS PARA O CURRÍCULO

Nos Estados Unidos, Richard Niemi realiza um estudo destinado a analisar o impacto que a educação cívica tem sobre os conhecimentos e sobre as atitudes dos alunos (Niemi e Junn, 1998), recolhendo os dados da Avaliação

Nacional do Progresso Educacional (NAEP) sobre conhecimentos cívicos de 1988. Entre suas conclusões podemos destacar dados muito relevantes que apontam que os alunos que tiveram um curso sobre educação cívica na escola têm mais conhecimentos cívicos, uma atitude mais crítica em relação às notícias e mais democrática. Concluindo, de igual forma a educação cívica ministrada nas escolas tem um papel complementar ao papel da família e ao da formação individual construída por cada estudante.

Na Inglaterra a reforma de 1999 introduz uma disciplina específica de *Educação para a Cidadania* no currículo inglês para os estudantes entre 11 e 16 anos e é aplicada desde 2002. A Fundação Nacional para a Pesquisa Educação (NFER, cit. em Martín, 2006, p. 31) projetou um instrumento de avaliação baseado na realização de pesquisas por grupos. Recentemente foram publicadas as primeiras análises dos dados que apontam que os alunos que tiveram cursos de educação para a cidadania são mais propensos a participar em organizações voluntárias – tanto dentro quanto fora da escola – e de participar em outro tipo de atividades dentro dela, não necessariamente vinculadas a organizações, como, por exemplo, votar para representações discentes ou trabalhar no período escolar. Da mesma forma que ocorria no caso dos Estados Unidos, a educação para a cidadania tem um papel complementar ao da família e ao das motivações de cada aluno.

Entre os estudos comparados sobre a educação para a cidadania, o *Civic Education Study* (CIVED), um estudo sobre as atitudes, comportamentos e conhecimentos cívicos dos estudantes, coordenado pela Associação Internacional para a Avaliação dos Resultados Educacionais (IEA) e realizado em 28 países, identificou os diferentes modelos de democracia, de cidadania e de governo, o grau de confiança dos estudantes nas instituições ou suas atitudes em relação à nação e à diversidade e seus conhecimentos cívicos. Os trabalhos da rede Eurydice, impulsionados durante a presidência holandesa do Conselho da Europa entre julho e dezembro de 2004, continuam o trabalho realizado sob a iniciativa do Conselho da Europa e trazem uma informação mais atualizada sobre os 30 países que formam a rede.

A IEA desenvolveu durante a segunda metade dos anos de 1990 um ambicioso estudo sobre a educação cívica, que teve duas fases, a primeira consistindo em uma série de estudos de casos nacionais, e a segunda de caráter empírico, baseada na aplicação internacional de provas e questionários comuns. No denominado *Civic Education Study*, um estudo de educação cívica no qual participaram 90 mil estudantes de 28 países, indicava-se em suas conclusões que poucos haviam sido os estudantes capazes de responder corretamente a algumas perguntas que abordaram assuntos mais complicados, como as relacionadas à identificação das posições políticas de diversos grupos ou partidos opostos em eleições, a compreensão dos processos de reforma política ou as implicações que as decisões econômicas e políticas adotadas pelos governantes possuem. Por outro lado, o conhecimento cívico que esses adolescentes adquiriram pode ser qualificado, de modo geral, como superficial e pouco ligado à vida cotidiana. Dá a impressão de que os jovens efetivamente aprenderam na escola quais são os fundamentos do funcionamento democrático das sociedades, mas não o aplicaram adequadamente em sua vida comum, o que explica a educação para a cidadania como uma vivência formadora. A maioria dos adolescentes mostrou um escasso interesse por realizar atividades, tais como participar na vida política, filiar-se a um partido político ou se tornar candidato em alguma eleição, apesar de ser consciente da importância que teoricamente têm muitas dessas atividades para a vida em coletividade (Torney-Purta et al., 2001, p. 118-124). Ao contrário, os estudantes estão dispostos a participar em formas menos tradicionais de compromisso cívico e político, como manifestações não violentas de protesto ou atividades de voluntariado ou de caridade. Esse estudo pôs às claras a importância que um clima escolar aberto à discussão tem, e que a percepção da existência de tal clima aberto na escola se constitui em um indicador positivo do conhecimento cívico e da probabilidade de participar em futuras eleições. Por outro lado, muitos dos estudantes consultados não percebem que em suas escolas existe um clima propício para a participação ativa. É como se as escolas ainda não houvessem assumido, na prática, sua função de formadora de cidadãos e seguissem alicerçadas na função como transmissoras de conhecimentos.

Podemos constatar, em termos gerais, que a educação para a cidadania é uma área curricular de pouca importância na prática, limitando-se, muitas vezes, a um ensino bastante superficial do funcionamento político. Muitos dos jovens questionados concedem, além disso, maior credibilidade à informação televisiva que à imprensa escrita (jornais), o que leva a considerar a participação desses poderosos meios de formação de opinião na tarefa da educação cidadã. Esse estudo da IEA nos confirma que o problema de proporcionar uma adequada formação cidadã continua estando vigente tanto em países que recentemente passaram à democracia, quanto em outros que a vivem há muito tempo.

Depois do estudo da IEA, CIVED (1999), em um novo contexto internacional propõe-se (2004) um novo estudo *International Civic and Citizenship Study* (ICCS), encarregado a ACER (Austrália), a NFER (Inglaterra e País de Gales) e a Tre University de Roma (Itália). É direcionado ao que equivaleria a alunos do 2º ano do ensino médio e analisa situações e o contexto dos alunos, professores, da direção das escolas e o contexto nacional. Está em fase piloto e os resultados preliminares do estudo principal no hemisfério norte podem ser obtidos pela seguinte página de internet: www.iccs.acer.edu.au. Interessa-nos verificar quais diferenças existem entre os países estudados e suas conquistas de compreensão conceitual e em suas atividades cidadãs, mudanças ocorridas desde 1999, interesses políticos dos adolescentes nos diferentes países, quais percepções os adolescentes têm do impacto de sua formação.

Estamos convencidos do interesse de recuperar pesquisas realizadas e de aprofundar estudos que precisem o pressuposto de que os estudantes mantêm uma atitude ativa de despolitização e distanciamento do debate político cotidiano e da reflexão continuada da tomada de decisões em políticas educacionais, sociais, econômicas e culturais. O aprofundamento em tais estudos nos permitirá apontar as condições alarmantes – provavelmente – desse tema.

NOVOS SENTIDOS PARA A EDUCAÇÃO DA CIDADANIA

Em nossa história recente alguns atores sociais pensaram que essa disciplina se relaciona de alguma maneira com o ensino da religião, entendendo que aquela pode ser uma alternativa para a segunda; no entanto, parece difícil justificar que católicos e não católicos devem aprender a ser cidadãos democráticos. A educação para a cidadania não está relacionada à religião no sentido de que ser cidadão é uma aquisição de princípio e a decisão de adotar uma fé ou outra é posterior e não obrigatória. Na cidadania nos movemos na necessidade premente de organizar nosso espaço comum, nossas relações insubstituíveis e nossa convivência necessária. A educação para a cidadania anseia educar em valores democráticos, assumindo que eles são – ou deveriam ser – compartilhados pelo conjunto da sociedade e que afetam a vida em comunidade. Esses valores não têm por que entrar em conflito com a educação em valores que os pais querem transmitir a seus filhos. É mais, trata-se de valores que têm papel no campo público e que devem ser complementares aos valores que o indivíduo adota na esfera privada (Martín, 2006, p. 8).

Para a fundação Alternativas (2006), a cidadania pode ser entendida em termos legais ou em termos ideais aplicados à atividade dos indivíduos. Os termos ideais não são compartilhados, e adotar um ou outro terá implicações sobre os direitos e os deveres ministrados aos cidadãos. É difícil estabelecer, de modo inconteste, o território dentro do qual são exigíveis os direitos e os deveres próprios do cidadão. Isso tem implicações sobre o significado da igualdade e também sobre o direito à diferença. Cabe propor-se se basta com uma cidadania entendida em termos formais ou se apenas tem sentido falar de cidadãos quando se acham presentes as condições sociais e econômicas que permitem exercer esses direitos.

A partir de outra argumentação, fala-se de "viver a democracia" frente ao direito de ter conhecimentos pouco significativos sobre seus processos ou pensar que consiste simplesmente na obtenção dos direitos e dos deveres determinados pelas leis. Quando a cidadania é entendida como uma experiência (Martínez, 2005), representa a maneira ideal em que um sujeito se comporta a partir de conhecimentos, sentimentos, pretensões e ações que o tornam merecedor de sua condição em uma sociedade democrática. Trata-se de um conceito enraizado no republicanismo pelo qual os cidadãos são livres e iguais e correspondem assumindo o dever de defender esse modelo de comunidade por meio de uma atividade ativa e responsável. No entanto, esse dilema simplifica um pouco a identificação do modelo de cidadania aqui assumido. A chave fica, pois, na maneira de entender a atuação dentro de uma democracia. Não apenas em se o sistema que se defende é unicamente representativo de características liberais ou exige uma implicação ativa e direta nas decisões, com intervenção prática nas atividades das instituições políticas, de maneira que se mantenha uma atitude continuada de participação. Podemos falar de graus ou níveis diferentes de participação, mas também de estilos ou modelos alternativos, assim como ocorre nas sociedades ocidentais. No primeiro caso, há um reducionismo que se realiza ou na intervenção nos processos eleitorais ou na decisão de construir, progressivamente, uma maneira de ser do cidadão competente na tomada de decisões.

A cidadania tem sido considerada como sinônimo de nacionalidade; é o Estado-Nação aquele que concede determinados direitos e o que atribui determinados deveres a seus cidadãos. Essa associação entre cidadania e nacionalidade implica que é o teu Estado o responsável por desenvolver os direitos daqueles que são considerados cidadãos para todos os efeitos. Mas esse conceito da cidadania, estreitamente vinculado ao Estado-Nação, há tempo foi posto em questão, por vários motivos: a Carta dos Direitos Humanos reconhece uma série de direitos a todos os seres humanos pelo simples fato de o ser, independentemente do país do qual seja cidadão em termos legais. Vivemos em um mundo cada vez mais globalizado, em que o mercado de trabalho cada vez mais exige uma maior flexibilidade, e em que um número cada vez maior de indivíduos contribui para a vida social e econômica de um país distinto daquele em que os cidadãos estão nacionalizados. De fato, tanto os deveres quanto os direitos civis, políticos e sociais dos nacionais não foram ampliados de modo progressivo nos últimos tempos em alguns lugares do mundo. Existem instâncias políticas situadas acima do Estado, como o é a União Europeia, que tem competências sobre a atribuição de direitos e deveres. Ao mesmo tempo, em muitos países existe uma repartição de competências políticas entre o Estado e outras entidades dentro do mesmo, o que, em muitas ocasiões, supõe que tais entidades autônomas (as regiões, os municípios ou determinados grupos étnicos) também têm capacidade para atribuir direitos e deveres, que podem variar dentro de um mesmo Estado, para os cidadãos e para as cidadãs.

Em uma sociedade globalizada na qual os sujeitos ultrapassam as fronteiras nos intercâmbios econômicos e laborais, na qual a constante circulação de ideias e de produtos, com um permanente intercâmbio cultural e social, o conceito de cidadão protegido na base de uma nação ficou já reduzido a algumas condições próprias da política tradicional. Que o Estado-Nação se responsabilize por seus compatriotas já não resolve o problema. Os processos de imigração e mobilidade, a existência de territórios e nações com condições pouco democráticas, o permanente processo de deslocamento de empresas e atividades econômicas e sociais requer outra exigência mais globalizadora. Se não se produz uma corresponsabilidade das diferentes comunidades políticas, se a atenção e a construção da participação fica reduzida a um limite territorial afetado pelas pressões internacionais, poderá ficar sem conteúdo a possibilidade de que um sujeito desenvolva sua capacidade de intervenção e se responsabilize, de maneira coletiva, na aplicação dos direitos básicos dos cidadãos.

Os dois processos têm implicações sobre os indivíduos aos quais se atribuem direitos e deveres em cada um dos níveis e também sobre a criação de identidades já que se verá reforçada a identidade com as comunidades nas quais se desenvolvem. Assim, a comunidade pode ser definida de duas formas, em termos culturais ou em termos jurídico-políticos. Como afirma Martín (2006, p. 10):

> O sentimento identitário resultante será afetado em função de se os limites da cidadania com os direitos e deveres são definidos tomando como referência uma comunidade cultural, então cabe esperar que se incentive um sentimento identitário vinculado a um nacionalismo étnico ou cultural, restringido àqueles que possam demonstrar pertencer a mesma. Mas se a comunidade política de referência é definida em termos dos princípios e valores básicos de um ordenamento jurídico-constitucional que regulamenta os direitos e deveres dos cidadãos dessa comunidade, é mais provável que os sentimentos identitários sejam mais relacionados com uma exigência global.

Os limites da cidadania e da identidade serão mais flexíveis e inclusivos. A cidadania democrática, ao pôr a ênfase nos aspectos políticos da cidadania – sem por isso negar a importância do sentimento de pertencimento a uma comunidade definida em termos culturais – está mais próxima dessa segunda concepção da comunidade política. E é que a ideia de cidadania esteve ligada à ideia de igualdade entre os indivíduos que pertenciam a uma mesma comunidade, mas se estão espalhando as reivindicações do direito à diferença dos indivíduos que pertencem a determinados grupos com práticas sociais e culturais distintivas, as quais fazem parte crucial de sua identidade. Emerge, assim, um conceito de cidadania relacionado com mais de uma comunidade, requerendo de sua articulação distintos níveis – tanto individual quanto em relação a diferentes comunidades às quais o indivíduo pertence – e que está intimamente ligado aos direitos culturais e aos conceitos de identidade, tolerância, respeito, diálogo e resolução prática de conflitos. Por isso, a educação para a cidadania democrática mantém como base a exigência da educação nos direitos humanos para todos os grupos e comunidades.

O problema fundamental é que os direitos sociais dependem das políticas públicas e sua aplicação depende das posições ideológicas e das articulações administrativas que tais políticas desenvolvem. Assim, os diferentes governos adotarão posições ativas na aplicação desses princípios ou considerarão que o Estado não é responsável por criar as condições nas quais tais direitos são postos em ação. Uma vez mais a chave está no modelo político e nas responsabilidades que assumem em relação aos cidadãos, pelo fato de que haverá governos acordados com setores neoliberais e neoconservadores cuja pretensão é esvaziar a responsabilidade estatal para deixar que o mercado e a lei da oferta e procura regulamentem as atividades, dando lugar a um vazio na responsabilização no resguardo dos direitos básicos e da construção coletiva participativa.

No entanto, se as desigualdades sociais impedem um acesso igualitário aos direitos da cidadania, este deve ser um aspecto da educação para a cidadania democrática nas seguintes direções: serão necessárias políticas sociais complementares a essa educação, a educação para a cidadania democrática deve chegar a todos os grupos sociais como forma de corrigir parcialmente a tradução das desigualdades sociais em desigualdades políticas e, por último, as desigualdades sociais e políticas devem ser parte do conteúdo de tal educação (Martín, 2006, p. 13).

NECESSIDADES E DESAFIOS DA FORMAÇÃO CÍVICA NA ESPANHA: EXIGÊNCIAS PARA A COMPETÊNCIA EM EDUCAÇÃO SOCIAL E CIDADÃ

Além das conclusões referidas nas pesquisas, com referências espanholas em algumas delas, a primeira parte da Pesquisa Social Europeia, realizada entre 2002-2003, permite-nos comparar o caso da Espanha[1] e se conclui que, de modo geral, os jovens não parecem vincular aspectos que consideram valiosos, como a democracia ou a coesão social, com a política. Tampouco parecem estar muito dispostos a se implicarem de modo ativo na manutenção da democracia e da coesão social por meio de sua participação em instituições sociais ou políticas. Observa-se uma situação que poderíamos qualificar como preocupante, já que o percentual dos jovens entre 15 e 29 anos que votam, que se interessam por política ou que pertencem a associações políticas ou sociais na Espanha, está entre os mais baixos de toda a Europa. Igualmente preocupante é o fato de que o percentual de jovens espanhóis aos quais é muito difícil formar uma opinião sobre temas políticos se encontra entre os mais elevados. Definitivamente, as carências dos jovens espanhóis em relação ao exercício da cidadania são importantes e parecem estar especialmente relacionadas com os aspectos mais claramente políticos da mesma.

Por outro lado, devemos entender de que maneira a compreensão da própria história e memória da Espanha evoluíram as propostas de formação cívica para chegar à situação que tentamos abordar na continuação. As condições do presente no debate da *Competência Social e Cidadã* e na matéria de *Educação para a Cidadania* têm chaves históricas, algumas das quais necessitamos reler apontando dados simples, porém significativos. Compreender alguns fatos decisivos na memória desse país nos permite realizar novas propostas educacionais e apontar uma reconceituação da conceituação sobre cidadania em que a participação se desligue dos rituais burocráticos nos quais se transformou. Também abordamos as necessárias respostas que devem ser oferecidas por meio da competência social e cidadã. Respostas para as condições produzidas em nosso contexto atual com a mobilidade imigrante e as denúncias que por parte do feminismo científico têm se gerado ao apontarem a situação de cidadania atribuída na prática às mulheres: criando o termo de "democracia defeituosa" (Miyares, 2003) com vistas a aprofundar a democracia a partir da necessária igualdade de oportunidades para homens e mulheres.

Recuperar a história interrompida da educação cívica

Desde o *Plano Pidal* de 1845, do qual se disse que secularizou definitivamente o ensino entregando-o ao Estado, as posições do liberalismo foram progressivamente retificadas até desembocar no Tratado[*] de 1851, que não apenas permite à Igreja inspecionar o ensino público e privado, como também promete a ajuda do Estado no momento de vigiar o bom andamento dos costumes, um aspecto que terá sua aplicação educacional na Lei Moyano de 1857.

Na Espanha nasce tão logo à noção de *instrução cívica*, uma origem que se situa no ano de 1839 quando o vice-diretor da Academia de Instrução Pública difunde um *Catecismo político para as crianças*, que oferece para a escola um manual que a ajuda a divulgar a Constituição de 1837 da qual poucos tinham informação adequada. O tema era importante dado o auge crescente das democracias e o pouco juízo político da sociedade espanhola sobre esse sistema de governo. Somava-se a isso a urgência de contribuir para a paz social e de conscientizar as pessoas em relação ao Estado. Como constata Fernández (2007, p. 130), a Instituição Livre de Ensino apresenta o problema da educação política desde a primeira exigência, pelo benefício que traria à moralidade social e à paz pública se os professores explicassem nas escolas

---

[*] N. de T. No original, *Concordato*, tratado ou convênio realizado entre o Estado e a Igreja (Católica).

quem são os que mandam e por que o fazem – o que conduz o trabalhador à política –, ensinando-lhes a não cair em vícios enraizados como a indiferença diante de assuntos comuns, a pouca ou nula importância que dão às eleições, a resistência ao pagamento de impostos, a confusão entre a fraude cometida contra o público e o privado, "a falta, em suma, de retidão, de independência, de moralidade nas relações contra o Estado". O fato é que a felicidade pública, o progresso e o bem-estar social e dos costumes políticos necessitam da instrução cívica de seus agentes. Assim, pois, o civismo e os deveres para com a pátria mostram-se como um conteúdo para alguns como algo não fundamental – para outros nem tanto – da educação moral. A educação moral se mostra estreitamente ligada à educação do cidadão e a educação cívica é entendida, então, como um instrumento mediante o qual se "moraliza" o cidadão em relação ao Estado, à Pátria e à Sociedade. Trata-se de um meio de ensinar-lhe seus deveres em relação ao Estado e a obrigações que uma vida política em democracia requer (Fernández, 2007, p. 133).

Vários setores da população espanhola, entre os quais se encontra a Instituição Livre de Ensino, ao estilo de outras propostas liberais europeias e argumentos pedagógicos sustentáveis, atualmente examinaram nos primeiros anos de sua existência a educação cívica a partir de uma dupla exigência: a de moralizar os cidadãos em seus deveres em relação ao Estado e a de manter a neutralidade no ensino. No entanto, com o passar do tempo, observamos que o tema é apreciado também a partir de uma posição obrigada, a que proporciona a educação integral. Entretanto, o setor conservador católico defende a vinculação de religião e moral atendendo à finalidade da educação porque a primeira das ideias morais é a dependência de Deus, *base de toda educação posterior* (Fernandéz, 2007, p. 173), e essa ideia se estabelece por meio do ensino da religião, de tal maneira que "sem fundamento religioso é impossível construir um edifício sólido de moralidade".

Na Espanha, essa ainda é uma escola que está marcando as diferentes atitudes irracionais diante da necessidade atual de uma educação básica e ativa em direção à cidadania. A esse lastro histórico, somam-se certas convicções que, a continuação, pretendemos desenvolver criticamente para estabelecer algumas condições necessárias para o desenvolvimento da educação para a cidadania, como competência e disciplina.

A moral não é uma prerrogativa daqueles que acreditam em Deus: é um conteúdo educativo-cívico básico

Assume-se desde o século XVIII que a moral não necessita de um ser superior ao homem para conhecer o próprio dever; não é necessário recorrer à revelação divina para fazer com que as leis sejam respeitadas. A prática moral da cidadania não necessita da religião, mas esta, sim, necessita da moral. O fato é que a racionalidade humana pode construir um conjunto de princípios que atendem e reconhecem os diferentes sujeitos organizados em uma comunidade. A moral do crente inspirada ou projetada a partir de um ser superior ou um deus é uma opção pessoal que não deve obrigar àqueles que prescindem dessa ideia para desenvolver sua vida de uma maneira *virtuosa* em relação aos demais.

A tolerância religiosa, a pluralidade de religiões, a necessária separação entre igrejas e Estado deverão permitir uma igualdade moral entre os seres humanos que estão à margem do que são as crenças religiosas. A igualdade dos seres humanos é o princípio que deverá reger a construção de uma organização do coletivo a partir da aplicação da justiça. As práticas políticas, necessariamente desvinculadas das inspiradas na ideia do divino, são a base mínima para poder reconhecer o direito às crenças. As comunidades que não viveram a experiência da cultura da modernidade encontram-se ancoradas em um essencialismo fundamentalista.

O reconhecimento de todos os seres humanos, sua exigível dignidade e respeito deverá permitir a construção da própria autonomia a partir da qual se possa viver a liberdade de decisão, considerando a existência de outros como referência básica para poder construir um projeto de vida individual, sem furtar essas mesmas possibilidades daqueles que compartilham um necessário bem comum. O pensamento religioso, de qualquer religião, pode limitar ou exigir que as decisões dos sujeitos sejam produzidas em condições de igualdade. Laporta (2008, p. 35) considera que:

> A religião e seu sedimento moral sempre estiveram atrás dessas conquistas éticas e, geralmente, contrária a elas. Inclusive a ideia de direitos humanos, produto inquestionável das mesmas, foi negada e perseguida tenazmente pela hierarquia católica até depois da entrada no século XX. Nossos bispos sabem que numerosos textos papais, que tratam de tais direitos como erros morais absolutos, podem ser apresentados. Algo que ainda persiste em quase toda a moralidade religiosa: a posição da mulher em um plano subalterno que lhe nega o acesso à hierarquia e à gestão do ministério. A moral dos laicos pode ser tão firme quanto a moral do crente. A ética religiosa subordinada aos desígnios da divindade (ou de seus intérpretes terrenos, que parecem ainda mais caprichosos) tem justamente problemas de relativismo que conhecemos...

O bem e a moral são uma conquista dos humanos ou uma proposta divina interpretada por alguns humanos. A crença na revelação de uma moral divina, realizada por aqueles que acreditam em uma fé real, distanciada de uma deliberação com os não crentes nessa mesma fé e sem reconhecer por princípio uma moral básica, laica, humana, não é legítima. Apesar de nem por isso, a partir do entendimento da moral laica, deve-se aceitar a soberba dos argumentos às vezes integristas para justificar certas práticas morais religiosas ou sofrer a atitude de superioridade moral com a qual alguns religiosos tratam de negar a legitimidade de uma disposição agnóstica para resolver o sentido das próprias decisões e da convivência civil. Como poderemos escolher crenças se não dispomos da capacidade de decidir? A base da capacidade de decisão não deve estar condicionada a uma decisão prévia justificada pelo direito das famílias ou a posição hegemônica de uma religião.

De outra perspectiva, tampouco é legítimo aceitar moral religiosa alguma que justifique o neoliberalismo mais profundo, que mantenha ditaduras injustas, que defenda nacionalismos radicais fronteiriços com a violência, que imponha práticas rituais próprias em vez de práticas para aprovar soluções aos problemas da pobreza, da injustiça social ou danos ao meio ambiente.

A moral laica não é relativista, é básica, comum, mínima, sem distinções nem hierarquias. O relativismo das diferentes crenças é o que justifica uma moral de base, de princípios humanos e racionais, de deliberação entre as diferentes culturas e etnias. No terreno pedagógico não é justificado aceitar atitudes morais cultivadas em uma pedagogia colonialista ou baseadas na crença da posse da verdade absoluta, mas sim aspirar à cidadania como metáfora que permitiu a construção e reconstrução dos desvios históricos da igualdade.

As religiões não devem ter como inimiga a moral laica. A laicidade é uma atitude responsável diante das mesmas, uma base de reconhecimento e de respeito que permite um diálogo entre iguais, que possibilita aliviar os fatores condicionadores que algumas práticas históricas ou fundamentalistas deixaram instaladas nas culturas. Desativar tais dificuldades ou fatores condicionadores é uma missão de qualquer tipo de moral, de qualquer religião ou crença.

Na Espanha, a confusão que os líderes episcopais introduziram diante da proposta da disciplina de Educação para a Cidadania nascida da recomendação do Conselho da Europa de 2002 para promover uma sociedade livre, tolerante e justa e que contribua com a defesa dos valores e dos princípios da liberdade, com o pluralismo, com os direitos humanos e com o império da lei da democracia, é injusta e prejudica o direito básico à educação. Alguns bispos espanhóis trataram como "totalitarista", "colaboração com o mal", "que atenta contra as liberdades", toda uma retórica que pressupõe uma guerra aberta contra a disciplina e seus defensores que levou os bispos a encabeçar manifestações, promover a – não regulada juridicamente – objeção de consciência e inclusive orientar o voto dos espanhóis. Os bispos espanhóis pretendem impedir, assim, a necessária e básica educação moral que deve ser ensinada nas escolas em torno da vida em comunidade e em sociedade, a aproximação respeitosa para com a diversidade, a aplicação dos direitos humanos, as relações interpessoais igualitárias, a caracterização das sociedades democráticas do século XXI com seus serviços públicos e a defesa de uma cidadania global que detenha os violentos conflitos nacionais e internacionais.

Apesar de se pedir que as críticas à disciplina sejam melhor fundadas e que apresentem objeções concretas, a rejeição está justificada na defesa de alguns bispos do modelo conservador de família, na rejeição a uma incorporação da mulher em uma posição de igualdade de direitos, dentro e fora das famílias, e na pretensão de controlar a educação moral e afetiva por parte da ideologia católica mais conservadora, amparada em uma interpretação interessada e injusta do direito das famílias à formação de seus filhos. Em qualquer caso, devemos reconhecer que tal direito dos pais e mães não pode permitir a imposição prematura de uma ideologia para os filhos e filhas, nem admitir a defesa de uma relação familiar patriarcal com estereótipos de gênero inaceitáveis por serem injustos, nem assumir a concepção da sexualidade que a Igreja Católica mantém. As famílias têm o direito e o dever de respeitar os direitos básicos dos cidadãos em seus próprios filhos: liberdade de expressão, opinião e reunião; direito à honra e à própria imagem e à educação integral. Sem justificar que por serem filhos menores a função de tutela deve ultrapassar os limites do reconhecimento justo e respeito aos filhos. E mais, o Estado deverá suprir as famílias que não atendem a esses quesitos, completando a formação ministrada nas famílias.

Uma democracia laica protege tanto a liberdade religiosa do crente quanto a liberdade ateia ou agnóstica do que não crê. Na Espanha, contrapôs-se o conceito de laicidade (uma situação real de caráter neutro do ponto de vista religioso) ao conceito de laicismo (de acordo com os neoconservadores, a atitude beligerante, intransigente e confrontada com a religião). De acordo com o Dicionário da Real Academia Espanhola da Língua Espanhola, que define o laicismo como "a doutrina que defende a independência do homem ou da sociedade e, mais particularmente, do Estado, em relação a qualquer organização ou confissão religiosa". A palavra laicidade* não está registrada no dicionário.

Segundo Cristina Justo (2008, p. 67) a modernidade fundamentou seu *corpus* ideológico na capacidade humana de transformar o mundo por meio do uso da razão, porque a modernidade esteve ligada à secularização, uma vez que é a razão e não a divindade quem (ou o que) pode modificar os destinos. Por outro lado, os direitos humanos não podem apoiar por princípio qualquer sistema de crenças. A Declaração Universal dos Direitos Humanos se tornou o texto laico por excelência. O "aconfecionalismo" do Estado espanhol acolhido na Constituição ainda não deu lugar a um Estado laico, que representaria uma forte aposta pela cidadania, mas sim a um Estado no qual a Igreja Católica ainda mantém uma forte influência social significativa.

A Igreja reservou para si a tarefa de impor seu critério moral como o único verdadeiro (García Santesmases, 2007, p. 47, cit. em Justo, p. 69).

---

* N. de T. No original, *laicidad*. Realmente, a palavra *laicidad* não está registrada em dicionário, apesar de, em português, *laicidade* ser um substantivo derivado da palavra *laicismo*.

Depositária única da moral, a Igreja Católica reivindica a lei "natural", e os processos de naturalização da realidade não foram historicamente vantajosos, ainda mais para aqueles que defenderam essa "natureza". Historicamente a Igreja tentou frear o laicismo sendo que em muitos Estados católicos assinou tratados para que estes reconhecessem o direito exclusivo da Igreja de dirigir as escolas seculares e confessionais. Os mais importantes foram os firmados com a Espanha em 1852 e com a Áustria em 1855 (Miyares, 2003, p. 97). Descreve essa autora que, apesar dos acordos, o anticlericalismo era crescente em muitos países da Europa; situação que se intensificou quando o mesmo pontífice promulgou em 1864 a polêmica *Syllabus*, documento pelo qual o Papa Pio IX condenava o liberalismo e o racionalismo, proclamando a infalibilidade papal. O novo governo republicano de Portugal em 1910 separou a Igreja do Estado. A França fez o mesmo em 1882. Na Espanha a reação foi muito mais lenta devido ao domínio absoluto da Igreja. Na educação geral das meninas se apoiava o analfabetismo com base no argumento de que as pessoas ignorantes não eram expostas a doutrinas heréticas, liberais ou socialistas e permaneciam no estado de graça.

A igreja católica reivindica sua função educadora com a encíclica *Divini illius magistri* (1929) na defesa da missão da educação que quer compartilhar com a família, pelo direito natural e divino e, portanto, de maneira inderrogável, inevitável, insubstituível (Miyares, 2003, p. 98). Na encíclica se denunciava também como erro a coeducação; censurava a coeducação por alimentar uma deplorável confusão de ideias, por permitir a convivência promíscua dos sexos em uma mesma aula e por defender a ideia de uma igualdade niveladora dos dois sexos. O medo em relação à coeducação será o medo à emancipação das mulheres.

Por último, deve-se avaliar que quase todos os credos religiosos se parecem em sua consideração em relação à mulher. Essa transversalidade cultural desigual impede o avanço da igualdade entre os sexos, devido ao enraizamento que as religiões tiveram nas culturas pré-modernas e às aparentes mudanças produzidas naquelas culturas que passaram pela modernidade.

Reconstruir a democracia incompleta: uma dimensão para flexibilizar as competências

Do ponto de vista da Educação para a cidadania nos perguntamos se é possível estabelecer padrões absolutos e universais para determinar o que é bom e desejável nas relações sociais humanas, já que as considerações teóricas sobre a natureza humana, os direitos e as capacidades estão dependendo de decisões práticas políticas e econômicas que estabelecem direitos unidos à cidadania e aos evidentes problemas de discriminação, ou injustiças despercebidas na prática legal. A cidadania está vinculada a relações e expressões de poder. Da mesma forma que as relações de poder, os direitos cidadãos não são estáveis ou imutáveis, mas sim objeto de disputa, de necessária defesa, reinterpretação e extensão. Desafiar a divisão público/privado significa afirmar que assuntos privados tais como a sexualidade, a moral e a família são questões de atenção pública. Isso nos permitirá tratar tanto a violência doméstica, quanto incluir assuntos tais como o apoio ao cuidado das crianças como obrigação do Estado.

A forma que as injustiças se constituem pode ser verificada nesses compromissos básicos formais e ocultos, que os sujeitos nas instituições sociais têm: a família, a comunidade, o mercado, o Estado e as religiões. De uma maneira ou de outra, supõe-se que essas instituições resolvem conflitos, estabelecem e fazem cumprir normas legais e evitam o abuso de poder. Entender as justificativas ideológicas e culturais desenvolvidas para manter a subordinação das mulheres e outros grupos dentro de cada terreno pode ajudar a identificar de que forma desafiar os padrões de desigualdade.

Para repensar a cidadania democrática localizando suas limitações, Miyares (2003) utiliza o conceito de "cidadania defeituosa", que identifica com a cidadania das mulheres, frente a cidadania ativa dos homens. É uma metáfora que expressa a existência de uma cidadania incompleta para 50% da população. Uma competência social e cidadã deve dar conta das condições de desigualdade existentes, identificar seus mecanismos promotores de desigualdades. Trata-se de reconstruir a democracia.

Para uma educação democrática em qualquer tipo de formato competencial ou disciplinar necessitamos abordar as principais metáforas ou valores da modernidade das quais certamente colheremos a necessária coesão social. No entanto, a mudança institucional que facilita a coesão social não depende da ênfase que colocamos na ideia de liberdade, mas sim na ideia de igualdade, uma vez que considera que a igualdade deve presidir todas as instâncias por meio das quais nos socializamos e se não existe igualdade a coesão social não será possível e a liberdade será algo de muito poucos. Essa autora parte da ideia de que a consciência de gênero permite ao feminismo afirmar que a liberdade não é possível se está tipificada em papéis, e que a igualdade apenas será viável com a dissolução da variável sexo como característica normativa e valorativa (Miyares 2003, p. 13). Consideramos, assim, que o feminismo é uma ideologia política que permite alimentar a educação cívica como uma contribuição essencial para substanciar a prática política e social.

As valorações realizadas sobre os diferentes modelos de Estado ou formas de estruturar politicamente o domínio do público situaram o neoconservadorismo, o neoliberalismo e a social-democracia como modelos singulares e ao mesmo tempo convergentes; por meio de alianças e pactos deram lugar a acordos restaurados amparados na aceitação prévia de um modelo de Estado, incluídas as terceiras vias. As teorizações sobre a democracia não procederam apenas dos modelos de Estado comentados. A democracia feminista defende a inclusão, conhecidas as imperfeições dos modelos liberal e social-democrata.

> O feminismo político apresenta maior capacidade explicativa da realidade que o liberalismo ou a social-democracia e sua proposta de mudança social é realmente inclusiva e não geradora de tensão; propõe uma visão radical de como um Estado se deve ordenar, de como a sociedade deve ser e de como nos definimos cada um de nós... tanto mulheres quanto homens devem tomar consciência de que a realidade não pode estar determinada pela designação sexual.
>
> (Miyares, 2003, p. 17)

Aceitar essa teoria implica, entre outros aspectos, chegar à consideração do outro, de igual modo que à consideração de si mesmo. Os direitos reivindicados para si mesmo devem ser a base dos direitos dos outros. No entanto, é evidente que as categorias construídas e as tipologias criadas rompem essa norma de consideração da igualdade e alteridade. De fato, o feminismo denunciou tipologias, noções, conceitos compartilhados e "naturalizados" que significam a dominação de um grupo sobre o outro.

Os modelos de Estado e as atitudes políticas desenvolvidas nos mesmos, as propostas educacionais lançadas desde os governos no poder por meio de políticas curriculares, a tradição respeitada como privada do âmbito familiar manteve a fixação de funções e de diferentes papéis para grupos sociais distintos (Ballarín, 2008; Cobo, 2008; Miyares, 2008, p. 35). Para alguns sujeitos se lhes recomendou o cuidado e a criação dos filhos restringindo direitos individuais e laborais básicos. No melhor dos casos, a solução para esses déficits democráticos passou a ser considerada pelo grupo dominante como "concessões":

> ... dos modelos educacionais, desde a origem de nosso sistema educacional liberal oitocentista, marcaram as diferenças da escolarização de uns e de outras. Esses dois modelos educacionais diferenciados orientavam o futuro de meninos e meninas em direção a funções sociais excludentes; enquanto para eles era reservado o trabalho produtivo, as funções reprodutivas orientavam a escola para meninas. Foi desse modo como, no momento em que as jovens eram incorporadas ao currículo considerado de maior valia, o que preparava para a atividade produtiva considerada própria dos homens, desaparecia do currículo comum a formação para as tarefas reprodutivas. Ficavam assim deslegitimadas, invisíveis – ao deslocá-las para o campo da socialização familiar das meninas – e desvalorizadas ao não se considerarem dignos de serem transmitidos pela escola os conhecimentos que envolvem os trabalhos que seguiam e seguem sendo realizados quase que exclusivamente pelas mulheres.
>
> (Ballarín, 2008, p. 154)

A *competência social e cidadã* e a própria matéria de *Educação para a Cidadania* têm fundamentalmente uma dimensão experiencial, uma necessária vivência progressiva da convivência democrática que a informação sobre o estabelecimento de preconceitos deve proporcionar – os quais reproduzem as desigualdades de gênero e seus canais de reprodução – ao mesmo tempo que propiciam mudanças nas práticas que desmontam a dominação patriarcal no âmbito escolar e social.

Corrigir o dilema que sustenta as desigualdades construídas

A prática educacional não escolar está liderada pelos meios de comunicação, pelas atividades do consumo cotidiano, pela prática do ócio juvenil e pelo tempo livre, pela vida familiar, pelas condições e pelas experiências de trabalho. Em todos esses âmbitos, geram-se valores e contravalores unidos a considerações mais ou menos coletivas. A família pode cultivar valores não cívicos da mesma forma que os meios de comunicação, promovendo práticas emocionais que respondem a interesses midiáticos de consumo ou a interesses de grupos socialmente dominantes. As condições da pós-modernidade favoreceram a recuperação das emoções em um plano de coletivização que permite a transmissão de sensações coletivas, cujos valores se difundem de maneira inconsciente e "natural". A reflexão sobre o comportamento emocional e a dependência que este tem dos códigos sociais existentes deve ser objeto de informação e indagação nas escolas, já que representa a aprendizagem das relações contidas nos sentimentos. O desencontro (Martínez, 2005, p. 33) entre os diferentes agentes: família, escola, meios de comunicação, religiões, mercado de trabalho, gera confusão e afeta de forma desigual as atitudes cívicas mediadas por suas atividades emocionais.

Pôr os alunos em disposição de corrigir e reagir diante das situações de desigualdade (pela divisão do trabalho em função do sexo, a coesão da família às custas de uma participação desigual, diante dos conteúdos representados nos meios de comunicação imbuídos de sexismo e consumismo), descobrir a pressão – interessada – realizada nas comunidades sobre os próprios sentimentos para adaptá-los a uma tradição, a um "cânone" dominante, tudo isso deve ser objeto de uma competência social e cidadã que arme os indivíduos para preservar coletivamente os direitos para construir a própria identidade. O Estado, por meio da educação, deve criar as condições para corrigir a falta de coesão e as desigualdades sociais.

Ninguém chega ao ambiente escolar, os professores, os alunos e pais, sem normas de conduta adquiridas na família, na classe social na qual estão inseridos, na vivência do ócio, na crença religiosa. E essas pautas (Miyares, 2003, p. 88) costumam ser em sua maior parte hierárquicas e com valores próprios da dominação uma vez que a transmissão cultural repousa mais em valores emocionais que em valores racionais; a vivência das emoções faz esquecer o discurso da igualdade; das emoções e dos afetos se transmitem relações de poder e de dominação e se mantêm mecanismos de discriminação, sobretudo das mulheres; ao não estarem atravessadas (as emoções) pela ideia de igualdade, distorcem os valores da responsabilidade cívica ou sexual.

> O pacto cívico exige o autocontrole sobre as emoções: a disposição para satisfazer nosso interesse está entrelaçada aos interesses dos demais. O pacto cívico exigirá do homem prudência, confidencialidade, lealdade. Ao contrário, a esfera privada familiar significará o gozo da vontade masculina à margem das obrigações públicas... O exercício da cidadania precisa que o homem seja independente, forte e ativo; a saudável retirada ao âmbito doméstico requer que a mulher seja dependente, passiva e fraca... a virtude em uma mulher procede da obediência ao marido e do cuidado dos filhos; e em segundo lugar, que com esse trabalho apenas tem "feita a metade da tarefa", já que a uma mulher não lhe basta ser virtuosa, "é preciso que seja tida por tal".
>
> (Miyares, 2003, p. 75.)

A pedagogia atual apresenta a educação emocional como um descobrimento pós-moderno e útil, orientada a partir da "inteligência emocional" de Gardner, que abriu um campo de interesse e tece considerações que mantêm a dualidade de divisão de papéis que aqui se está denunciando. A atualidade de tal teoria não se corresponde com o cuidado que se deveria ter em relação ao mundo educacional surpreendido por uma nova cognição. Tampouco se detém na transmissão dos preconceitos e de seus efeitos emocionais que podemos considerar como negativos. Nesse sentido Miyares (2003, p. 77) afirma que a censura e a honra protegem o descabido preconceito sexual, são os códigos não jurídicos aos que um sujeito não reconhecido como igual deverá se moldar. Os direitos e as liberdades das mulheres são limitados pela regulação que a censura e a honra impõem (Miyares, 2003, p. 79). Afirma a autora que o que define a posição de sujeito não será sua individualidade, mas sim sua sexualidade e é a família quem vela pela sexualidade de suas mulheres.

Essa é a ideia em que se baseiam os setores mais retrógrados da Espanha que se posicionam radicalmente contra a educação para a cidadania e a qual podem se aderir outros setores mais liberais devido ao enraizamento do patriarcado entre seus domínios. Se o sistema educacional irá modificar os valores da família tradicional e, portanto, as crenças mais enraizadas, as que desigualam os sujeitos na família, exigem-se algumas condições mais igualitárias. Alguns bispos espanhóis se posicionam contra essas políticas educacionais, desinteressam-se pela igualdade como princípio ou prática a ser desenvolvida nas famílias, e questionam inclusive o Estado no sentido de que defende tais valores democratizadores deslegitimando-o. O arcebispo Cañizares afirma:

> A educação para a cidadania nos conduz ao totalitarismo... Na Espanha se recorda a liberdade religiosa de maneira similar aos países do leste quando existia o Muro de Berlim.
>
> (El País, 22 de abril de 2007)
>
> Os bispos espanhóis acusaram o governo de José Luís Rodríguez Zapatero de se apropriar do papel de educador moral e que todos os alunos católicos têm seus direitos afetados ao cursar a disciplina.
>
> (El País, 21 de junho de 2007)

As feministas coincidem em situar Rousseau, seu contrato social, na origem da desigualdade contemporânea. Geneviève Fraisse (2003) situa muito bem de que maneira – na construção dos estados contemporâneos – o papel doméstico das mulheres se manteve vinculado a sua "excelência", na atualidade tem uma clara origem na desvinculação entre o governo da cidade e o da família. Portanto, é necessário reivindicar a igualdade na família apesar de esse desejo de igualdade se converter, para os bispos espanhóis e para o próprio Vaticano, em uma ameaça contra a família já que separaria a mulher da vida doméstica. Para os bispos *as teorias de gênero são ideologias antivida e destruidoras das nações e das famílias* (Pontifício Conselho para a Família. Família e Direitos humanos. Citado em Miyares, 2003, p. 74-75).[2]

A aura de privacidade que se instalou na educação e sobre o direito dos pais está facilitando para os estados mais liberais o descaso absoluto do sistema público de ensino a favor das redes privadas educacionais. De acordo com Miyares (2003, p. 92), interrompe-se com isso a transmissão das responsabilidades cívicas e se gera um clima de intolerância em direção a grupos humanos e coletivos com os quais nunca se entrou em contato e dos quais se tem uma visão estereotipada.

Por outro lado, o cultivo dos valores antissociais é produzido em sociedades nas quais se denuncia a desatenção para com a educação moral nas práticas cotidianas e em que a fé é proposta como troca, a qual libertará os indivíduos de suas práticas não cívicas. A facilidade da simples crença contra a complexidade da deliberação moral. Assim, não é de admirar que ao mesmo tempo em que se defende os valores da competitividade, do individualismo, da produtividade, do descontrole dos sentimentos e dos instintos, em troca de uma fé "irracional", impeça-se a consciência moral e a racionalidade. Diante dessa hipócrita dualidade é necessário exigir o civismo do respeito, a liberdade, a igualdade, a justiça e a pluralidade de pensamento, o consenso de convivência, a defesa do altruísmo ou dos valores solidários e do aprofundamento nos mecanismos de igualdade.

A educação na racionalidade dos afetos como base de um contrato justo: um distanciamento das competências

É surpreendente que não sejam habituais as reflexões de alunos em relação aos afetos. Não ser capaz de expressar sentimentos, de torná-los visíveis e comentá-los torna impossível a identificação de uma socialização diferenciada. A importância de educar os afetos em igualdade desde idades precoces vem sendo desconsiderado a partir de uma concepção pedagógica logocêntrica, defensora de uma metodologia instrumental e centrada na força radical dos conteúdos conceituais. Essas condições se uniram à renúncia de manter um debate sobre as diferentes formas de construir e de viver os afetos, posto que poria em dúvida o modelo tradicionalmente admitido e nos conduziria a admitir certa pluralidade moral.

A aula é o território mais oportuno, dada a proximidade e permanência do grupo de alunos e alunas, para manter conversações sobre o amor, os sentimentos, a afetividade, o matrimônio, a convivência, as relações de gênero e sexuais desiguais. Analisar os manuais e materiais que desenvolvem as propostas de educação sexual permite encontrar evidências significativas. O *fisiologismo* neutro e frio das informações, unido à atitude de medo de levantar suspeitas entre os guardiães da moralidade conservadora provocaram uma espécie de autocensura entre os professores. As denúncias do setor mais *neocon*[*] impediram que as famílias que desejam que seus filhos e filhas mantenham uma maior formação na afetividade e sexualidade possam se beneficiar de uma colaboração oportuna dos professores. A existência de um cânone moral persistente e o desejo dos professores de não produzir rejeição ou críticas por parte dos pais limitaram ao máximo as possibilidades dessa educação afetivo-sexual.

Por tudo isso, tem sido impossível tratar o tema insubstituível para identificar os estereótipos sexuais; ao contrário, os meios de comunicação, o cinema, os quadrinhos, os jogos (Miyares, em Cobo, 2008, p. 113) se têm encarregado de fixar, manter e estender os papéis na sexualidade e afetividade patriarcais ao mesmo tempo que difundem os tópicos acerca do desejo sexual de mulheres e homens.

> Um corpo dividido é um corpo sem individualidade e dividir o corpo de uma mulher significa negar-lhe sua individualidade e poder. É um

---

[*] N. de T. Referência ao setor neoconservador espanhol.

corpo intercambiável. É uma realidade o fato de que muitas meninas são emocionalmente chantageadas para manter relações sexuais.

(Miyares, em Cobo, 2008, p. 116)

Para evitar tanto desencontro e tanta falta de reconhecimento entre meninas e meninos, seria preciso incluir a educação afetiva e sexual dentro ou em relação com a *competência social e cidadã*. As tentativas de implantar uma educação sexual à luz das desigualdades entre homens e mulheres costumam ser reprovadas pelos governos conservadores que recorrem à ideia de que a educação moral e sexual é domínio privado da família. Nesse sentido, coincidirão, de novo, com as teses do Vaticano, o que dificultará a implantação de uma afetividade e sexualidade responsáveis.

Se partimos da pluralidade de distintos modelos familiares, inclusive sua imagem de mundo tem lugar. A defesa do modelo nuclear de família, por outro lado em processo de extinção, já não parece o único que garante o bem-estar e o desenvolvimento das capacidades infantis. As práticas educacionais familiares são, assim, de alcance específico, carecem de uma norma explícita, que se pretende evitar, e não são objeto de controle público. Pelo contrário, as práticas escolares são de alcance geral, estão explicitamente regulamentadas e submetidas ao controle público (Vila, 1998, p. 45).

Não pode existir justiça social sem justiça sexual, pois esta última aborda principalmente a injustiça do poder sexual e a divisão sexual do trabalho (Miyares, 2003, p. 31). A justiça sexual considera que sem uma redefinição social em torno dos sexos, baseada no reconhecimento, as instituições seguirão reproduzindo ideologias, normas e estereótipos desiguais em direção a mulheres e homens de maneira que não se perceberá como injusto, por exemplo, que as mulheres posterguem sua saída ao mercado de trabalho para se dedicar ao cuidado e à criação dos filhos. As normas sexuais tendem a regular tanto o tipo de trabalho, quanto sua posição dentro do matrimônio; tanto o gozo dos bens quanto a correta forma de se vestir; tanto a responsabilidade doméstica quanto a vivência da sexualidade.

> Não apenas necessito ter constância formal de que sou um sujeito possuidor de direitos, mas sim que necessariamente preciso que outro com o qual interajo me considere como igual, isto é, não considere meus direitos como uma concessão. O estereótipo funciona pondo travas em nossa decisão, conselhos varonis em nossa vontade, pautas em nossos sentimentos, modelos de feminidade em nossos corpos e crianças em nossos colos.
>
> (Miyares, 2003, p. 35)

A justiça social mostra que não é suficiente a igualdade formal diante da lei posto que, para ser igual, é preciso ser socialmente igual. E não se trata de propor o que é a "vida boa", mas sim de apontar com precisão o que não é bom para as mulheres porque facilita os mecanismos de exclusão e perpetua a injustiça:

Identificação das mulheres	Mecanismos de exclusão e injustiças
Identificação com a esfera privada.	Injustiça em termos de representatividade familiar e pessoal.
Identificação como esposas, com o cuidado e com a criação.	Preconceito biologicista, limitação de liberdade. Dá lugar à subordinação familiar injusta. São forçadas de maneira injusta à maternidade.
Identidade laboral das mulheres.	Enfrentam obstáculos no complicado acesso ao emprego, à riqueza e ao poder.
Identificação com o cânone estético, com o ideal de beleza.	Tratamento injusto como objetos sexuais e exposição à violência, ao desejo desenfreado, à luxúria, às trocas, às vexações, aos sequestros, à brutalidade.
Identificação como sujeitos frágeis e dependentes com a fraqueza.	Privação injusta do direito à educação ou proibição de desempenhar determinados empregos.
Identificação como sujeitos de emotividade irracional.	Subordinação das emoções e falta de reconhecimento.

Quadro realizado a partir do texto de Miyares (2003, p. 42).

O que nos torna livres não é nossa individualidade, mas sim nossa condição como cidadãos. E é nessa condição em que as emoções se cruzam entre o privado e o público sob o risco de fazer-nos depender daquilo que somos – e de fato nos fazem – na comunidade. A identidade que de nós fazem afeta a nossa vida, nossas emoções e nossos afetos, o grau de reconhecimento que nos concedem "os outros" é transportado por nós com emoções ao mundo do privado. Os desajustes da autoestima estão relacionados com a pressão do âmbito público. Em definitivo, a satisfação ou insatisfação que nos reporta à esfera pública termina por influenciar em nossa vida privada, acaba por afetar a intimidade e o sistema de crenças e vice-versa. Portanto, é necessário a análise da relação entre o público e o privado, uma vez que essa relação oculta mecanismos de identidade traiçoeiros que impedirá que a identidade seja competente em cidadania.

A nova civilidade escolar: inventar práticas de reconhecimento e inclusão

O conceito de cidadania foi definido como um *status* que garante aos indivíduos direitos e deveres iguais, liberdades e restrições, poderes e responsabilidades. No entanto a exclusão, as desigualdades crescentes e a falta de condições para o exercício dos direitos mostram sua insuficiência e revelam um vazio a preencher. A necessidade de vincular esse conceito com as expectativas de reconhecimento e inclusão contidas na ideia de civilidade leva a um questionamento sobre as limitações da democracia liberal.

Que sentido adquire a cidadania para aqueles que se encontram sob a linha de pobreza ou para as mulheres que perdem seus direitos básicos. São precisamente as situações de exclusão, as desigualdades crescentes e a falta de condições para o exercício dos direitos as que não param de mostrar sua insuficiência ou de revelar um vazio para preencher. Não se trata tanto de apostar em uma lista de valores cívicos, que propõem sob uma determinada ideia transcendental do sujeito da moral e da política, nem de um retorno acrítico à ideia de civilização, que divide a humanidade em bárbaros e civilizados. É uma política que supõe ações e palavras que constituem um freio para a violência e às diversas formas de não civilidade que se tornaram dominantes em um mundo em que a preocupação política pela esfera comum perde força frente aos benefícios da exploração econômica do planeta. A ideia de civilidade contém a expectativa de abertura, permanência e recriação de um espaço público em que os agentes possam se reconhecer e regular seus conflitos.

A condição de não documentado[*] está longe de ser hoje um fenômeno excepcional; ao contrário, reproduz-se em formas renovadas, pondo em questão o caráter das democracias e do sistema de direitos, também daqueles que caíram: na pobreza extrema como efeito de crises econômicas sucessivas, na marginalidade social por motivo do desemprego ou da flexibilização do mundo do trabalho[**], na definição das populações de risco a partir de sua localização, que aproxima esses setores sociais de uma posição de objeto mais que de sujeito. Esses homens e mulheres sem Estado, em um mundo em que regem as formas políticas do Estado-nação, são a encarnação dos não documentados chegados em *pateras*[***].

Portanto, a consideração da cidadania se aplica, não como um *status* de direitos, mas sim tendo em conta o caráter incondicional do âmbito político

---

[*] N. de R. No original *sin papeles*, ou seja, aqueles que não possuem documentos, visto.
[**] Expressão pertencente ao repertório das sociedades neoliberais, significa, de fato, desemprego gerado pelas relações desiguais de trabalho.
[***] N. de T. *Patera*, barco por meio do qual muitos imigrantes acedem à Espanha.

definido pelo "direito de ter direitos". A cividade implica mais a invenção de práticas de reconhecimento e inclusão daqueles que são excluídos na atual conjuntura social e política, entendendo que apenas assim é possível a abertura do âmbito político. A esfera do direito é um instrumento do reconhecimento, mas não podemos deixar de lado a consideração daquelas ações e lutas pela inclusão, apesar de gerarem conflitos de direitos. Propõe-se, assim, sem dúvida, um cenário de conflito que não deveria ser reduzido à incivilidade. Não podemos reduzir o âmbito político ao consenso e à harmoniosa e racional tomada de decisões, porque a política está constituída por essa luta incessante pela participação dos "sem papéis" ou pela identificação dos mecanismos que identificamos e que subordinam as mulheres. A condição de cidadão deverá estar presente em uma atitude de cividade permanente.

Reconsiderar a participação como uma atividade mais aberta para os distintos cenários dos estudantes

Introduzir a participação cidadã nas escolas. Podemos nos aproximar da participação cidadã a partir de lugares e perspectivas diversas, tanto políticas quanto teóricas ou acadêmicas. Essa diversidade pode ser muitas vezes complementar, não tem por que sempre ser entendida nem necessariamente ser antagônica, embora isso também ocorra. Entenderemos por participação cidadã toda estratégia orientada a promover ou potencializar a incidência e implicação dos alunos como cidadãos nas políticas públicas desde seu contexto mais imediato e local até o mais distante ou global. É necessário transcender as participações meramente escolares, dar-lhes um sentido mais aberto e total para nossa participação desde as escolas. Pensando que uma escola é um holograma que reproduz e mantém uma miniatura da sociedade e que por sua vez permite tomar decisões que perpassam a escola para atingir as famílias, o bairro, a região, a cidade. A instituição educacional foi criada com uma dimensão política e social danificada.

Reduzimos nas escolas a participação cidadã à participação escolar, quer dizer, a fórmulas raquíticas. A participação implica vínculos entre os atores escolares que, a partir de diferentes posições e sobre a base de sua autonomia, estabelecem relações de conflito e consenso entre si; tem um importante componente relacional, deliberativo e organizativo que vai além da mera troca de informação. Por outro lado, muitas vezes se tende a pensar que "participar é decidir"; a tomada de decisões dentro e fora das escolas é uma necessidade constante. Deve-se tomar decisões, algumas muito importantes ou nem tanto, mas dificilmente vamos nos deparar com atividades que requeiram para sua realização a tomada de uma única decisão universal. Uma prática participativa na qual os pequenos cidadãos escolares são convocados a "tomar a decisão" sobre um tipo de equipamento, um horário, uma excursão, uma proposta a ser encaminhada à prefeitura... Se o que se quer é que os estudantes decidam sobre todas essas coisas e outras mais que certamente surgirão, então não podemos pensar em um único momento, mas sim em um processo de construção coletiva de um projeto que deve ser organizado de maneira que isso seja possível constantemente. A partir desse ponto de vista, desfaz-se em alguma medida a transcendência que um determinado ato decisório possa ter (levantar a mão, votar, trabalhar em grupo, apresentar uma reclamação) e, em troca, tomam relevância as formas que fortalecem as relações mais ou menos cotidianas entre todos os agentes implicados no projeto escolar, de aula ou em equipe: que sejam transparentes, que a informação seja suficiente, clara e nos tempos adequados, que se reflita e delibere, e que o resultado final seja a consequência criativa de um processo de trabalho em equipe, coletivo, de construção do projeto (trabalho escolar, projeto pedagógico, plano de convivência).

De acordo com as conclusões da Terceira Conferência do Observatório Internacional da Democracia Participativa (2003),

> Os processos participativos devem conduzir necessariamente à obtenção de maiores cotas de igualdade, ao renascimento da cidadania, a uma maior legitimidade e confiança nos poderes públicos e a uma maior eficácia da gestão pública.[3]

É conveniente distinguir a utilização de técnicas ou metodologias participativas da criação de "espaços de participação" e a assimilação da participação cidadã como parte integrante da maneira de exercer o trabalho em uma escola. Organizações que não são democráticas nem pretendem ser, como as empresas, promoveram políticas de participação associadas a processos de qualidade e implicação da mão de obra. Também nas prefeituras a participação foi utilizada para muitas coisas. Às vezes, a participação é utilizada como um *slogan* da marca institucional, inclusive sem ser consciente do que significa nem ter vontade de mudar nada. Outras vezes, recorre-se à participação para buscar apoio para decisões pessoais da equipe diretiva, corporativas dos professores ou pais, já definidas previamente em privado ou público e garantir o consenso antes de torná-las públicas. Outras, para desbloquear situações de tensão ou falta de acordo entre setores docentes, discentes ou familiares. Trata-se, em resumo, de práticas que buscam na participação uma forma de fortalecer a própria posição.

Portanto, o ponto de partida da participação cidadã não é metodológico ("como" fazer participação), nem ocasional, nem tão somente escolar, mas sim político ("para que" queremos incentivar a participação). A participação pode ser um instrumento de democratização e transformação social apenas se há vontade política de que assim seja, quer dizer, quando o que se busca não é deixar as coisas como estão, mas mais forte ou consolidadas, promovendo mudanças nas quais se considera que a participação dos cidadãos e cidadãs é fundamental.

Diante da pergunta de para que incentivar a participação cidadã encontramos, então, diferentes vontades políticas de mudança: discutir com os estudantes a melhoria das condições de vida, das políticas públicas, da forma de governar, simplesmente propor fórmulas para "aproximar" os políticos dos cidadãos ou os cidadãos dos políticos (o que não é o mesmo), ou aproximá-los de suas finalidades que podem ser muitas e em última instância remetem às distintas necessidades de fazer frente a desafios como a igualdade social. Com a participação como processo educacional nos referimos à necessidade de criar uma nova cultura relacional entre o governo e os cidadãos, mas também, dos próprios cidadãos entre si, como de igual forma de uma nova cultura relacional entre os distintos agentes técnicos e políticos que operam dentro da própria administração e o governo da cidade.

NOTAS

1. http://www.europeansocialsurvey.org/
2. http://www.vatican.va
3. III Conferência OIDP "O avanço em democracia participativa, um desafio comum para nossas sociedades", LILLE, novembro de 2003.

REFERÊNCIAS

BALLARÍN, P. (2008), "Retos de la escuela democrática". En COBO, Rosa (2008), *Educar en la ciudadanía. Perspectivas feministas*. Madrid, Catarata.

BARNETT, R. (2001), *Los límites de la competencia. El conocimiento, la educación superior y la sociedad*. Barcelona, Gedisa.

BECKER, BILEK, CLEMENS-LODDE y KOHL, (1979), *Situaciones en la enseñanza*. Buenos Aires, Kapelusz (Primera edición).

ERAUT, M. (1994), *Developing Professional Knowledge and Competence*. Londres, The Palmer Press.

EURYDICE (2002), *Key competencies. A developing concept in general compulsory education*. Consultado el 25 de abril de 2006 en http://www.eurydice.org/Documents/survey5/en/FrameSet. htm

_____ (2005), *La educación para la ciudadanía en el contexto escolar europeo*. http://www. eurydice. org/Documents/citizenship/en/Frameset_Citizenship.html

FERNÁNDEZ, J. M. (2007), *Educar en valores. Formar ciudadanos. Vieja y nueva educación*. Madrid, Editorial Biblioteca Nueva.

FRAISSE, G. (2003), *Los dos gobiernos: la familia y la ciudad*. Madrid, Cátedra.

GRUPO DE TRABAJO B. "Competencias clave" (2004), *Competencias clave para un aprendizaje a lo largo de la vida. Un marco de referencia europeo*. Comisión Europea.

HANNA, Donald E. (ed.) (2002), *La enseñanza universitaria en la era digital*. Octaedro-EUB, Barcelona.

HUSTIER, D. y McINTYRE, D. (1996), *Developing Competent Teachers. Approaches to Professional Competence in Teacher Education*. Londres, Cromweil Press.

JUSTO, Cristina (2008), *Derechos humanos, laicismo y Educación para la ciudadanía*. En COBO, *Op. cit.*

LAPORTA, F. (2008), *Moral de laico*. En El País, 4 de abril, pag. 35.

LEY ORGÁNICA DE EDUCACIÓN 2/2006, de 3 de mayo.

MARTÍN, I. (2006), *Una propuesta para la enseñanza de la ciudadanía democrática en España*. Madrid, Fundación Alternativas.

MARTÍNEZ RODRÍGUEZ, Juan Bta. (2005), *Educación para la Ciudadanía*. Madrid, Morata.

MEC (2005), Informe del Debate, http://debareeducativo.miec.es/.

_____ (2006), Competencias básicas. Anexo I de los *Reales Decretos* de enseñanzas mínimas para Educación Primaria y Secundaria Obligatoria (BOE, 08/12/06 y 05/01/07).

_____ (2006), Educación para la Ciudadanía y los Derechos Humanos. Anexo II de los *Reales Decretos de enseñanzas mínimas* para la Educación Primaria y Secundaria Obligatoria (BOE, 08/12/06 y 05/01/07).

MIYARES, A. (2003), *Democracia feminista*. Ediciones Cátedra, Universitat de Valencia.

MONOGRÁFICO de *Cuadernos de Pedagogía*, vol. 370, 2007: *Competencias básicas*.

NIEMI, R. G., y JUNN, J. (1998), Civic Education. What Makes Students Learn. New Haven y Londres, Yale University Press.

PARLAMENTO EUROPEO Y CONSEJO DE LA UNIÓN EUROPEA. Recomendación del Parlamento Europeo y del Consejo, de 18 de diciembre de 2006, sobre las competencias clave para el aprendizaje permanente. *Diario Oficial de la Unión Europea*, págs. L 394/10-18 (30 de diciembre de 2006).

PÉREZ GÓMEZ, A. (2007), "La naturaleza de las competencias básicas y sus aplicaciones pedagógicas". En *Cuadernos de Educación de Cantabria*, n.o 1, págs. 5-16.

PERRENOUD, Ph. (1998), *La transposition didactique á partir de pratiques: des savoirs aux compétences*. M. de Sciences de l'Education, XXIV (3), págs. 487-514.

_____ (2004), *Diez nuevas competencias para enseñar*. Barcelona, Graó.

RAMIS. P. (2006). "Experiencia del conocimiento". En Dikaiosyne Nº 17 Año IX. Diciembre.

RESTREPO, J. C. (2006), "Estándares básicos en competencias ciudadanas: una aproximación al problema de la formación ciudadana". En *Pap. Polit.* Bogotá, vol.11 , n.o 1, págs. 137-175.

RUÉ, Joan (2007), *Enseñar en la Universidad: El EEES como reto para la Educación Superior*. Madrid, Narcea.

RYCHEN, D. S. y SALGANIK, L. H. (2003), "A holistic model of competence", en RYCHEN, D. S. y SALGANIK, L. H. (eds.): *Keycompetencies for successful life and a well-functioning society*. Gottingen, Hogrefe & Huber.

_____ y HERSH, L. (2002), "Definitions et selection des competénces (DeSeCo)", Fondements theoriques et conceptuéis. *Document de strategie*, DEELSA/ED/CEAI/ CD, OCDE, París.

SYKES, G. y BURIAN-FITZGERALD, M. (2004), "Cultivating quality in teaching: A brief for professional standards". En F. M. HESS, A. J. ROTHERHAM y K. WAISH (Eds.), *A Qualified*

Teacher in Every Classroom? Appraising Old Answers and New Ideas. Bostón, Harvard University Press.

TORNEV-PURTA. J. y otros (2001), *Citizenship and Education In Twenty-Eight Countries: Civic Knowledge and Engagement At Age Fourteen*, Delft, IEA.

TYCHEN, D. S. y SALGANIK, L. H. (eds.) (2000), *Defining and selecting key competencies.* Gottingen, Hogrefe & Huber.

UNIÓN EUROPEA (2005), *Recomendación del Parlamento Europeo y del Consejo de la Unión Europea sobre las competencias clave para el aprendizaje permanente.* Bruselas, Comisión de Comunidades Europeas.

VARIOS (2006), *La Participación ciudadana no se improvisa: planificar para actuar en nuestros municípios.* Kaleidos Red Fundación, Barcelona.

VILA, I. (1998), *Familia, escuela y comunidad.* Barcelona, Horsori.

VILLAVICENCIO, S. (2006), "Ciudadanía y civilidad acerca del derecho a tener derecho". En *Colombia Internacional*, 66. págs. 36-51, 2007. Bogotá.

YINGER, A. (1999), "The role of standards in teaching and teacher education". En G. GRIFFIN (Ed.), The Education of Teachers. *Ninety-eigth Yearbook of the National Society for the Study of Education*, págs. 85-113. Chicago, University of Chicago Press.

4

EVITANDO O DEBATE SOBRE A CULTURA NO SISTEMA EDUCACIONAL
Como ser competente sem conhecimento

Jurjo Torres Santomé

Desde finais da década de 1980 é muito comum ver como foram introduzidos conceitos e filosofias novos nos documentos oficiais que regulam nosso sistema educacional, muitos deles de enorme interesse, mas que sempre terminam em meros *slogans*, desfigurando por completo seu significado e as funções que se espera que desempenhem. Expressões como autonomia pedagógica, currículo aberto e flexível, currículo e aprendizagem construtivista, projeto curricular da escola e da aula... são um bom exemplo de algumas políticas educacionais vindas do Ministério da Educação[*], mas sem a verdadeira implicação e participação de seus destinatários, de maneira especial, os professores. Pensa-se que basta introduzir nas legislações determinados conceitos, apresentando-os como mais atuais e relevantes, para que o corpo docente se sinta estimulado a adotá-los; que modifique todas as suas práticas e rotinas, e até mesmo seus conhecimentos adquiridos e reconstruídos durante seus anos em sala de aula, pela influência dessas novas filosofias.

A experiência das reformas das últimas décadas, bem como os resultados de numerosas pesquisas sobre como se implementam as filosofias pedagógicas que acompanham as leis educacionais, são fracas no momento de manifestar que sem um verdadeiro envolvimento dos professores o fracasso é inevitável. O que geralmente se consegue é forçar os professores e professoras que, utilizem até o limite esses novos vocábulos em seus documentos mais ou menos burocráticos.

---

[*] N. de R. T. Refere-se ao Ministério da Educação da Espanha. No entanto, pode-se generalizar, em certa medida, a governos de outros países.

Penso que é demasiado frequente o pecado de precipitação por parte daqueles que, do Ministério da Educação, tratam de regular, condicionar e impor muitas dessas filosofias. Entre outras coisas, porque cada Reforma é feita sem a bagagem suficiente de estudos e pesquisas que tratam de diagnosticar o que realmente não funciona e o que vale a pena preservar de nosso sistema educacional. Faltam estudos de diagnóstico sobre a vida nas salas de aula e nas escolas. O que não é aceitável é que sejam unicamente estudos tipo PISA, promovidos pela OCDE, que são oferecidos para a opinião pública como diagnóstico do sistema educacional, centrados unicamente em analisar condutas e conhecimentos dos alunos, obtidos por meio de uma prova tipo teste, aplicada em um único dia, de modo aleatório.

Não existe o mínimo debate, nem diagnóstico sobre o grau de domínio dos alunos dos conteúdos obrigatórios que periodicamente vêm sendo legisladas pelas diversas Administrações dos diferentes governos durante as décadas democráticas que vivemos. Mesmo assim, carecemos de um mínimo de pesquisa sobre a qualidade informativa e o nível de atualização dos conteúdos que os diferentes materiais curriculares empregados em aula veiculam, de maneira especial os livros didáticos, em papel ou virtuais.

Cada Reforma costuma, além disso, ser ditada sem dispor de um estudo para verificar se o que vai ser apresentado tem a mínima probabilidade de resolver os problemas "intuídos" do sistema. Daí muitas das contradições em que incorrem quando se cruzam as filosofias e os conceitos que, como se disse, justificam o desenvolvimento normativo e o que realmente contém o entramado da lei.

Um exemplo dessa incongruência são dois dos discursos mais repetidos nas últimas décadas, tanto por parte das autoridades ministeriais quanto nos cursos que, como atualização, são oferecidos aos professores em exercício: o do currículo aberto e flexível e a necessidade de apostar na aprendizagem construtivista. Discursos que, por sua vez, pretendem-se legitimar sobre a base da obrigatoriedade que as leis, os decretos e normas lhes outorgam, com os quais se quer atingir a vida nas salas de aula e nas escolas. No entanto, como podem ser ajustadas essas filosofias com as enormes listas de conteúdos obrigatórios, completamente desmedidos, com os quais cada lei é acompanhada e, inclusive, cada reforma de uma mesma Lei de Educação? Listas que todos os professores, ano após ano, constatam que realmente são excessivas. Sempre que têm uma oportunidade declaram que não dispõem de tempo suficiente para desenvolvê-los, de um modo que realmente seja educativo para os alunos. A saída pela qual uma boa parte dos professores opta é oferecer aos alunos "pílulas" informativas sobre cada tema de estudo obrigatório.

Um currículo sobrecarregado de conteúdos, desprovido de fatos, conceitos, procedimentos, atitudes, valores e normas, como fez a LOGSE, contribuiu claramente para que a preocupação pelos conteúdos desaparecesse do debate nas escolas, pois se entendia que essa era uma atribuição exclusiva das Administrações, central e autônomas.*

A MODERNIZAÇÃO PSICOLOGISTA DAS POLÍTICAS EDUCACIONAIS

O discurso das competências, nesse momento em plena atividade, obriga a prestar atenção a seu nascimento e a ver como, posteriormente, vai se modificando. No entanto, na realidade, o que se costuma fazer ao percorrer esse conceito é tratar de camuflar as filosofias que o geraram, acrescentando focos de atenção suplementares à medida que as críticas trazem à luz sua verdadeira face.

É nos anos de 1960, que é produzida uma maior convergência entre a psicologia e diferentes especialidades das ciências sociais, que permitem psicologizar os problemas e conflitos que surgem em sociedades nas quais os discursos políticos dominantes daqueles anos, especialmente ligados ao marxismo, dedicam-se a denunciar as condições de trabalho dos modelos capitalistas e as situações de colonialismo de numerosos povos e a cultura patriarcal que impregna todas as sociedades. A década de 1960 se distingue claramente por revoluções e conflitos sociais muito conhecidos. É um dos períodos em que confluem um maior número de reivindicações e de lutas pela independência das colônias, pelos direitos das mulheres, das etnias e classes sociais que estavam sendo oprimidas.

Recorrer à psicologização permite individualizar os problemas, tornando invisíveis as estruturas econômicas, políticas, militares, culturais e educacionais com as quais se constrói a opressão.

Em educação, essa psicologização permite deixar à margem a análise mais crítica dos conteúdos a serem ensinados e aprendidos nas escolas, centrando-se prioritariamente nas capacidades.

Esse discurso das capacidades aparece com tons progressistas, já que coincide com as críticas que a esquerda vinha fazendo à educação que doutrinava impondo alguns conteúdos completamente enviesados e desconectados da atualidade; eram umas "pseudoverdades" sobre como era o mundo e, implicitamente, como deveria ser. Conteúdos que os diferentes movimentos progressistas de esquerda vinham demonstrando que contribuíam para formar modelos de sociedade patriarcais, racistas, sexistas, classistas, imperialistas, militaristas, homofóbicos, religiosos, urbanos...; porque assim eram as "verdades" que a escola e os livros didáticos impunham.

---

* N. de T. O sistema administrativo espanhol é formado por uma administração central e por governos autônomos, por isso se diz, por exemplo, "Comunidade Autônoma de Madri", a despeito do governo central do Estado Espanhol.

O modelo disciplinar no qual essas "verdades" eram envolvidas facilitava a reprodução do conhecimento oficial que veiculavam os recursos educacionais; livros que deviam obter a aprovação do MEC e, inclusive, alguns anos antes, o *nihil obstat* dos censores da Igreja Católica. Esses materiais legitimavam a seleção da cultura distorcida que interessava aos grupos que estavam no poder, oferecendo-a como um conjunto de verdades científicas, objetivas e neutras dentro das instituições escolares, junto com alguns modelos didáticos completamente autoritários e na base de uma sociedade crédula. Nesse contexto, as disciplinas tradicionais e, de maneira especial, aquele tipo de conteúdo da escolarização se tornaram o alvo de todos os dardos; o objetivo a ser abatido.

As críticas ao sistema educacional contra aquele modelo de escolarização foram muito contundentes. Os títulos de alguns ensaios relevantes naqueles anos são suficientemente explícitos do tipo de denúncias que estavam sendo realizadas sobre as escolas: *A escola morreu* (Everett Reimer, 1973), *A sociedade desescolarizada* (Ivan Illich, 1974), *Crônica da escola-quartel* (Fernando Oury e Jaques Pain, 1975), *Liberdade e algo mais, em direção à desescolarização da sociedade?* (John Holt, 1976), *Crise na sala de aula* (Charles E. Silberman, 1970), *A deseducação obrigatória* (Paul Goodman, 1976), etc. As análises das instituições escolares daquele período as apresentavam como hierárquicas, autoritárias, rígidas e burocráticas. Os conteúdos culturais que circulavam nas aulas, as tarefas, as rotinas e os modos de interação vigentes no interior das escolas eram percebidos como muito alienantes e, consequentemente, contrários ao modelo de pessoa educada e não alienada que a modernidade precisava.

Educar acabou por se igualar a estrangulamento mental, a converter as pessoas em tijolos com os quais alguns decidiam construir algo que não queríamos e que ninguém havia votado democraticamente. As cenas de animação com as quais alguns anos depois, em 1982, foi levada ao cinema a ópera-rock de Pink Floyd, "The Wall", mais especificamente um de seus temas, *Another brick in the wall, part II*[1] (*Outro tijolo no muro*), já expunham que esse tipo de denúncia do tradicionalismo pedagógico era compartilhado por uma grande parte da sociedade. A cadeia de montagem fordista na qual trabalhadoras e trabalhadores perdem sua identidade e caráter para acabar reduzidos a tijolos uniformes, sem autonomia, semelhante à que Charles Chaplin também utiliza em seu filme *Tempos Modernos*, traduziam perfeitamente a denúncia e, em consequência, os sentimentos de meninos e meninas que desejavam ser reconhecidos como pessoas livres e reflexivas, não como autômatos; como seres que aspiravam viver em outro mundo mais humano, mais justo e democrático.

Nesse clima de ataque aos modelos educacionais tradicionais, a psicologia que falava com uma linguagem mais moderna e propunha temáticas até esse momento esquecidas pelos discursos educacionais mais hegemônicos e conservadores, converteu-se em um campo de conhecimento muito interessante. A psicologia, especialmente a escola piagetiana, tornava-se a tábua de salvação para os educadores progressistas, especialmente nos níveis de educação infantil e ensino fundamental. Permitia colocar no centro do processo educativo cada estudante, com suas peculiaridades e características individuais e, portanto, projetar e implementar um projeto educacional mais relevante para todos e para cada um daqueles que estavam sendo escolarizados. O discurso psicológico com suas ênfases no desenvolvimento das capacidades individuais, contribuiu para que os olhares e, em consequência, as principais preocupações dos professores se dirigissem a construir contextos educacionais para facilitar e estimular o desenvolvimento dos alunos. A dimensão cultural da educação passava a um segundo plano, para não dizer que em muitas experiências didáticas inovadoras era considerada como algo secundário. Pensava-se que uma vez desenvolvidas as capacidades individuais, passaríamos a nos preocupar pelo conhecimento.

A psicologia se apresentava como o campo de conhecimento que podia contribuir para reconduzir uma educação que não agradava a ninguém.

Os professores progressistas apoiavam esse modelo porque lhes abria um caminho para tornar o ensino mais relevante para seus alunos. Podiam selecionar alguns conteúdos que se adequavam muito mais aos interesses, às características e às peculiaridades de cada estudante; obrigava-lhes a considerar mais o contexto e a cultura nos quais a escola estava inserida.

A implantação dessas perspectivas, principalmente de características piagetianas, teve muita aceitação desde finais dos anos de 1970 e durante toda a década de 1980 entre os professores de educação infantil e das séries iniciais do ensino fundamental.

Eram momentos em que as regulações sobre os conteúdos na educação infantil eram apenas inexistentes. As iniciativas que mais atenção davam a essa etapa educativa eram promovidas por gestões governadas por administrações de esquerda, que confiavam nos professores que contratavam, dando-lhes completa liberdade para projetar suas propostas educacionais. As professoras que se comprometiam a trabalhar nas escolas infantis, eram profissionais muito jovens, recém-saídas das Faculdades; em sua maioria depois de ter cursado as especialidades de psicologia ou pedagogia.

As rupturas nos modelos educativos começaram quando se iniciou a educação regulamentada, ou seja, quando o Ministério da Educação já estabelecia diretrizes para trabalhar e estabelecia objetivos e conteúdos para cada etapa do sistema educativo. Nas etapas obrigatórias, as culturas profissionais, as tradições que vinham definindo o que significa ser professor, junto com a formação que estes haviam recebido nas Escolas de Magistério, chocavam-se frontalmente com as pedagogias invisíveis das que Basil Bernstein fala e que caracterizam essas psicopedagogias piagetianas.

Rapidamente os conservadores também aprenderam a utilidade dessas perspectivas psicologicistas da educação para dissimular seus ideais e voltar a aparecer em cena (se é que em algum momento ou lugar haviam chegado a desaparecer) com linguagens e imagens mais populistas. Pouco a pouco os professores iam mudando seus focos de atenção. O que era mais interessante e atual era criar ambientes cognitivamente estimulantes: potencializar as capacidades de cada estudante. A seleção dos conteúdos com os quais se deveria estimular e desenvolver as capacidades era visto como algo secundário. Desenvolvamos as estruturas cognitivas e isso bastará para que os alunos se transformem em pessoas educadas.

A esquerda também contribuiu para esse panorama de desinteresse pela cultura apesar de sem pretender, já que eram seus intelectuais os que de modo muito contundente vinham criticando, sobre a base de pesquisas muito rigorosas, o desvio dos conteúdos culturais apresentados com os quais os alunos trabalhavam em sala de aula. Mesmo que as lutas e políticas progressistas tivessem permitido o acesso físico a todos os alunos às instituições escolares, de todas as classes sociais, sexos, raças e capacidades, no entanto, suas realidades, saberes e culturas estavam ausentes. Na maioria dos casos, a história e o presente, bem como as conquistas desses grupos e classes sociais populares eram manipulados para serem apresentadas como inferiores, carentes de valor, sem interesse ou utilidade. Consequentemente, esse mesmo acesso às aulas e à cultura funcionava na prática como freio das reivindicações e aspirações dos membros desses grupos; como estratégia reprodutiva do *status quo*.

A denúncia dos enormes desvios do conhecimento com o qual se trabalhava em sala de aula, no sistema educacional, resultou que inclusive se chegasse a questionar a possibilidade de um conhecimento objetivo e rigoroso, não sujeito a desvios e manipulações. Relembremos alguns dos excessos de certas filosofias pós-modernas que punham a possibilidade de julgar àqueles que pertenciam a outras culturas, argumentando que não existe possibilidade de nenhum mecanismo estabelecer condições de objetividade e, portanto, caindo em uma perigosa esterilidade normativa ou no injusto relativismo do "vale-tudo".

O relativismo não abria possibilidade para uma seleção objetiva da cultura que pudesse ser trabalhada nas salas de aula. Apresentavam-se provas contundentes de como aqueles que estavam em situações de poder impunham alguns conteúdos escolares selecionando unicamente aquelas parcelas do saber que lhes beneficiavam; de como os conteúdos mentiam no momento de oferecer interpretações sobre como foi, é e deverá ser o mundo. Criticava-se, também, o currículo vigente por facilitar a fragmentação do conhecimento em compartimentos desconexos, os quais negavam a possibilidade de compreender de que maneira funcionava a sociedade como um todo; não permitiam ver as interconexões entre as distintas estruturas da sociedade.

Com esse clima de fundo, a psicologia, com seu discurso centrado nas capacidades, oferecia um caminho para seguir apostando na necessidade e utilidade das instituições escolares.

Um dos erros de muitos projetos educacionais psicologicistas foi o de uma notável ingenuidade em suas análises, caindo sem pretender em modelos naturalistas nos quais se pressupõe que qualquer menino ou menina, deixado em liberdade, sabe escolher o que melhor lhe convém; que o desenvolvimento intelectual de cada pessoa não está programado geneticamente, possui um ritmo próprio sobre o qual não devemos interferir e que apenas oferecer um ambiente rico em estímulos para cada estudante os fará aprender a ler, aprender matemática, física, história, música, filosofia... Em grande medida, esse erro é o que expressões como "o ensino centrado no aluno, não nas matérias" esconde. Frase que escutamos com alguma frequência e que opõe questões que devem ser complementares.

Efetivamente, cada estudante, em função do estímulo e da educação que recebe, possui determinados conhecimentos, destrezas, valores, domina certos procedimentos e não outros. Mas é função dos professores ter bem claro quais novos conhecimentos são os que a sociedade decidiu que ele deve trabalhar com os alunos na etapa educacional na qual se encontram e, consequentemente, organizar o espaço, os recursos informativos e didáticos, e as tarefas escolares para que cada aluno em sua aula possa acabar dominando esses conhecimentos o quanto antes.

O ensino e a aprendizagem escolar precisam de professores que saibam se acomodar às características de cada estudante, mas cientes de que é sua tarefa selecionar os recursos informativos, motivar e gerar um clima na aula e na escola que contribua para orientar os alunos, não para inquietá-los diante de uma situação de indefinição sobre o que é que devem fazer e aprender.

"Aprender a aprender", do mesmo modo que outro tema muito semelhante, "aprender a pensar", requer dois requisitos indispensáveis para se tornar realidade: conteúdos culturais específicos (informação) sobre os quais exercer essas atividades cognitivas, e que esses conteúdos sejam compartilhados com aquelas pessoas com as quais vamos interagir. Compartilhar informação e conhecimentos é o que servirá de estímulo para aprender a pensar, para tirar proveito dos conflitos gerados na comunicação e no trabalho feito com outras pessoas.

A geração de novos conhecimentos, o progresso científico, tecnológico, social e cultural é facilitado à medida que esses conhecimentos que as instituições escolares oferecem para os alunos sejam atuais e relevantes para entender e para participar nas sociedades do presente. A aprendizagem e a geração de novos saberes, bem como o favorecimento da criatividade das pessoas, a independência de seus julgamentos, é uma tarefa que requer uma base cultural muito sólida, do contrário é fácil que essas pessoas "criativas" se arrisquem a voltar a inventar a roda, a chegar a conclusões às quais podiam acessar com uma maior rapidez e eficácia se lhes fosse facilitado o acesso antes a determinadas informações e conhecimentos.

CARÁTER POLISSÊMICO DA PALAVRA "COMPETÊNCIAS"

Estamos diante de uma das palavras com significados mais diversos e que, inclusive dentro de um mesmo campo de conhecimento ou trabalho, é objeto de maiores disputas e variações no que trata de englobar. Apenas para resumir, poderíamos distinguir os seguintes matizes neste conceito:

- Competência em ecologia, podendo se subdividir, por sua vez, em "competência por interferência" e "competência por exploração".
- Competição em algum esporte.
- Competência jurídica: quem tem autoridade por lei para julgar ou resolver um assunto.
- Competência administrativa, na resolução de um trâmite ou documento oficial.
- Competência em economia, no sentido do direito da competência.
- Competência como capacidade e eficácia na resolução de um assunto.
- Competência como autoridade ou domínio que uma pessoa possui de um tema.
- Competência como comportamento de uma organização.
- Competência linguística, na gramática gerativa, frente à *performance*. Noam Chomsky distingue *competência* e *desempenho (performance)* no momento de diferenciar conduta linguística real e observável (desempenho) do sistema interno de conhecimento que subjaz a ela (competência). As competências, a partir dessa perspectiva, referem-se às potencialidades inatas e, por conseguinte, não podem ser operacionalizadas. Ao contrário, o desempenho, a realização, descreve o uso da competência em atos de fala concretos.
- Competência cognitiva, em psicologia, vinculada à etapa de desenvolvimento em que uma pessoa se encontra (Jean Piaget).
- Competência comunicativa, em sociolinguística, referida à produção e interpretação de uma língua em um contexto social determinado (Dell Hymes).
- Competência cultural, em antropologia, associada aos tipos de significados disponibilizados pelas pessoas e grupos sociais (Claude Lévi-Strauss).

Centrando-nos mais no âmbito educacional, a origem desse conceito está ligada à formação profissional. Os apoios teóricos para sua justificação vieram desde a psicologia condutivista e de determinados modelos econômicos, em especial da teoria do Capital Humano.

Tem seu surgimento na década de 1970 nos Estados Unidos ligado ao movimento da "eficiência social" que, por sua vez, se definiu durante as primeiras décadas do século XX (Terry Hyland, 1993). Esse movimento teve John Franklin Bobbit (1918/2004) entre seus principais pensadores, cuja base de pensamento era aplicar no sistema educacional o conhecimento organizacional, a gestão científica da conduta na qual também apostava Frederick Winslow Taylor, e que já estava tentando aplicar esse procedimento nas empresas. O taylorismo, por meio do qual se pretendia controlar o trabalho humano nas empresas, era visto com muitas possibilidades de aplicação no sistema educacional.

Mesmo assim, é um conceito que surge muito vinculado à Teoria do Capital Humano desenvolvida por Gary Becker (1983), na década de 1960. Esse modelo diz que a educação é vista como um conjunto de investimentos que as pessoas realizam com objetivo de incrementar sua eficiência produtiva e seus rendimentos.

A noção de capital destaca a ideia de um estoque imaterial que pode ser acumulado por cada pessoa a título individual para, em seguida, ser capaz de realizar trocas no mercado de trabalho por capital econômico. A teoria do capital humano dá conta do caráter coletivo do processo de acumulação de conhecimento, convertendo cada indivíduo em um ser que constantemente calcula sua possíveis rendas futuras e, consequentemente, toma decisões a respeito de trabalhar e/ou continuar sua formação. O investimento em educação aumentaria a produtividade e, portanto, seus rendimentos futuros. Desse modo, estabelece-se uma relação causal entre educação, produtividade e rendimentos econômicos.

Essa classe de filosofias "eficientistas" conseguiu melhor destaque na formação profissional. Toda uma série de instituições em países como os Estados Unidos e o Reino Unido, promovidas ou alavancadas pelos governos de plantão (especialmente quando era uma gestão conservadora), dedicaram-se a impor em seus territórios os modelos da educação baseada em competências. A meta desde o princípio foi e continua sendo a de preparar determinados setores da população, as classes sociais mais populares, para aprender determinados conhecimentos e habilidades que lhes permitem desempenhar com maior eficiência um trabalho profissional.

Assim, por exemplo, instituições como CBET (*Competence-Based Education Training*), CBT (*Competence-Based Training*) nos Estados Unidos da América, ou o *National Council for Vocational Qualifications* (NCVQ, Conselho Nacional para as Qualificações Profissionais), na Grã-Bretanha, têm entre suas funções definir minuciosamente e de modo operacional, isto é, de forma que permita avaliar quantitativamente as competências dos alunos. Competências definidas majoritariamente pelo empresariado em função das necessidades, expectativas e tarefas que vêm atribuindo àqueles que trabalham em suas fábricas ou empresas.

As filosofias que dão origem ao discurso das competências se apresentam como o resultado de debates técnicos e, por conseguinte, no qual devem participar exclusivamente pesquisadores de prestígio, personalidades especialistas pretensamente reconhecidas pelo mundo todo e, portanto, que suas decisões não possam ser postas em dúvida. Nesse tipo de proposta, pretende-se obter o consentimento dos professores e, em geral, da sociedade dizendo que aqui não há lugar para política, mas sim unicamente para o discurso técnico-científico.

Essa tecnocracia utiliza todo um conjunto de conceitos pretendendo aparecer ao público como se o consenso em torno deles fosse total: "competitividade", "eficácia", "produtividade", "rendimento", "racionalização", "competência", ... Palavras que, além do mais, avalizam-se em nome de organismos supranacionais como a OCDE, o Processo de Bolonha, o Espaço Europeu de Educação Superior, o Conselho Europeu de Bruxelas, etc. e, obviamente, esconde-se o distinto significado e a divergência que os diferentes partidos e filosofias políticas lhes dão. Já não há discussão nem diferenças entre direita, esquerda, centro, extrema esquerda, extrema direita,... "Europa" é o termo mágico que serve para legitimar, unificar e uniformizar.

Esquece-se de que desde os anos de 1980, com a queda do Muro de Berlim, as potências econômicas e militares mais poderosas do mundo se tornaram carros-chefes das políticas neoliberais. Para isso, é preciso enterrar a política e retornar a novos tecnocracismos, que impedem que a população concentre o olhar em questões importantes, para se entreter apenas em escolhas de palavras, mais ou menos novas, com as quais se passa a sensação de que se está enfrentado os verdadeiros problemas da sociedade e, nesse caso, dos sistemas educacionais.

Do mesmo modo que se pretende transformar os cidadãos em consumidores e consumidoras, agora com as competências o que se pretende é tratar de impulsionar algumas mudanças metodológicas, no melhor dos casos, mas sem propor em nenhum momento qual modelo de sociedade queremos construir. Não se discute sob quais parâmetros desejamos organizar a convivência, o mercado de trabalho, a mobilidade das populações, a representatividade dos distintos grupos sociais, o reconhecimento das diferentes populações, a justiça redistributiva que deve nos guiar, etc.

As reformas educacionais baseadas em competências aparecem como o remédio para uma pobreza detectada nas práticas de aula, nos modelos didáticos com os quais se vêm trabalhando. No entanto, não se considera com maior seriedade as condições nas quais os professores desempenham seu trabalho, o qual constantemente se vê submetido a tentativas de mudança, o que todavia não ocorre seriamente. Tentativas que promovem, mas:

1. sem levar em consideração suas culturas profissionais, as tradições nas quais se leva anos para construir como profissional da educação;
2. sem uma autêntica carreira docente que sirva para estimular inovações;
3. com uma cada vez mais empobrecida política de atualização docente;

4. com um monopólio editorial que nos últimos anos está conseguindo que a Administração lhe conceda grandes vantagens, por meio de políticas de gratuidade dos livros didáticos;
5. oferecendo-lhes a ajuda de um grupo de profissionais dedicados a divulgar e a tratar de esclarecer para os professores o "verdadeiro" significado das diferentes modas terminológicas com as que o Ministério costuma querer condicionar a direção da mudança educacional (Jurjo Torres Santomé, 2006).

AS COMPETÊNCIAS COMO AJUDA E MOTOR DAS REFORMAS EDUCACIONAIS?

Cada nova lei de educação pretende convencer seus destinatários de que encontrou a "pedra filosofal" com a qual se resolve todos os problemas do sistema; daí o motivo de promover um verdadeiro frenesi propagandístico com suas "boas-novas" e, desse modo, interessar e ocupar o centro de atenção dos professores que, logicamente, se esforçam por adivinhar em que consiste a lógica da Administração com essa pretensa prática correta.

Algo de que devemos ser muito conscientes é que *não* existe uma definição de consenso em relação ao termo "competências"; há diversos e opostos significados o que já aponta para o fato de que é um conceito ambíguo e, portanto, inconsistente no momento de se apresentar como eixo sustentador de uma Reforma como a que se trata de realizar no Estado Espanhol.

No caso da Lei Orgânica de Educação em vigor na Espanha, o discurso político educacional incorpora o conceito de competências assumindo implicitamente que todas as pessoas concordam com seu significado, mas as contradições surgem no momento em que se trata de estabelecer alguma formulação mais específica.

Nos Decretos de cumprimento obrigatório, por meio dos quais se desenvolve a Lei, são visíveis importantes dúvidas ou vacilações no momento de estabelecer o significado dos conceitos envolvidos. Um exemplo dessa indefinição acerca do que falamos pode se ver na legislação do Conselho de Educação e Ordenação Universitária da Junta de Galícia, nos importantes Decretos por meio dos quais se regula o ensino no ensino fundamental e no ensino médio na Galícia. No momento de definir "competências", supõe-se que se esclareçam para os professores e a sociedade, visto que há várias interpretações. Em ambos os Decretos (Decreto 130/2007), de 28 de junho, e Decreto 133/2007, de 5 de julho) se apresenta a seguinte definição de competência:

> Uma **possível** definição de competência básica **poderia ser** a capacidade de pôr em prática de forma integrada, em contextos e situações diversas, os conhecimentos, as habilidades e as atitudes pessoais adquiridas. O conceito de competência inclui tanto saberes como as habilidades e as

atitudes e vai além do saber e do saber fazer, incluindo o saber ser ou estar (negrito meu).

Observemos que o Conselho não possui uma ideia clara do significado que realmente dá para esse termo que tantas vezes aparece repetido nesses Decretos que regulamentam o ensino obrigatório. Suas dúvidas ficam literalmente expostas quando redigem o texto servindo-se de expressões como: "uma possível definição... poderia ser...".

Pelos tempos verbais empregados se reconhece que existem vários significados, mas realmente por qual significado opta a Administração? Admite e assume que os professores e as editoras de livros didáticos possam atribuir outros significados? No entanto, o que é mais chamativo nesse Decreto é que não se sabe o significado que a Administração realmente utiliza e, consequentemente, de que maneira se avaliará essa dimensão nas provas elaboradas, entre outras coisas, para tornar realidade a avaliação do sistema educacional que a LOE, por meio do Art. 142.1, encarrega o *Instituto Nacional de Avaliação e Qualidade do Sistema Educacional*. Com que definição se levará à prática o Art. 144.1 da mencionada Lei, quando declara que "essas avaliações versarão sobre as competências básicas do currículo e serão realizadas no ensino primário e secundário[*], incluindo, em todo o caso, as competências previstas nos artigos 21 e 29[2]" (Art. 144.1).

Se a Administração tampouco tem claro o significado do termo, é perigoso e ineficaz que o eixo sustentador da agenda da política educacional recorra a essa ambígua filosofia e trate de condicionar as formas de trabalhar e de se avaliar os professores e os alunos. Com essa forma de redigir se reconhecem vozes discordantes, mas não se esclarecem quais são elas e por quê. Opta-se por deixar a ambiguidade no ar e, por conseguinte, que o termo acabe sendo significado por aqueles que têm, ou por aqueles a quem se lhes concede maior poder: a indústria editorial de livros didáticos. Um setor empresarial no qual a Igreja Católica tem um notável peso, com tudo o que isso representa no momento de realizar as opções e a sistematização do conhecimento humano, produzido por pessoas falíveis, com interesses, preconceitos, expectativas, experiências pessoais, conhecimentos errôneos prévios, manias, etc. Se o conhecimento que se seleciona está rodeado desse tipo de ameaças, o lógico seria que o principal debate público, uma vez que nunca isso teve lugar, se concentrasse nessa dimensão. Que os debates epistemológicos fossem promovidos, precisamente para levar a cabo uma seleção da cultura do modo mais objetivo possível.

Incorporar uma filosofia nova, ou pelo menos assim nos é apresentada, em nosso sistema educacional e realizá-la tornando essa palavra o conceito-

---

[*] N. de R. No sistema espanhol a educação primária corresponde a 1ª à 6ª série do ensino fundamental brasileiro, a educação secundária é equivalente a 7ª série do ensino fundamental ao 1º ano do Ensino Médio.

-chave, com autêntica capacidade de resolver todos os principais problemas das aulas e da formação dos alunos, implica pelo menos ter claro de que se trata. A realidade é que a confusão que vem acompanhando esse conceito nos últimos cinco anos, desde que aparece nos documentos de política educativa na década de 1960, nos Estados Unidos, deixa-se notar também em nossa legislação.

A palavra "competências" aparece 167 vezes no Decreto do Primário, e 362 vezes no da ESO. E o que é mais curioso, 65 vezes na LOE, mas com significados diferentes. Algumas vezes se refere às conquistas do aluno, outras a funções relacionadas a certos cargos acadêmicos e outras à distribuição de tarefas entre entidades ou Administrações.

No entanto, esse conceito em nenhum momento substitui aqueles outros que as últimas leis e decretos do sistema educacional haviam imposto. Pelo contrário, seguem aparecendo, mas sem esclarecer em nenhum momento se houve variações em seu significado ou, inclusive o que seria mais urgente, esclarecer o verdadeiro significado que agora tem cada um deles; apontar as diferenças existentes entre eles. Do contrário, se pensaria que vai ser a partir dessa Lei o momento quando os alunos do Estado Espanhol irão, por fim, completar sua formação; poderá suprir uma lacuna que, ao não aparecer na legislação anterior, entende-se que todas as pessoas que passaram até o presente por nossas salas de aula e instituições escolares possuem.

Na LOE, na introdução, podemos ler: "todos os cidadãos devem ter a possibilidade de serem formados dentro e fora do sistema educacional, com o fim de adquirir, atualizar, completar e ampliar suas capacidades, conhecimentos, habilidades, aptidões e competências para seu desenvolvimento pessoal e profissional". Por sua vez, o Artigo 6, referido no Currículo, é redigido da seguinte maneira: "1. Para efeitos do disposto nessa Lei, entende-se por currículo o conjunto de objetivos, competências básicas, conteúdos, métodos pedagógicos e critérios de avaliação de cada um dos ensinos regulados na presente Lei".

Chama a atenção a profusão de conceitos com os que se pretende que os professores trabalhem, dado que aparecem na legislação que regulamenta o sistema educacional, mas que nem sempre têm um significado unívoco no seio das comunidades de especialistas que com eles trabalham e os utilizam. Assim, podemos ver a seguinte lista de conceitos que sublinham dimensões da personalidade e as metas às quais os professores necessitam prestar atenção:

- **"Objetivos"**. Essa palavra, apenas na LOE, aparece 63 vezes. Assim, por exemplo no Preâmbulo da Lei, podemos ler: "Com a finalidade de assegurar uma formação comum e garantir a equiparação dos títulos, pede-se ao Governo a fixação dos objetivos, competências básicas, conteúdos e critérios de avaliação dos aspectos básicos do currículo, que constituem os ensinos mínimos".

- **"Destrezas"**. Outro dos conceitos que segue sendo utilizado na nova legislação. Um exemplo de como é utilizado esse termo é o seguinte: "que os alunos possam adquirir destrezas que, como a capacidade de se comunicar – também em outras línguas –, a de trabalhar em equipe, a de identificar e resolver problemas, ou a de aproveitar as novas tecnologias para tudo isso, são, hoje, irrenunciáveis" (LOE). No entanto, nesse mesmo texto não está claro se uma "destreza" é equivalente a uma "capacidade". Quando fala de capacidades opta por uma redação que não permite apontar a diferença entre ambos os conceitos.
- **"Capacidades"**. Por exemplo: "Todas as pessoas devem ter a possibilidade de serem formadas ao longo da vida, dentro e fora do sistema educacional, com o fim de adquirir, atualizar, completar e ampliar suas capacidades, conhecimentos, habilidades e competências para seu desenvolvimento pessoal e profissional" (LOE, Art. 5.1).
- **"Habilidades"**. Por exemplo: "Em consequência, todos os cidadãos devem ter a possibilidade de serem formados ao longo da vida, dentro e fora do sistema educacional, com o fim de adquirir, atualizar, completar e ampliar suas capacidades, conhecimentos, habilidades e competências para seu desenvolvimento pessoal e profissional" (Preâmbulo da LOE).
- **"Aptidões"**. Por exemplo: "Que todos os cidadãos tenham a possibilidade de adquirir, atualizar, completar e ampliar suas capacidades, conhecimentos, habilidades e competências para seu desenvolvimento pessoal e profissional" (Preâmbulo da LOE).
- **"Atitudes"**. Por exemplo: "Desenvolver hábitos de trabalho individual e em equipe, com esforço e com responsabilidade no estudo, bem como atitudes de confiança em si mesmo, sentido crítico, iniciativa pessoal, curiosidade, interesse e criatividade na aprendizagem" (Art. 17.b da LOE).

Acrescentam-se em cada área objetivos, conteúdos, critérios de avaliação. No entanto, como avaliar as competências? Sobre isso, o que se diz é: "Os critérios de avaliação, além de permitirem a valorização do tipo e do grau de aprendizagem adquiridos, tornam-se referente fundamental para valorar o desenvolvimento das competências básicas" (Decreto Real 1513/2006, de 7 de dezembro, pelo qual se estabelecem os ensinos mínimos da educação primária. BOE, 8-XII-2006). E nesse mesmo documento, alguns parágrafos mais adiante, podemos ler: "Finalmente regula-se a realização de uma avaliação de diagnóstico ao finalizar o segundo ciclo da Educação Primária. Tal avaliação terá caráter formativo e orientador de cada aluno, bem como dos processos de ensino em cada escola, e tudo isso em um momento da etapa que permite adotar as medidas de melhora pertinentes". Mas chama a atenção que o que se anuncia é a avaliação das competências, objetivo do Art. 144.1 da LOE.

No fundo, o idealismo do discurso das competências, pressupõe um mundo social um tanto abstrato, no qual posições de poder não têm autoridade, nem muito menos controle da cultura e de suas funções.

Conviria expor, como já bem o fez Basil Bernstein (1998, p. 175), "a competência foi conceitualizada no sentido social, não cultural, já que não é produto de nenhuma cultura de modo concreto. As culturas sempre estão especializadas, mas as competências não estão especializadas em relação a nenhuma cultura. Portanto, as competências estão fora do alcance e das restrições das relações de poder e de seus desiguais posicionamentos diferenciais. As competências são intrinsecamente criativas, adquiridas de modo informal e tácito em interações informais. São conquistas práticas".

OS CONHECIMENTOS NECESSÁRIOS PARA ENTENDER E PARTICIPAR NA SOCIEDADE

Vivemos em momentos históricos de grandes e contínuas mudanças fruto de *12 tipos de revoluções* que, em maior ou em menor medida, afetam a vida cotidiana de todas as pessoas. Por isso, devemos levá-las em consideração no momento de refletir e decidir sobre o tipo de educação que as novas gerações deve receber.

Revolução das tecnologias da informação

Produzida como consequência da revolução digital, ou seja, da nova linguagem universal na qual a informação é gerada, armazenada, recuperada, processada e retransmitida. Sob esse resumo podemos incluir o *conjunto convergente* de tecnologias da microeletrônica, a informática (máquinas e *software*), as telecomunicações (televisão e rádio) e a opticoeletrônica. Mesmo assim, podemos acrescentar o âmbito da engenharia genética e seu conjunto de desenvolvimentos e aplicações, diariamente em expansão. Tenhamos presente que a engenharia genética se centra na decodificação, manipulação e reprogramação final dos códigos de informação da matéria viva (Castells, 1997, p. 56).

Esse conjunto de tecnologias utilizadas em campos de conhecimento como a química, física, biologia molecular e matemática, por sua vez permitem o surgimento de novos campos científicos como a nanotecnologia. Âmbito que contribui para tornar realidade e aperfeiçoar avanços com enormes possibilidades práticas como as nanopartículas, nanotubos, nanorrobôs, etc. Nanotecnologias com aplicações muito promotedoras no campo do armazenamento, produção e conversão de energias, diagnóstico de doenças, intervenções cirúrgicas, no mundo da construção, produção agrícola, vigilância e intervenção em processos de contaminação ambiental, etc.

Os modos de comunicação e de gestão da informação também são afetados por essas novas tecnologias, já que permitem a imediatez nas transmissões e recepções, que se possa consultar e emitir informação em qualquer lugar e em qualquer hora; o surgimento de novos suportes, como por exemplo, os livros virtuais; que qualquer pessoa possa acessar quantidades ilimitadas de documentos e em diferentes suportes (a multimodalidade) ao mesmo tempo. A hipertextualidade, ou a construção de hipervínculos ou referências cruzadas entre documentos é também outro dos resultados da aplicação dessas tecnologias.

Outras aplicações dessa revolução são, além do que foi dito, os novos modos de se comunicar através de RSS, SMS, *blogs*, *post*, fóruns, etc.

Todo esse conjunto de tecnologias da informação dão ao conhecimento e à informação um novo papel que, governados pelos modelos capitalistas, dão lugar ao surgimento das atuais sociedades informacionais, ou também do capitalismo cognitivo (Vercellone, 2004). Tecnologias que propiciam a consolidação de uma nova economia do conhecimento, na qual este se converte no principal motor da riqueza e competitividade dos países, das empresas e das pessoas.

De todos os modos, frente às enormes possibilidades dessa revolução é imprescindível prestar muita atenção ao também gigantesco potencial que essas tecnologias digitais possuem de gerar maiores desigualdades e injustiças; bem como aos grupos de poder e multinacionais que tratam de controlar seu desenvolvimento e aplicação.

Tenhamos claro que o acesso à informação na base da sociedade regida pela ideologia de mercado, por políticas econômicas neoliberais, a super abundância na oferta informativa não deve ser confundida com uma real democratização no acesso. Uma sociedade justa e democrática deve garantir que as pessoas disponham de recursos para acessar à informática e possuam uma boa educação que lhes permita compreendê-la, utilizá-la e avaliá-la criticamente.

As potencialidades dessas novas tecnologias nos alcançam muito desprevenidos, tanto que já são muitas as vozes que manifestam que esse tipo de sociedades informacionais requerem modificações urgentes na Declaração Universal dos Direitos Humanos para assegurar e cuidar pelo direito à informação e ao conhecimento. "A ausência desse direito universal ocasionou o massivo *epistemicídio* sobre o qual a modernidade ocidental construiu seu monumental conhecimento" (Santos, 2007, p. 29). Esse direito se torna básico para qualquer sociedade democrática, pois seu funcionamento requer uma opinião pública bem informada e educada que cotidianamente deve tomar decisões e participar. Além disso, esse direito é urgente em um mundo no qual as políticas de capitalismo cognitivo tratam de privatizá-la e convertê-la (a informação) em negócio ou, algo que inclusive é ainda mais grave, em "direito à desinformação"; ou seja, o comportamento que costuma manifestar determinadas agências de notícias, grupos midiáticos, grandes empresas, monopólios e inclusive serviços secretos de alguns Estados para tentar manipular a realidade e pô-la a serviço daqueles que são seus proprietários ou lhes financiam.

Revoluções científicas em todas as áreas de conhecimento

Desde meados do século XX, o conhecimento científico está se renovando com o surgimento de novas teorias que questionam o pensamento simplificador baseado em notáveis *reducionismos*, consequência da organização da pesquisa de um modo disciplinar; na *descontextualização* e no isolamento de muitos dos fenômenos a pesquisar, por exemplo, separando objetos e pessoas para poder observá-los e melhor quantificá-los (isolando-os do meio em que normalmente operam) e *ignorando as biografias, os interesses e os condicionamentos* daqueles que financiavam e realizavam as pesquisas.

À medida que tratávamos de enfrentar esses desvios, surgiam novos campos de conhecimento, cada vez mais multidisciplinares, com denominações que atestavam essas novas filosofias de colaboração e de trabalho em equipe.

Esses novos espaços de conhecimento e pesquisa são muito diferentes das organizações e denominações que seguem orientando a vida de estudantes e professores nas instituições escolares de ensino fundamental e médio.

Os diferentes campos nos quais o conhecimento científico vem sendo organizado se veem cada vez mais forçados a colaborarem entre si, dado que os saberes quando estão muito fragmentados em pequenas disciplinas têm dificuldades para enfrentar realidades e problemas interdisciplinares, mas também transnacionais, globais e planetários. Mas é sobre a base de um conhecimento, no qual os debates epistemológicos estão continuamente na agenda, a forma como poderemos exercer uma maior vigilância para evitar os desvios com os quais muitas maquinarias científicas foram construídas, destinadas a oprimir numerosos coletivos sociais e povos inteiros.

Convém também ser consciente de que o mercantilismo que dinamiza muitas das revoluções científicas é a explicação por que algumas disciplinas ou campos interdisciplinares como as humanidades ou as ciências sociais dispõem cada vez de menos peso no currículo escolar, de menor investimento para a pesquisa, enquanto aquelas ciências com aplicação direta no mundo empresarial e militar têm, cada vez mais, recursos ilimitados.

Jennifer Washburn (2005) oferece dados contundentes de como os Estados Unidos e os grandes monopólios empresarias têm cada vez mais peso e influência nas universidades e, consequentemente, estão controlando suas agendas de pesquisa. Durante as duas últimas décadas, as empresas estão transformando em silêncio a vida acadêmica. Os investimentos desses grupos são cada vez maiores e, pouco a pouco, os grupos de pesquisa das universidades trabalham cada vez mais com filosofias empresariais, para tratar de obter os maiores benefícios econômicos possíveis. Inclusive está sendo posta em questão a ética que deveria guiar a produção e a difusão do conhecimento nesse novo modelo "acadêmico-industrial", já que nada garante que os resultados dessas pesquisas não estejam sendo utilizados para fins imorais ou perversos.

Essa mercantilização da pesquisa funciona como um importante freio, por sua vez, para a pesquisa básica e teórica, pois as tentações que o dinheiro exerce são muito grandes, ao mesmo tempo em que as próprias carreiras universitárias desse grupo que pesquisa se veem amparadas pelas políticas educacionais vigentes de cunho neoliberal, orientadas cada vez mais em direção à busca do financiamento privado para poder reduzir o público.

Não obstante, tampouco podemos ignorar que o fundo e o dinamismo de muitas dessas revoluções científicas são consequência das lutas sociais em favor dos Direitos Humanos e das lutas de descolonização que caracterizaram o século XX. Como resultado dessas lutas reivindicatórias as sociedades se tornaram mais abertas, multiculturais e pluralistas. Algo que contribuiu para pôr em questão o que até esse momento se considerava o "conhecimento oficial", o "cânone cultural".

Pensemos, por exemplo, nos controversos debates que o famoso cânone Ocidental elaborado por Harold Bloom (1995) gera em uma tentativa de reconstrução moderna do que antigamente a Igreja denominava *catálogo de livros recomendáveis*. Nessa obra o que o autor faz é marcar como canônicos 26 escritores e, consequentemente, tornar algumas de suas obras leituras obrigatórias e imprescindíveis. Escritor que, por sua vez, não vacila em criticar e etiquetar como "ressentidos" os que não compartilham de seus critérios.

Em momentos nos quais os diferentes grupos sociais tradicionalmente marginalizados começam a ser reconhecidos, o debate epistemológico se torna tarefa urgente. Por conseguinte, estamos em um momento histórico no qual é preciso apostar por uma "ecologia de saberes", no sentido que promove Boaventura de Sousa Santos. Algo que deveria ser prioritário nas agendas das políticas educacionais e universitárias. Ou seja, um compromisso real com a "promoção de diálogos entre o saber científico e humanístico que a universidade produz e os saberes leigos populares, tradicionais, urbanos, campesinos, provincianos, de culturas não ocidentais (indígenas de origem africana, oriental, etc.) que circulam, na sociedade" (Santos, 2005, p. 57).

Revolução na estrutura das populações das Nações e Estados

Se existe uma definição para caracterizar as sociedades do presente esta é a da diversidade cultural, linguística e de crenças das pessoas que pertencem a uma mesma comunidade e nação.

Estamos vivendo também o momento da *Revolução Urbana*, ou seja, o processo de urbanização da humanidade. Uma transformação que no ano de 2008 alcança seu ponto mais alto, com mais da metade da população mundial vivendo em cidades, com uma humanidade urbana pela primeira vez na história. Assim, por exemplo, as cidades na Europa abrigam atualmente cerca de 80% da população.

Essa revolução é a expressão física de uma mudança dos sistemas de produção e intercâmbio e das relações sociais. Nas cidades convivem pessoas de origens geográficas diversas, o que pode criar, em ocasiões, problemas de comunicação, de coesão e de convivência, especialmente se se criam agrupamentos urbanos diferenciados que viabilizam a precarização laboral, a discriminação; algo que ocorre quando ainda algum setor da cidade, por exemplo determinados bairros periféricos passam a concentrar os setores mais pobres, imigrantes, marginais, as novas "classes perigosas".

Um dos grandes e urgentes desafios desses novos processos de urbanização das sociedades é pensar e construir novas políticas de justiça redistributiva e de representação; assim como debater e assumir um novo discurso e consenso ético sobre o modelo de cidade e de cidadania que desejamos.

Processos de urbanização que nos colocam diante de importantes problemas como o de torná-los possíveis. As cidades são responsáveis por 75% das emissões de CO_2.

Quando nos referimos a esse rearranjo dos espaços escolhidos para viver, costuma-se destacar as enormes possibilidades que as cidades oferecem diante dos pequenos núcleos rurais. Sublinha-se a quantidade de oportunidades que existe no que tange à facilidade de encontrar um posto de trabalho, de acesso à cultura, à educação, de uma melhor qualidade em tudo o que se relaciona com a saúde, com o comércio, com o lazer, etc. O acesso às novas tecnologias da informação e da comunicação, as possibilidades de participar nos assuntos públicos, na política, bem como de entrar em contato e se relacionar com uma maior variedade de pessoas é bem maior nas cidades.

Todavia, não devemos fechar os olhos para o fato de que nunca a segregação social na distribuição das populações no seio das cidades foi maior do que agora. Os bairros-guetos nos quais se localiza uma boa parte dessa população rural que se vê forçada a se deslocar em direção às cidades, dado que em seu meio não dispõe de recursos para sobreviver, em que habitam as populações de imigrantes pobres e de etnias marginalizadas, não fazem nada mais que crescer, em especial nas grandes áreas urbanas. Desse modo, a marginalização e as injustiças não se tornam visíveis com facilidade. A solidão e o abandono são situações nas quais muitas pessoas se encontram, embora estejam rodeadas de muitas pessoas.

Revolução nas Relações Sociais

O século XX, em geral, pode ser denominado como o século do reconhecimento dos Direitos Humanos e dos Direitos dos Povos. Todos e cada um dos diversos grupos sociais, ao longo do século XX e do atual XXI, obtiveram conquistas muito decisivas em sua carta de direitos, pelo menos formalmente, e embaladas pelos organismos mundialistas como a ONU.[3]

Os direitos das mulheres, das crianças, das raças e etnias, das pessoas deficientes... são fruto da luta por sociedades e relações mais democráticas. Como consequência desse tipo de conquista de direitos nos vimos obrigados a adotar novos papéis. Os homens tiveram que aprender a se relacionar com as mulheres, de igual para igual; as pessoas adultas com as crianças, como consequência de seus novos direitos conquistados. Legarizaram-se e se tornaram visíveis os novos tipos de famílias, fruto do reconhecimento de outros tipos de sexualidade e modos de se relacionar. As pessoas ocidentais estão aprendendo a ver com outros olhos os homens e as mulheres de outras culturas, sobre os quais a sociedade em geral e, portanto, os sistemas educacionais lhes haviam enchido a cabeça com uma grande muralha de preconceitos e falsas informações.

Revolução nas comunicações

Tanto o tempo como o espaço foram transformados, o que permitiu o surgimento de sociedades mais globalizadas, fruto das novas possibilidades das revoluções tecnológicas. As novas possibilidades de melhores *comunicações* tanto físicas quanto *virtuais* permitem possibilidades de comunicação e interação nunca antes imaginadas. É de se destacar o enorme impacto da internet, que acabou por converter o planeta em uma aldeia global, apesar de contribuir na geração de injustiças. Não todas as pessoas, nem em todos os países essas tecnologias têm possibilidades de serem usadas. A brecha entre aqueles que habitam nos países economicamente mais desenvolvidos e o resto do planeta é, ainda, muito grande e sobremaneira injusta.

Revoluções econômicas

A globalização instrumentalizada pelas políticas neoliberais favoreceu novos negócios globalizados, que tanto podem enriquecer um país, como levá-lo à ruína.

Não esqueçamos que as políticas neoliberais quando se aliam a grupos conservadores servem para enfraquecer os papéis sociais que os Estados vinham desempenhando (saúde, educação, regulações de salários mínimos, pensões, moradia...) (Torres, 2007).

Convém estar muito alerta diante da progressiva *economização da política* (Zizek, 2007) e da *privatização do Estado*. As mensagens políticas, diariamente, estão mais claramente guiadas pela mensagem de que apenas os grandes grupos empresariais e multinacionais são os que criam riqueza e emprego, daí que o Estado se torne uma instituição exclusivamente a seu serviço. Algo que podemos constatar nas campanhas eleitorais, quando a economia se torna chave decisiva nos debates, nos discursos e, consequentemente, nas votações. O avanço das políticas de globalização neoliberais é o motor decisivo da progressiva economização de todas as esferas sociais e de suas dinâmicas e processos; bem como, cada vez mais, da tomada de decisões de cada pessoa.

Revoluções ecologistas dirigidas a mudar as políticas ambientais

Na atualidade, existe consciência de uma nova visão das relações do ser humano com seu meio natural. Todas as pessoas começam a ser conscientes da mudança climática, ou o que é o mesmo, da irracionalidade de como o ser humano vem interagindo com o meio; de como os modelos de produção dominante ao passo que enriqueciam algumas pessoas contribuíam para destruir nosso planeta, originando a destruição de espécies de toda classe, incluída a vida de muitas pessoas.

Obviamente, esse tipo de preocupação pela qualidade da vida de todas as espécies no planeta Terra terá, diariamente, maiores repercussões em nossa vida cotidiana e em nossos hábitos de consumo.

Revoluções políticas

Outras das grandes características do presente século são as revoluções em prol dos direitos humanos, fruto das lutas sociais para democratizar nossas sociedades.

No entanto, não devemos fechar os olhos diante da tarefa conservadora de levar numerosos grupos sociais ao emudecimento, sobre a base de discursos que tratam de enterrar a política, anunciando a morte de outros discursos verdadeiramente alternativos; vendendo uma "pretensa" morte da política em um mundo sem substância no qual as diferenças entre visões políticas antagônicas são substituídas por uma aliança entre "tecnocratas ilustrados". A política deixa de ser a arte do possível, o caminho para tornar realidade as aspirações humanas, para acabar se transformando em um rasteiro "possibilismo", que impossibilita pôr em funcionamento inovações e se arriscar a transformar a realidade. A política fica reduzida à mera administração.

Essa demonização da política por parte de grupos sociais com maior poder econômico e midiático deu como resultado o surgimento de uma espécie de "pós-moderna pós-política" (Zizek, 2007, p. 30); no sentido de não unicamente reprimir o discurso e o debate político entre as diferentes concepções ou modelos de organizar nossa convivência e a sociedade em geral, mas também de excluir dos meios de comunicação, das livrarias e das bibliografias utilizadas pelos alunos aquelas obras que com sólidos e bem provados argumentos põem sobre a mesa outras concepções políticas que apostam pela construção de uma sociedade na qual todos os povos, todos os grupos sociais possam se considerar corresponsáveis uns dos outros. A ideologia da "pós-política" é traduzida na prática com o ocultamento e o silenciamento daquelas ideologias rivais, verdadeiramente preocupadas pela Justiça e, por conseguinte, por se negar a tomar as medidas pertinentes que permitiriam que todos os povos, grupos e pessoas sejam objeto de políticas justas de *reconhecimento*, de *redistribuição* e de *participação* (Fraser, 2006).

À medida que a política se oculta, significa que é uma única ideologia a que se torna hegemônica, pensamento único, dogma religioso que não admite debate, mas apenas uma tomada de decisões tecnocráticas. As personalidades políticas eleitas, mais ou menos democraticamente, naqueles países que se declaram democráticos, teriam delimitado seu papel a debater entre um reduzido conjunto de soluções técnicas e, logicamente, podendo ser escutados exclusivamente os especialistas legitimados, de modo oportuno, pelas instituições de vigilância do pensamento ortodoxo (universidades, centros de pesquisa oficiais, institutos e academias científicas).

Revoluções estéticas

Poucas vezes na história houve mais debate em tudo o que se relaciona com a cultura e com a arte. No século XX ocorrem tanto revoluções quanto ideologias e visões do mundo diferentes existem e quanto conflitos sociais se desenvolvem. Todas as profundas comoções sociais e políticas são acompanhadas pelas revoluções estéticas.

Esses tipos de rebeliões podem ser visualizados de um modo mais contundente no debate acerca da "cultura popular"; das reivindicações das ideologias progressistas e dos novos movimentos sociais, expondo enormes desvios e, sobretudo, como a construção das diferenças culturais (Bourdieu, 1988) é uma das estratégias por meio da qual as classes sociais mais poderosas formavam um mundo a sua medida. Todos aqueles conhecimentos, técnicas, crenças, artefatos, objetos e criações artísticas que costumam ser etiquetados como "cultura popular", geralmente coincidem com o que são o resultado do trabalho de pessoas, pertencentes a grupos que ocupam posições de poder subalternas; grupos que, não podemos ignorar, lutam e reivindicam seus direitos.

Todo esse conhecimento silenciado ou ignorado tem um enorme potencial para empoderar todos aqueles grupos sociais que o produzem e, além disso, contribuir para formar uma nova cultura global na qual a exploração e marginalização não possam ter lugar e, muito menos, ter a mínima possibilidade de obter legitimidade.

O resultado dessas revoluções estéticas é facilmente visível se atendemos aos numerosos movimentos artísticos que gozam de reconhecimento na atualidade. Movimentos que têm lugar em todos os campos: pintura, cinema, escultura, vídeo, mundo digital, informática...

Revolução nos valores

Há anos que Zygmunt Bauman (2003) nos revelou a vinda da *modernidade líquida*, na qual escasseiam os códigos que podem ser escolhidos como modelos de comportamento, como pontos de orientação estáveis. Derretem-se os vínculos entre as escolhas individuais e os projetos e ações coletivas. As pautas que dirigem as responsabilidades individuais já não são determinadas e aceitas pela maioria da população; ao contrário, existem muitas, se chocam entre si e seus mandatos se contradizem.

Em obras posteriores Zygmunt Bauman (2005a e 2005b) concentra sua análise na vida cotidiana e nas relações interpessoais. As pessoas têm medo de construir relações duradouras; a solidariedade apenas interessa em função dos benefícios que possa gerar. Pensar e se preocupar com os demais se transforma em desconfiança, quando não terror, diante de pessoas estranhas. O compromisso social firme, a construção do senso comunitário, é deslocado pela estética do consumo e por relações efêmeras, por uma vida líquida.

No entanto, no século XX e no recém-iniciado XXI, é preciso caracterizá-lo pela reconstrução dos laços de solidariedade. Nunca houve tal quantidade de movimentos sociais e de organizações não governamentais trabalhando por um mundo regido por novos valores de justiça, solidariedade e cooperação.

Revolução nas relações de trabalho e no tempo livre

É nas últimas décadas quando mais se está insistindo em que as relações de trabalho sejam mais humanas, justas e democráticas. As mobilizações dos trabalhadores, organizados em sindicatos, colocaram sobre a mesa a necessidade de prestar atenção a fenômenos que até pouco tempo passavam despercebidos, como o assédio laboral e escolar, o *mobbing*, etc.

A isso se deve acrescentar as demandas sobre horários de trabalho, cujas reivindicações se concentram na conciliação entre vida laboral e familiar.

O mundo do lazer é outra das peculiaridades das sociedades mais prósperas e desenvolvidas, o que obriga os Estados tanto a projetar políticas para dar atenção a isso quanto a preparar as pessoas para obter o maior proveito, para lhes ensinar a utilizar e desfrutar do tempo.

Revoluções educacionais

Essa é uma das revoluções das que tanto os professores quanto as famílias estão muito conscientes. Com demasiada frequência os sistemas educacionais sofrem grandes transformações. Muitas delas são mais em questão de aparência que de realidade, mas obrigam os professores e as famílias a dedicarem muito tempo e esforço para se porem ao par de seu conteúdo; algo que nem sempre conseguem.

As revoluções educacionais, no entanto, se sucedem em ritmos muito diferentes: de acordo com os países e, dentro de cada um deles, dependendo de cada grupo social, dos recursos destinados pela Administração a esse tema, da formação dos professores, dos materiais didáticos e redes de cooperação estabelecidos pelos próprios professores ou centros educacionais, etc.

As últimas décadas podem ser caracterizadas como as de uma progressiva *economização das políticas educacionais*, bem como de uma notável *empresarialização* da formação universitária e da pesquisa.

Na atualidade, não se pode pensar na educação sem assumir que a formação deve ser contínua, ao longo de toda a vida da pessoa. Mesmo assim, rompeu-se a exclusividade das instituições e dos espaços escolares incorporando numerosas redes e espaços extraescolares a essa tarefa educacional.

Diante de um panorama tão complexo, é imperativo colocar o tema dos conteúdos escolares, e das estratégias com as que trabalham, na mira das preocupações dos professores; é preciso ter presente quem seleciona esses conteúdos, e não outros, de que maneira e por quê. Edgar Morin (2001) aponta que um problema universal para todo o cidadão consiste em como obter o acesso à informação sobre o mundo e como obter a possibilidade de articulá-la e organizá-la; como perceber e conceber o contexto, o global (a relação todo-partes), o multidimensional e o complexo.

Não podemos ignorar que os sistemas educacionais foram e são uma das redes por meio das quais se produz a domesticação das populações, apesar de com uma intensidade muito variável, dependendo do grau de organização e de luta dos distintos grupos sociais que operam no interior de cada sociedade. Os sistemas educacionais são o grande instrumento através do qual se levaram adiante os processos de *imperialismo cultural*; uma das principais estratégias de opressão. As pessoas e culturas que "vivem sob o imperialismo cultural acham a si mesmas definidas a partir de fora, colocadas, situadas por uma rede de significados dominantes que experimentam como algo que procede de alguma outra arte, proveniente de pessoas que não se identificam com elas, e com as quais tampouco elas se identificam. Em consequência, as imagens do grupo estereotipadas e inferiorizadas, provenientes da cultura dominante, devem ser internalizadas pelos membros do grupo, pelo menos na medida em que estes estão obrigados a reagir diante da conduta de outras pessoas influenciadas por tais imagens. Essa situação cria para aqueles que estão culturalmente oprimidos a experiência que W.E.B Du Bois chamou 'dupla consciência'" (Young, 2000, p. 104); ou seja, a sensação de se ver sempre por meio dos olhos de outras pessoas e culturas.

Os professores precisam ser conscientes de que quando se fala de "cultura" e, efetivamente a partir das instituições escolares, da mesma forma que de "diferenças culturais", estamos utilizando categorias de análises e de valoração que carregam, implicitamente, em maior ou menor grau, funções políticas. As distintas culturas presentes em um mesmo território não comportam valorações e funções semelhantes; mas sim, ao contrário, traduzem relações de poder assimétricas entre os diferentes grupos sociais que geram e avalizam.

Quando falamos de minorias linguísticas, culturais ou étnicas, o que toda instituição escolar precisa é não ignorar os significados e as valorações que se atribuem nessa sociedade a cada um desses grupos sociais. É imperativo trazer à luz as dimensões políticas e ideológicas que condicionam o trabalho e a vida cotidiana nas escolas. Tarefa urgente em um mundo no qual a meritocracia e o avanço do positivismo nas políticas e pesquisas educacionais está cobrindo por completo as chaves que explicam desigualdades e injustiças na sociedade e, consequentemente, nas instituições educacionais.

Tenhamos em mente que as instituições escolares são um elemento a mais na produção e reprodução de discursos discriminatórios; no entanto, na medida em que essa instituição tem a função política de educar, pode e deve desempenhar um papel muito mais ativo como espaço de resistência e de denúncia dos discursos e práticas que no mundo de hoje e, de fato, dentro de seus muros continuam legitimando práticas de marginalização.

Todo esse tipo de revoluções apresenta novos desafios ao mundo da educação, tanto nas etapas de escolarização obrigatória quanto nas restantes. Os desafios são, além disso, obrigatórios, se temos em conta que cada vez é maior o número de instâncias e redes que disputam com as instituições escolares as funções que tradicionalmente eram da escola: informar e educar no mais amplo sentido da palavra. Algo obriga a socializar, estimular o desenvolvimento cognitivo, afetivo, moral; sem esquecer a preparação para o mundo laboral.

O mundo do saber e da cultura relevante deve ter um lugar primordial nas escolas, já que, entre outras coisas, é essa instituição que deve capacitar as novas gerações para que esta se depare com um mundo em que a luta pelo controle e pela privatização da informação e do conhecimento é cada vez maior.

A instituição escolar faz opções e valorações em cada um desses âmbitos das revoluções, mas *quem, por que, com que argumentos seleciona, de que modo, para quais finalidades...* São perguntas que o mundo da educação precisa responder nessas novas sociedades dos Direitos Humanos.

EDUCAÇÃO SEM CONTEÚDOS OU CONTEÚDOS FORA DE CONTROLE?

Em uma sociedade submetida a um grande número de transformações que afetam a vida de todas as pessoas, é chamativo que no momento de se propor qualquer reforma do sistema educacional os grandes debates e as urgências com as que se oprime os professores se circunscrevam a exigir deles que as próximas programações devem ser por competências; que é preciso pensar, programar, intervir e agir com a mente nas competências.

Ignora-se por completo o debate do conhecimento, dos conteúdos culturais que precisamos apresentar aos alunos para que possam entender nosso passado, o mundo do presente e, portanto, preparar-se em sua passagem pelas aulas para uma incorporação mais informada e ativa em sua comunidade, como cidadãos que são.

O conhecimento, os conteúdos culturais, é a categoria central esquecida nas políticas educacionais. Nem nas Administrações educacionais, nem nos centros de pesquisa se estão realizando rigorosos estudos que analisem e avaliem a informação que é apresentada aos alunos como conteúdos obrigatórios básicos. Conteúdos que, no entanto, apresentam-se como imprescindíveis para entender e poder participar como pessoas responsáveis nas distintas esferas sociais: no mundo do trabalho, da cultura, da economia, da política, para facilitar suas relações interpessoais, etc.

É muito surpreendente como desapareceu o debate sobre o conhecimento e sobre a epistemologia do núcleo das preocupações tanto da Administração quanto dos professores. É o debate relegado que permitiria ver de uma maneira importante como o sistema escolar está respondendo às necessidades das sociedades atuais. No fundo, é como se já houvéssemos chegado a um absoluto consenso acerca do que consideramos o conhecimento valioso, necessário e verdadeiro. Uma espécie de *fim da história da epistemologia*, servindo-me do famoso conceito de Francis Kukuyama referente ao "fim da história e do último homem".

Chama a atenção que seja unicamente a direita política, de modo especial, os grupos religiosos católicos mais fundamentalistas aqueles que parecem estar mais vigilantes dessa dimensão tão básica. Pensemos nas reações da Igreja, da Conferência Episcopal em seus protestos contra a perda dos valores religiosos, em especial, pela conversão da disciplina de Religião em matéria opcional; bem como em seu grande poder de influência sobre os governos de direita para convertê-la em matéria obrigatória. Recordemos, por exemplo, que durante o franquismo e logo com o Governo de José Maria Aznar, por meio da Lei Orgânica da Qualidade da Educação (LOCE, 2002), esta matéria passou a ter um grande peso no currículo de oferecimento obrigatório. Atualmente, a agressão contra a matéria *Educação para a Cidadania e os Direitos Humanos*, culpando o Governo de atentar contra a liberdade de consciência, de doutrinar ideologicamente as gerações mais jovens, é outro claro exemplo de como estão sempre vigilantes aos conteúdos que circula nas salas de aula. Sua meta é que unicamente esse setor conservador da sociedade seja quem possa selecionar e impor suas próprias cosmovisões religiosas.

É também a direita política quem tratará de evitar que determinados problemas e conteúdos sociais, culturais, econômicos, políticos e ecológicos de enorme atualidade não sejam tratados nas salas de aula. Relembremos como o Governo da Junta da Galícia, presidida na época por Manuel Fraga Iribarne, nos momentos da Guerra do Iraque e do desastre ecológico originado pelo petroleiro Prestige lançou suas famosas "Instruções da Direção Geral de Escolas e Ordenação Educacional sobre publicidade e propaganda nas escolas e outras questões formuladas em relação a seu funcionamento e regime político" (12 de março de 2003), com a finalidade de atemorizar os professores para que em suas aulas não se utilizassem esses problemas como foco de motivação para trabalhar de um modo transversal matérias como "Educação para a paz", "Educação moral e cívica" ou "Educação ambiental" que, naquele momento, propunha a lei em vigor, a LOGSE. A lei que o governo de José Maria Aznar aprova para substituir a LOGSE, a LOCE, faz desaparecer as matérias transversais. Obviamente tampouco nos conteúdos obrigatórios de nenhuma das disciplinas do currículo vai aparecer a mínima possibilidade de que os alunos possam estudar, refletir e debater sobre assuntos sociais, políticos, culturais, econômicos e morais de maior atualidade.

Não esqueçamos que essa "vigilância" sobre a ortodoxia dos conteúdos irá se acentuar ainda mais pelas principais editoras de livros didáticos. Algumas porque dependem diretamente de determinadas ordens religiosas, outras porque desejam vender seus materiais didáticos nas escolas privadas e concertadas, a maioria destas também dependente de comunidades religiosas.

Das políticas dos governos da Democracia pode-se dizer que têm autêntico temor de abrir o debate público sobre a cultura, sobre quais conhecimentos são mais imprescindíveis para entender nosso passado, o presente e, portanto, para debater democraticamente em direção a que tipo de mundo queremos caminhar; ou, o que é o mesmo, que tipo de cidadãos pretendemos educar para formar sociedades mais abertas, mais democráticas, justas e solidárias.

Na medida em que esse debate não apenas não se abre, como também é impedido com o fato de os governos de plantão imporem listas de conteúdos declarados obrigatórios, ou inclusive, com maior cinismo, nomeá-los como conteúdos mínimos, os próprios professores deixam de torná-los em um de seus prioritários focos de atenção.

Assume-se que vivemos em uma sociedade que denominamos do conhecimento, mas, contrariamente ao que a lógica indicaria, esse aspecto é o que menos preocupa analisar: em que medida a informação cultural oferecida aos alunos é atual, relevante, pertinente, incorpora distorções, ausências, etc.

Um exemplo de até onde nos leva essa falta de debate pode ser constatado nas Ordens Ministeriais *pelas quais se estabelecem os requisitos para a verificação dos títulos universitários oficiais que habilitam para o exercício da profissão de Professor de Ensino Fundamental e Médio* (BOA, de 29/XI/07). Ordens nas quais se abandona a linguagem científica, a denominação das áreas de conhecimento e disciplinas pelas quais se vêm classificando os saberes científicos, e se opta por denominações ou, de fato, "módulos" como: "Processos e contextos educacionais", "Sociedade, família e escola", "Aprendizagem e desenvolvimento da personalidade", "Inovação docente e iniciação à pesquisa educacional", e como descrição de cada módulo uma lista de competências completamente confusa. Lista na qual não se informa quem e de que forma a construíram; sobre a base de que pesquisa.

De acordo com o MEC e, imagino, que a proposta dos grupos que o assessoram, falar de "Psicologia evolutiva", "Teoria da educação", "Didática geral", "Organização escolar", "Sociologia da educação", "Economia da educação", "História da educação", "Sociologia da infância", "Novas tecnologias educacionais", "Educação especial", "Estatística", "Didática da matemática", "Didática das ciências", "Didática da expressão corporal", etc., já não serve para nos entendermos. Já não tem sentido a Classificação Decimal da UNESCO?

A partir do próprio Ministério se incentivam modos completamente novos até para rotular e, em consequência, agrupar o conhecimento. Modos nos quais tal seleção e organização da cultura se realizam sem o menor rigor científico e epistemológico. A criatividade sem substância é uma das ameaças maiores, da qual a Administração parece não ter se dado conta e, muito menos, imaginar quais possíveis efeitos pode acarretar na formação universitária das próximas gerações.

Agora, o submetimento ao mercado de trabalho, e obviamente aceitando sem titubear como único modelo o capitalista, é o único critério para a seleção dos módulos e blocos de conteúdo. Busca-se apenas o conhecimento prático, com aplicação imediata no mundo da produção, de modo que rapidamente se possa quantificar seu valor em função dos resultados econômicos que possibilita.

Falar de ciência básica, por exemplo, está começando a ser um exemplo de pesquisador ingênuo ou uma espécie de novo ser extraterrestre. Esquecendo, em consequência, que muitos descobrimentos científicos tardaram a ser utilizados de um modo economicamente produtivo, mas que na atualidade são imprescindíveis. Pensemos, por exemplo, em numerosas fórmulas matemáticas, na invenção do *laser*, dos primeiros computadores, etc.

Desde que os discursos de Bolonha e a convergência no espaço europeu da educação superior se apoderaram das políticas educacionais, um dos conceitos com o qual trata de nos convencer é o de que as competências começarão a resolver todos os problemas.

Pelo contrário, o debate acerca das funções do sistema educacional, de cada uma das etapas e níveis, oculta-se por completo e em seu lugar se recorre a *slogans* e frases vazias como "vincular a escola, o instituto ou a universidade à sociedade". Mas não se esclarece o que é a "sociedade". Parece que esse debate é objeto de outros momentos e lugares, pois tampouco podemos ignorar como em outros documentos "europeus" e nos discursos lançados pelos Governos e Conselhos, costuma-se dizer de um modo muito explícito que o que preocupa é a empregabilidade; ou seja, submeter os colégios, os institutos, a universidade e seus centros de pesquisa às demandas e necessidades das indústrias e empresas multinacionais.

O discurso das competências se torna, da mesma forma que na *Odisseia* de Homero, o "canto das sereias" ou propaganda para entreter os professores, os quais, apesar de dedicar muitas horas para se esclarecerem sobre seu significado e operatividade, acabarão firmemente se dando conta de que assim seus problemas não são resolvidos, nem muito menos as dificuldades e a falta de interesse de muitos estudantes pelo conhecimento.

Uma análise mais detalhada das medidas que nas últimas décadas vêm sendo promovidas pelas principais instituições mundialistas encarregadas de controlar os governos (como, por exemplo, a OCDE, o Banco Mundial, o Fundo Monetário Internacional, a Organização Mundial do Comércio, etc.) permitiria constatar com facilidade como os sistemas educacionais parecem ter como principal e, inclusive, único objetivo preparar os alunos para competir por postos de trabalho no atual sistema capitalista. Objetivo que se concretizaria em uma reorientação dos conteúdos e das tarefas escolares marcada pelo recorte dos conteúdos das humanidades e artes e, por outro lado, pelo reforço daqueles conhecimentos e habilidades que melhor capacitem para encontrar um posto de trabalho. Um sistema educacional destinado a produzir "capital humano", mas não seres humanos preocupados pelos assuntos públicos: a justiça e a equidade em nossas sociedades, as formas de discriminação e marginalização, os modelos e estruturas de participação democrática, as repercussões de determinados modelos de globalização, o aquecimento global, as guerras do petróleo, a opressão de determinadas etnias, o neocolonialismo cultural, político e econômico, a fome e as doenças em determinadas zonas do planeta, etc.

Vemos, assim, de que forma as *Reuniões de Ministros de Educação do G 8*, em um de seus últimos pronunciamentos públicos, a "Declaração de Moscou" de 2 de junho de 2006, destacam essa dimensão mercantilista do conhecimento quando ao se referir aos sistemas educacionais mostram sua preocupação não por todas as disciplinas, mas sim unicamente por "elevar os padrões em matemática, ciências, tecnologia e idiomas estrangeiros" (Artigo 13). Não aplicam essa mesma recomendação a matérias como filosofia, literatura, sociologia, música, arte ou educação física. Disciplinas e áreas de conhecimento que dia a dia perdem peso no sistema educacional.

De igual modo, desde 1983, em que se constituiu em Paris a "Mesa Redonda Europeia de Empresários" (*The European Table of Industrialists*, ERT), um dos mais influentes *lobbies* empresariais no âmbito da União Europeia, e entre cujos principais integrantes encontramos diretores de grandes empresas multinacionais como Telefonica, Volvo, Nestlé, British Airways, Rolls-Royce, BP, Heineken, Philips, Pirelli, Bayer, Volkswagen, Nokia, Danone, Renault, etc., um de seus focos de atenção tem também o âmbito da educação como eixo. O forte peso desse tipo de empresa multinacional nas economias dos países europeus facilitam que se possa pressionar com eficácia os governos para orientar cada vez mais as políticas educacionais e de pesquisa em direção aos setores produtivos que eles representam.

Em consequência, produz-se uma subjugação das finalidades da educação pública aos interesses materiais, culturais e ideológicos das grandes multinacionais e grupos sociais conservadores.

Essa nova racionalidade economicista é contemplada como uma das melhores estratégias para ajustar a formação dos professores e das aprendizagens dos alunos às demandas do mercado.

É bastante visível o avanço do que podemos denominar como *hipertrofia da formação prática* frente a formação teórica, a qual, implicitamente, parece ser considerada como pouco confiável. Produz-se uma exaltação da experiência e da prática contrapondo-a à teoria. A perda do debate epistemológico (Young, 2008) é, talvez, a dimensão que melhor está contribuindo para esse tipo de perigosas disfunções nos sistemas educacionais.

Essa *hipertrofia da prática* contribui para deixar os professores pelo menos sem preocupação por revisar e contrastar seus marcos teóricos, de modo que possa ter um maior rigor no momento de analisar e valorizar sua prática. Igualmente, esse olhar apenas para o que tem aplicação prática liga-se às necessidades do mercado, sem acesso a outra classe de informação mais relevante e imprescindível para melhorar a sociedade e a vida em nosso planeta.

Um dos maiores perigos da linguagem das competências é o de tratar de melhorar unicamente as metodologias didáticas, agindo nas tarefas escolares. Esse tipo de linguagens orienta todo o debate em direção a essa dimensão mais prática do conhecimento. Obviamente, a educação profissional e a universidade têm entre seus objetivos formar profissionais destinados a resolver as necessidades de trabalho e produtivas que nossa sociedade exige. Mas, especialmente, no caso da universidade suas finalidades não se esgotam aí, mas também na criação de novos conhecimentos, de uma pesquisa rigorosa de conhecimentos que não sabemos qual será sua utilidade mais imediata. No entanto, são conhecimentos que surgem da reflexão metódica, do debate, do exercício da crítica sobre a base de problemas e desafios que surgem a partir dos campos nos quais o conhecimento vem organizando e que se espera com capacidade de resolver problemas do presente. É desse modo como se produz o conhecimento que, além disso, permite propor hipóteses e utopias acerca do futuro da humanidade.

Um sistema educacional preocupado com a educação dos cidadãos (e não apenas com incluir essa meta como disciplina de curta duração e com alguns conteúdos muito tímidos) tem que ser consciente de que essa tarefa representa prestar muita atenção aos conteúdos culturais que obrigatoriamente são oferecidos aos alunos. Educar cidadãos e cidadãs informados, críticos, responsáveis, democráticos e solidários obriga a lhes facilitar informação relevante e atualizada que os torne conscientes de seus direitos, e não apenas de seus deveres. É urgente educá-los para compreender como funciona nossa sociedade, tanto em seus níveis locais quanto estatais, europeus e como membros de um mundo global, mas enormemente injusto. As gerações mais jovens do presente devem aprender o que significa a democracia e a se comportarem como pessoas democráticas tanto nas escolas quanto em seus lares, bairros, cidades, nos lugares de trabalho, nas instituições comunitárias...

Os conteúdos das distintas matérias devem servir, entre outras coisas, como apontam Jean Rudduck e Julia Flutter (2007, p. 116), para "aprender acerca da cidadania em uma estrutura que lhes permita ter experiência dos princípios da cidadania".

POLÍTICA DE IMPLÍCITOS E PRESUNÇÃO DA IGNORÂNCIA DOS PROFESSORES

Temos um sistema educacional que apresenta disfunções nas análises que comparativamente vêm sendo realizadas pelos organismos internacionais, apesar de não tão grandes como a direita política costuma manifestar, sobre a base de uma exagerada interpretação de algum dado estatístico daqueles que geralmente são divulgados pela imprensa menos especializada. Tenhamos em mente como cada um dos jornais que circulam na Espanha, de acordo com qual seja a cor política do grupo empresarial por trás, realiza valorações enviesadas dos relatórios PISA ou das estatísticas acerca do número de estudantes que evade ou fracassa em algum momento da vida acadêmica.

Existe um segmento dos professores que tem dificuldades para saber em que consiste essa profissão, já que com demasiada periodicidade são obrigados a incorporar conceitos e modelos educacionais que são fruto de importações de países ou organismos internacionais, mas que tampouco vêm precedidos de pesquisa e experiências práticas que tenham demonstrado sua eficácia e a oportunidade de sua adaptação para o sistema escolar da Espanha, por exemplo.

Na realidade, as reformas educacionais que cada governo vem legislando em sua passagem pelo poder, se algo têm em comum é que, em seus discursos mais implícitos, quase sempre consideram os professores como ignorantes ou incapazes; daí que cada lei venha acompanhada de uma "nova" gíria de conceitos e modelos específicos para melhorar o trabalho dos professores em suas escolas. No fundo, parte-se de que os conhecimentos que eles vêm utilizando, o que aprenderam nas faculdades, escolas de verão, grupos de trabalho nas escolas, etc., não serve. Daí as modas terminológicas, as filosofias educacionais que cada Reforma propõe e impõe.

Estamos diante de políticas educacionais que desorientam os professores de todos os níveis do sistema educacional. Característica que, acredito, é a primeira vez que produz. Tanto os professores de educação infantil, quanto os de ensino fundamental, médio e universidade se encontram com uma nova linguagem especializada que nunca antes haviam utilizado. Em consequência, as Faculdades de Ciências da Educação são apresentadas como lugares nos quais o que nelas se ensina e pesquisa não serve para nada. Uma prova disso é que essas novas linguagens não vinham sendo objeto de atenção nem na docência nem por parte dos grupos de pesquisa sobre competências. Esses centros de formação e atualização aparecem, em consequência, diante dos próprios professores e sociedade como espaços nos quais o conhecimento aí presente está completamente defasado e que, menos mal, a Administração sempre está disponível para oferecer a luz, o conhecimento verdadeiramente útil e, inclusive diríamos, de qualidade.

Sob a proteção dessas políticas, responsabiliza-se exclusivamente os professores da eficiência, dentro dessa lógica instrumentalista do conhecimento. Durante seu processo de formação lhes é oferecido um tipo de conhecimento e saber, que a legislação imediatamente posterior a sua incorporação ao sistema educacional irá contradizer. Portanto, passa a considerá-los incompetentes, sem formação e, inclusive, a sugerir, de modo implícito, que sua trajetória como profissionais no sistema educacional estava completamente errada, que não servia, que não era útil para nada.

É o Estado quem unicamente está legitimado para oferecer soluções. Há alguns anos se dizia aos professores que a chave da melhora da qualidade da educação estava em saber formular adequadamente os objetivos, recorrendo para isso à mitificação do modelo de taxonomias de aprendizagem. Alguns anos mais tarde, descarta-se esse modelo que a pesquisa pedagógica e a prática docente, há anos, já havia mostrado sua ineficácia, e se propõe a boa nova do construtivismo. Este seria o modelo que ajudaria definitivamente a resolver os problemas da sala de aula e das aprendizagens dos alunos. As duas leis seguintes, a LOCE, mas especialmente a LOE, desfazem os esquemas vigentes e oferecem uma nova tábua de salvação: as competências.

Estamos diante do padrão de uma Administração que sempre sabe que tipo de conhecimento profissional é o que os professores necessitam para resolver qualquer problema com o qual se possa deparar nas salas de aula; quais teorias e modelos pedagógicos são os adequados e, implicitamente, quais não. Algo que se choca com as comunidades científicas implicadas no estudo e na pesquisa desses temas nas quais não existe tais consensos.

São reformas centralizadas, justificadas com uma linguagem dominantemente tecnocrática, mas na qual, pelo menos nas duas últimas, LOCE e LOE, não estão visíveis os especialistas que as projetam e, obviamente, avaliam. Impõem-se políticas que prescrevem até o mínimo detalhe o que os professores devem fazer nas escolas: matérias, objetivos de etapa, de área, procedimentos, competências básicas; como realizar as programações e quando, como avaliar, bem como comportamentos que os alunos devem manifestar. Além disso, à medida que, nos últimos anos a Administração está tornando os livros didáticos gratuitos, nessa medida os professores também constatam que se lhes dá tudo feito, que não devem tomar decisões, ou pelo menos não aquelas que até há pouco eram as que caracterizavam sua personalidade: como ensinar, com quais recursos, com quais estímulos, de que modo deve organizar a aula, a administração do tempo, como realizar uma avaliação contínua e formadora, que papel eles desempenhariam em aula, e com cada estudante em particular, etc. Todas essas tarefas já vêm projetadas e decididas pelos livros didáticos; livros autossuficientes, nos quais até os professores se tornam em mais um estudante.

A política de gratuidade dos livros didáticos faz com que os professores nessa ocasião não se mostrem demasiado preocupados por algo que deles é exigido, como é o trabalho por competências. Sabem que os livros didáticos se encarregarão, uma vez mais, de interpretar essa filosofia para torná-la, de novo, em um *slogan* com o qual denominar ao que sempre se fez e, o que é mais surpreendente, as mesmas tarefas que os livros didáticos de anos anteriores vêm propondo. Os livros didáticos não impõem precisamente o que temos que pensar, mas sim sobre do que se deve pensar e o que tem valor. São um dos grandes instrumentos da formação do sentido comum das populações, para conseguir o consentimento e ajudar a perpetuar o *status quo*. Mas nesse último tipo de reflexão, é uma das tarefas pendentes em nosso contexto.

Já foi relegado a *slogan* aquilo do "currículo aberto e flexível", a figura do corpo docente pesquisador nas aulas... Daí, por exemplo, que até meios de comunicação propõem modelos pedagógicos que nem a própria Administração educacional propõe; como é o caso do famoso programa de TV, em horário de máxima audiência, durante o ano de 2007: *"Você é mais esperto que um aluno de 5ª série?"*. Programa criado pela multinacional norte-americana FOX (*"Are You Smarter Than a 5th Grader?"*) no qual as pessoas adultas, muitas delas com títulos universitários, dos mais variados, competem com crianças que cursam essa etapa, se veem sempre obrigados a reconhecer que "sei menos que uma criança do ensino fundamental". Programa no qual, além disso, aproveitava-se para "legitimar" práticas como "colas", "cópias", "resumos", apresentando-as como ajudas que os estudantes prestavam àqueles que competiam para demonstrar que dominavam perfeitamente esses mesmos conteúdos culturais que os livros didáticos veiculam.

Qualquer estudante, depois de ter visto esse programa-concurso, não irá acreditar em seus professores quando, no dia seguinte, nas aulas, este trate de convencê-lo de que deve estudar os conteúdos que o programa apresenta. A noite anterior já chegou à conclusão de que não são tão indispensáveis como os professores dizem, pois ele já viu que não são imprescindíveis para ter êxito como adultos na vida laboral, cultural e social.

São muitas as pesquisas e análises que há décadas vêm argumentando a necessidade de outras concepções de ensino e aprendizagem, sobre a necessidade de reconhecer o conhecimento que, em sua experiência cotidiana nas escolas, os professores geram. Existe um alto grau de consenso entre aqueles que se dedicam a pesquisar a implementação das reformas educacionais, em que estas têm muitas probabilidades de fracassar quando são elaboradas à margem da opinião dos professores; de ficarem reduzidas à mera burocracia e a um conjunto de conceitos e de terminologia que todo o mundo aparenta assumir, sob os quais organizam o trabalho em sala de aula, mas que cada docente interpreta a sua maneira e que, na prática, apenas alteram o tipo de modelo educacional com o qual há anos vêm trabalhando.

Durante as últimas décadas temos reclamado e chamado a atenção acerca da necessidade de dispor de diagnósticos claros e certeiros do modo de funcionar nosso sistema educacional, baseados nas necessidades e diagnósticos que as escolas e os professores percebem no momento de desempenhar seu trabalho. Quais são as explicações que os professores oferecem ao que ocorre no sistema educacional? Quais dificuldades encontram no momento de se envolverem e colocarem em prática inovações educativas? Qual grau de colaboração percebem por parte da Administração? Quais mudanças aconselham introduzir na legislação educativa com base em sua experiência? Quais diferenças existem entre as distintas escolas em função dos contextos socioeconômicos nos quais estão inseridas, o tipo de aluno que recebem, os conteúdos reais de cada área de conhecimento ou disciplina...?

Não é habitual, mas deveria ser, que a Administração informe sobre os estudos e as pesquisas nos quais se baseia para introduzir mudanças no sistema educacional. Tampouco ela promove projetos de inovação educacional que tratem de pôr em ação, antes de se tornarem lei, aquelas medidas que serão propostas como chaves para transformar e melhorar a qualidade do sistema escolar do qual são politicamente responsáveis.

Creio que podemos constatar uma certa anestesia, inclusive uma resistência ativa do corpo docente, inclusive dos setores mais politizados e progressistas dos professores, às inovações que a Administração trata de impor. Sua memória coletiva o leva a recordar décadas passadas em que os Movimentos de Renovação Pedagógica promoveram uma interessante cultura pedagógica sobre a base de introduzir novos recursos didáticos nas salas de aula, novas fontes de informação, aprenderam a trabalhar por projetos, com unidades didáticas globalizadas, com centros de interesse, projetos interdisciplinares, etc. Seu motor de mudança e renovação era tornar mais relevante e atual o trabalho dos alunos, sobre a base de selecionar conteúdos culturais de maior atualidade e rigor.

Quando os professores percebem que toda e qualquer inovação que realizam é criticada; que tampouco os benefícios esperados quando se põem em prática alguma filosofia ou metodologia vinda da Administração como "salvadora" são alcançados; ou quando constatam que na seguinte mudança ministerial se declara que o sistema não funciona e que os professores devem aprender uma nova nomenclatura, é muito fácil que o corpo docente profissional acabe por cair em um certo cinismo, ou por se sentir desmoralizado e, seguidamente, desmotivado (Torres Santomé, 2006).

As questões importantes em educação, como destaca Michael Fullan (2002, p. 36), não podem ser impostas por mandato e, o que é mais importante, "quanto mais se tenta especificá-las, mais os objetivos são restringidos. Os professores não são técnicos".

No momento presente parece que não podemos falar com propriedade da existência de políticas educacionais, mas sim de políticas de gestão; daí a obsessão pela avaliação e pelos indicadores de rendimento. O que não é obstáculo para afirmar que a avaliação é uma exigência dos professores e da Administração. A prestação de contas é algo moral e politicamente obrigatório para todas as instituições públicas. O problema está em que na Espanha os modelos de avaliação que vêm sendo implementados são todos externos, os que realmente contam e se tornam públicos; e, o que também é injusto, baseiam-se unicamente nos resultados dos alunos. Não são tomados em consideração os contextos em que estão inseridas as escolas, o tipo de aluno, as histórias pessoais de cada estudante, os recursos disponíveis...

As reformas educacionais requerem uma maior colaboração, interação e confiança entre governantes, especialistas das universidades, professores dos diferentes níveis e áreas do conhecimento. Obrigam a mudar as culturas das aulas, das escolas, das universidades, das Administrações educacionais de uma base democrática, com debate constante e com confiança no outro; especialmente depois de anos em que cada grupo pratica a política do descrédito e da incapacidade das demais instâncias envolvidas na educação.

Trabalhar no campo da educação representa compartilhar as certezas, dúvidas e ignorâncias em um clima de franca comunicação e colaboração no momento de enfrentar qualquer um dos múltiplos problemas e incertezas que caracterizam o trabalho docente e as aprendizagens dos alunos. Como destaca Michael Fullan (2002, p. 37), "o problema principal da educação pública não é a resistência à mudança, mas sim a presença de demasiadas inovações impostas ou adotadas sem espírito crítico e de modo superficial, sobre uma base especialmente fragmentada".

Penso que poderíamos finalizar com a mesma conclusão de Wim Westera (2001, p. 87): "Provavelmente poderíamos ter chegado a essa conclusão antes dessa análise: quando tudo está dito e feito, os únicos determinantes das capacidades humanas são: *possuir* (conhecimentos), *sentir* (atitudes) e *fazer* (habilidades)".

NOTAS

1. Esse tema chegou a se tornar um hino dos movimentos estudantis contra os sistemas educacionais vigentes naqueles anos. Suas frases eram de uma enorme claridade e

contundência: "We don't need education./We don't need thought control./No dark sarcasm in the classroom./Teacher, leave those kids alone./Hey, teacher, leave those kids alone!/All in all it's just another brick in the wall./All in all you're just another brick in the wall".
2. "Art. 21. Avaliação geral de diagnóstico. Ao finalizar o *segundo ciclo da educação primária* todas as escolas realizarão uma avaliação de diagnóstico das competências básicas alcançadas por seus alunos. Essa avaliação, competência das Administrações educacionais, terá caráter formativo e orientador para as escolas e informativo para as famílias e para o conjunto da comunidade educacional". É uma prova a qual se submeterão todos os alunos de 10 anos, à exceção daqueles que se achem obrigados a alguma repetição.
"Art. 29. Avaliação geral de diagnóstico. Ao finalizar o *segundo curso da educação secundária obrigatória* todas as escolas realizarão uma avaliação de diagnóstico das competências básicas alcançadas pelos alunos. Essa avaliação será competência das Administrações educacionais e terá caráter formativo e orientador para as escolas e informativo para as famílias e para o conjunto da comunidade educacional". Nesse caso, estamos diante de uma prova à qual todos os alunos de 14 anos se submeterão, à exceção daqueles que tiverem feito alguma repetição que, logicamente, terão idade maior.
3. Pode-se consultar uma exaustiva listagem desse tipo de legislação na web no Escritório do Alto Comissariado das Nações Unidas para os Direitos Humanos, e assim obter informação mais detalhada (http://www2.ohchr.org/spanish/law/index.htm).

REFERÊNCIAS

BAUMAN, Zygmunt (2003), *Modernidad líquida*. Buenos Aires. Fondo de Cultura Económica, 2.ª edic.

_____ (2005a), *Amor líquido. Acerca de la fragilidad de los vínculos humanos*. Madrid. Fondo de Cultura Económica.

_____ (2005b), Liquid Life. Cambridge. Polity Press.

BECKER, Gary S. (1983), *El capital humano. Un análisis teórico y empírico referido fundamentalmente a la educación*. Madrid. Alianza.

BERNSTEIN, Basil (1998), *Pedagogía, control simbólico e identidad. Teoría, investigación y crítica*. Madrid. Morata.

BLOOM, Harold (1995), *El canon occidental. La escuela y los libros de todas las épocas*. Barcelona. Anagrama.

BOBBITT, John Franklin (2004), *O Currículo*. Lisboa. Didáctica Editora (1918, 1.ª edic.).

BOURDIEU, Pierre (1988), *La distinción. Criterio y bases sociales del gusto*. Madrid. Taurus.

CASTELLS, Manuel (1997), *La era de la información. Economía, sociedad y cultura. Vol. 1: La sociedad red*. Madrid. Alianza.

FRASER, Nancy (2006), "La justicia social en la era de la política de la identidad: Redistribución, reconocimiento y participación". En Nancy FRASER y Axel HONNETH: ¿*Redistribución o reconocimiento? Un debate político-filosófico*. Madrid. Morata, Fundación Paideia, págs. 17-88.

FULLAN, Michael (2002), *Las fuerzas del cambio. Explorando las profundidades de la reforma educativa*. Madrid. Akal.

GOODMAN, Paul (1976), *La des-educación obligatoria*. Barcelona. Fontanella.

HOLT, John (1976), *Libertad y algo más ¿Hacia la desescolarización de la sociedad?* Buenos Aires. El Ateneo.

HYLAND, Terry (1993), "Competence, Knowledge and Education". *Journal of Philosophy of Education*. Vol. 27, n.º 1, págs. 57-68.

ILLICH, Ivan (1974), *La sociedad desescolarizada*. Barcelona. Seix Barral.

MORIN, Edgar (2001), *Los siete saberes necesarios para la educación del futuro*. Barcelona. Paidós.

OURY, Fernand y PAIN, Jacques (1975), *Crónica de la escuela cuartel*. Barcelona. Fontanella.

REIMER, Everett (1973), *La escuela ha muerto. Alternativas en materia de educación*. Barcelona. Barral.

RUDDUCK, Jean y FLUTTER, Julia (2007), *Cómo mejorar tu centro escolar dando la voz al alumnado*. Madrid. Morata.

SANTOS, Boaventura de Sousa (2005), *La universidad en el siglo XXI. Para una reforma democrática y emancipadora de la universidad*. Buenos Aires. Miño y Dávila.

_____ (2007), "Human Rights as an Emancipatory Script? Cultural and Political Conditions". En Boaventura de Sousa SANTOS (Ed.) *Another Knowledge Is Possible*. Londres. Verso, págs. 3-40.

TORRES SANTOMÉ, Jurjo (2006), *La desmotivación del profesorado*. Madrid. Morata.

_____ (2007), *Educación en tiempos de neoliberalismo*. Madrid. Morata.

SILBERMAN, Charles E. (1970), *Crisis in the Classroom: The Remaking of American Education*. Nueva York. Random House.

VERCELLONE, Carlo (2004), "Las políticas de desarrollo en tiempos del capitalismo cognitivo". En Olivier BLONDEAU y otros: *Capitalismo cognitivo, propiedad intelectual y creación colectiva*. Madrid. Traficantes de Sueños, págs. 63-74.

WASHBURN, Jennifer (2005), *University, Inc.: The corporate corruption of higher education*. Nueva York. Basic Books.

WESTERA, Win (2001), "Competences in education: a confusion of tongues". *Journal of Curriculum Studies*. Vol. 33, n.º 1, págs. 75-88.

YOUNG, Iris Marion (2000), *La justicia y la política de la diferencia*. Madrid. Cátedra.

YOUNG, Michael F. D. (2008), *Bringing Knowledge Back In. From social constructivism to social realism in the sociology of education*. Londres. Routledge.

ZIZEK, Slavoj (2007), *En defensa de la intolerancia*. Madrid. Sequitur.

5

O DESEJO DE SEPARAÇÃO
As competências nas universidades[1]

Félix Angulo Rasco

> Porque o costume, na verdade, é um mestre violento e traidor. Estabelece em nós, pouco a pouco, às escondidas, sua autoridade; no entanto, por meio desse suave e humilde início, uma vez assentado e implantado com a ajuda do tempo, imediatamente descobre em nós um rosto furioso e tirânico, contra o qual não nos resta sequer a liberdade de levantar os olhos.
>
> Michel de Montaigne. *Ensaios*

Não deixa de me assombrar como algumas ideias ou algumas tendências se agarram, com bastante profundidade, nas práticas, pelo menos superficiais, de certas instituições e de seus membros responsáveis. Não importa o nível intelectual dos grupos e indivíduos ou da força, digamos assim, "burocrática" de sua estrutura organizacional; uma vez introduzida se estende e chega a ser adotada como um pensamento e uma prática comum. Quando isso ocorre não se costuma ir à origem da ideia, nem sequer se analisa com detalhe seu substrato *racional* e muito menos nos questionamos sobre o que tem de razoável. Não apenas aderimos à ideia, e a aderimos a nosso vocabulário e nossa ação, como também esperamos que novas propostas nos ajudem a melhorar a maneira como devemos adotá-la. Um desses casos é, a meu entender, o movimento em prol das competências em educação e, especialmente, na educação superior.

Não tenho a intenção de analisar *in extenso* todos os meandros do movimento pelas competências; outros trabalhos incluídos no livro o fazem. Como acabo de sugerir, minha pretensão é muito mais modesta; quero me centrar em situar e relacionar tal movimento em e com os atuais processos de mudança universitária, o assim denominado Espaço Europeu de Educação Superior. De qualquer forma, tampouco esperem uma revisão de todos os aspectos de tal espaço (Suplemento europeu, arquitetura das titulações, etc);[2] repito, o que me interessa é entender, até onde for possível, o papel do movimento de competências, dentro do mais geral processo de restruturação do ensino universitário, centrando-me especificamente nas implicações que representa e nas suposições nos quais se baseia o Relatório Tuning, que é, justamente, o que foi tomado como eixo por tal movimento. No entanto, como acredito que a crítica deve ter um valor orientador além do ato mesmo de criticar, exporei, ao final, umas poucas ideias alternativas que, além de racionais, espero que sejam especialmente plausíveis e necessárias para aqueles que queiram mudar ou começar a pensar outra maneira de entender o ensino universitário.

O ESPAÇO EUROPEU DE EDUCAÇÃO SUPERIOR (EEES)

Nos últimos dez anos tornou-se público uma série de documentos que, em conjunto, formam a base proposicional do EEES.[3] Em 1998 os Ministros da Educação da França, Reino Unido e Itália aprovaram a Declaração de Sorbonne, para a "Harmonização da Arquitetura da Educação Superior Europeia";[4] em 19 de junho de 1999 se assinou a Declaração de Bolonha, também pelos ministros da educação, com o propósito de estabelecer claramente o EEES no ano de 2010. A essas duas declarações, seguiu-se o Comunicado de Praga, de 2001, assinado, desta vez, pelos 33 Estados europeus, o Comunicado de Berlim, assinado em setembro de 2003, e o Comunicado de Benger, assinado por 45 países, incluindo os que recentemente aderiram.[5] Em conjunto, esses documentos fundacionais propõem e reiteram questões que chegaram a se tornar elementos comuns do discurso de reforma universitária. Deles surgem ideias como a convergência em graduações e pós-graduações, a facilitação da mobilidade de estudantes e professores, a adoção do European Credit Transfer System (ECTS), os processos para assegurar a qualidade das universidades, bem como a ênfase na aprendizagem ao longo da vida e na extensão e promoção *mundial* do sistema europeu de universidades.

O que chama a atenção, em função do objetivo desse capítulo, é que em nenhum deles aparece o conceito de competência tal como imediatamente se entendeu (como se indica no Quadro 5.1) aparecendo unicamente de modo lateral e secundário. Fala-se profusamente de "autoridades competentes" em determinados assuntos e de aumentar a competitividade em todos os documentos, mas não de *competência*. Apenas, e destaco que de forma marginal, o documento de Berlim (2003) o inclui da seguinte maneira:[6]

> Os Ministérios correspondentes proporão aos Estados-membros a elaboração de uma base comparável e compartilhada de qualificações para seus respectivos sistemas de educação superior que deverão descrevê-las em termos de carga de trabalho, nível, produtos da aprendizagem, *competências* e perfil (em diversas partes do documento).[7]

Um último exemplo: no documento recentemente publicado pela União Europeia denominado "Focus on the Structure of Higher Education in Europe 2006/2007", o termo *competence(s)* aparece cinco vezes (das quais apenas uma vez é empregada nos capítulos gerais e comuns), o de *competencies* outras cinco vezes e *competency* duas. Em um documento de 352 páginas, no qual se analisa a política Europeia para a Educação Superior, esses simples dados dão a medida de quão pouco importante é o discurso das competências (Quadro 5.1).

A primeira conclusão que podemos extrair é dupla. Primeiro, nos documentos fundacionais "competência" não é um conceito claramente delimitado nem eixo essencial do discurso; segundo, apenas se faz menção ao termo quando se propõe a criação de estruturas similares que permitam a equiparação de estudos universitários na Europa. Aqui poderíamos situar uma das fontes do movimento: as competências são um "componente" da atribuição de créditos, asseguramento da qualidade e da homogeneidade das titulações.

Se avançamos um pouco mais, no documento que resume as conclusões da reunião de Salamanca (2001), menciona-se que a reforma dos estudos universitários deverá ter repercussão nos currículos, as necessidades do mercado de trabalho europeu por meio das competências adquiridas para o emprego, e acrescenta:

> A *empregabilidade* na perspectiva de aprendizagem ao longo da vida está melhor servida por meio dos valores inerentes à educação de qualidade, dos enfoques diversos, do perfil dos cursos, da flexibilidade dos programas com múltiplos pontos de entrada e saída e do desenvolvimento de habilidades e competências transversais, tais como comunicação, linguagem, habilidade e mobilização de conhecimento, solução de problemas, trabalho em grupo e processos sociais.

Por último, os relatórios do Projeto Europeu Trends (2003)[8], e especialmente o terceiro, voltam a vincular competência a habilidades, com produtos da aprendizagem e com empregabilidade.

Assim, o conceito de competência surge unido – quando aparece – a duas questões-chave que subjazem ao EEES: a comparação/equiparação entre estudos e a importância da "empregabilidade" e o mercado laboral para orientar o conteúdo dos estudos.

TUNEAR A UNIVERSIDADE: O RELATÓRIO TUNING

Se apenas considerássemos o que até o momento analisamos, seria pelo menos curiosa a insistente presença do movimento de competências em razão de sua escassa notoriedade nos documentos oficiais. Necessitamos, para apre-

QUADRO 5.1
OBJETIVOS FUNDAMENTAIS DAS DECLARAÇÕES EUROPEIAS SOBRE A EDUCAÇÃO SUPERIOR

Cidade	Ano	Conteúdos
DECLARAÇÃO DE SORBONNE	1998	1. Melhorar a transparência internacional dos cursos e do reconhecimento das qualificações por meio de uma convergência gradual rumo a uma base comum de qualificações e ciclos de estudo. 2. Facilitar a mobilidade dos estudantes e dos professores na Europa e sua integração no mercado de trabalho europeu. 3. Projetar um sistema comum de graduações (*undergraduates*) e pós-graduações (mestrado e doutorado).
DECLARAÇÃO DE BOLONHA	1999	1. Adotar um sistema facilmente inteligível e comparável de graduações. 2. Implementar um sistema baseado essencialmente em dois ciclos universitários principais. 3. Estabelecer um sistema de créditos (como o ECTS). 4. Apoiar a mobilidade dos estudantes, professores e pesquisadores. 5. Promover a cooperação europeia no controle (*assurance*) de qualidade. 6. Promover a dimensão europeia na educação superior (em termos de desenvolvimento curricular e de cooperação institucional).
COMUNICADO DE PRAGA	2001	O comunicado de Praga enfatiza três elementos do Comunicado do Processo de Bolonha: 1. Promoção da aprendizagem ao longo da vida. 2. Envolvimento das instituições e dos estudantes de ensino superior. 3. Incrementação do potencial atrativo do ensino superior europeu.
COMUNICADO DE BERLIM	2003	Prioridades do Processo de Bolonha para os próximos dois anos: 1. Desenvolvimento do controle de qualidade a níveis institucionais, nacionais e europeus. 2. Começar a implementar os dois ciclos do sistema.

(*Continua*)

QUADRO 5.1
OBJETIVOS FUNDAMENTAIS DAS DECLARAÇÕES EUROPEIAS SOBRE A EDUCAÇÃO SUPERIOR *(continuação)*

Cidade	Ano	Conteúdos
COMUNICADO DE BERLIM *(continuação)*	2003	3. Reconhecimento das graduações e períodos de estudo, incluindo a concessão automática do Suplemento ao Diploma, livre de cargas a todos os graduados para o ano de 2005. 4. Elaboração de uma base geral de qualificações para o ensino superior europeu. 5. Inclusão do nível de doutorado como um terceiro ciclo no Processo. 6. Promoção de fortes laços de conexão e relação entre a educação superior europeia e a pesquisa europeia.
COMUNICADO DE BERGEN	2005	Nesse comunicado se ampliam as prioridades para 2005, concluindo: 1. Reforçar a dimensão social, removendo os obstáculos para a mobilidade. 2. Implementar os padrões e as linhas mestras do controle de qualidade, tal como especificado no relatório ENQA.[9] 3. Implementar a base de qualificações em nível nacional. 4. Premiar e reconhecer as pós-graduações em conjunto. 5. Criar oportunidades para desenvolver vias flexíveis de aprendizagem no ensino superior, incluindo procedimentos prévios de aprendizagem.

Fonte: Focus on the Structure of Higher Education in Europe 2006/07 National Trenes in Bologna Process-2007.

sentar o panorama, invocar um documento que foi – pelo menos no campo da educação superior – peça-chave e combustível constante do movimento de competências. Estou me referindo ao Projeto Tuning Educational Structures in Europe (González e Wagenaar, 2003, 2006). Não é um projeto centrado exclusivamente na projeção de competências; na realidade, pretende algo mais ambicioso: oferecer às universidades europeias esquemas eficientes de aplicação do "programa de Bolonha".

> O enfoque Tuning consiste em um metodologia para reprojetar, desenvolver, implementar e avaliar programas de estudos para cada um dos ciclos estabelecidos em Bolonha, de tal maneira que possa ser considerado válido mundialmente, posto que foi testado em vários continentes com êxito confirmado.
>
> (*ibid.*, 2006, p. 1)

Tuning é criado para projetar uma nova arquitetura que cumpra as linhas básicas estabelecidas em Bolonha e válida além das fronteiras europeias. Dito em termos mais técnicos, Tuning se propõe a oferecer o modelo de projeto curricular essencial, padronizado, válido e eficaz. A médio prazo, tal modelo curricular padronizado possibilitará comparar titulações e estabelecer critérios de acreditação e avaliação padrão.

Para isso, e aqui entra em jogo o tema que nos ocupa, requer-se uma decisão prévia que é justamente a de desenvolver perfis profissionais, para distintos ensinos universitários, por meio da especificação e seleção de resultados de aprendizagem e "competências desejáveis em termos de competências genéricas e relativas a cada área de estudo incluindo habilidades, conhecimentos e conteúdo" (*ibid.*, 2003, p. 31).

O relatório apresenta uma série de justificativas para o uso de competências, dentre as quais destaco quatro, que considero mais importantes (González e Wagenaar, 2003, p. 34 e seguintes):

1. Incentivar a transparência nos perfis profissional e acadêmico das titulações e programas de estudo, promovendo maior ênfase nos resultados.
2. Desenvolver um novo paradigma centrado no estudante e a necessidade de encaminhá-lo rumo à gestão de conhecimentos.
3. Ampliar os níveis de empregabilidade e de cidadania.
4. Criar uma linguagem mais adequada para o intercâmbio e o diálogo entre os envolvidos.

Entre o primeiro e o quarto existe uma relação funcional. A posse de uma linguagem e de uma terminologia comum permite a comunicação fluida e gera, por sua vez, a concentração de tal diálogo nos perfis profissionais;

transparentes agora porque suas características e elementos constitutivos são evidentes e iguais, independentemente do país europeu e da universidade europeia envolvida.[10] Junto aos profissionais são mencionados os perfis acadêmicos, mas para compreender seu valor agregado, temos de nos deter na terceira justificativa. Nela, a empregabilidade (e a cidadania dela derivada),[11] converte-se em ponto central, pelo que voltamos ao que acabamos de dizer: os perfis profissionais são construídos no novo artifício comum para o ensino superior na Europa em razão de que propiciarão, justamente, a empregabilidade dos egressos do sistema. Ou dito de outra maneira: as competências presentes nos perfis profissionais são, em última instância, tanto uma linguagem comum estruturadora do EEES quanto o critério-chave para o mercado futuro de trabalho.

Como se pode ver, aqui não há subterfúgios. Aposta-se claramente em uma Universidade Europeia alicerçada no mundo empresarial e laboral. Mas não apenas isso. Por sua vez, oferece uma base comum de aplicação e de uso para as estruturas curriculares internas. O relatório insiste na liberdade das instituições universitárias; no entanto, não indica que a consequência inevitável, não tanto da arquitetura formal, mas sim do conteúdo interno da mesma, tende à homogeneização da *formação* universitária. Um requisito talvez essencial para sua avaliação, acreditação e controle, mas não para a criatividade, para a inovação e inclusive para a responsabilidade social. Voltaremos a falar sobre isso mais tarde.

Ainda nos resta um ponto para analisar. Tuning se ergue, por sua vez, como o impulsor do que denomina *uma mudança de paradigma* no qual se abandona – presumivelmente por obsoleta – a educação centrada no ensino, a qual equiparam com aquisição de conteúdos acadêmicos e que é a que se supõe que prevaleceu na universidade, por uma nova educação superior centrada na *aprendizagem*. Convém ressaltar esta última, porque se nos detivermos na retórica certamente perderemos de vista o que na realidade significa. Trata-se de insistir e enfatizar a aprendizagem, ou melhor dizendo: "os resultados de aprendizagem" e, por fim, uma avaliação que se basearia fundamentalmente nas "competências, capacidades e processos estreitamente relacionados com o trabalho e com as atividades que conduzem ao progresso do estudante e sua articulação com os perfis profissionais definidos previamente" (González e Wagenaar, 2003, p. 75).[12] Como se não houvesse ficado claro, o mesmo texto volta a destacar:

> As competências representam uma combinação de atributos (em relação ao conhecimento e suas aplicações, aptidões, destrezas e responsabilidades) que descrevem o nível ou o grau de suficiência com que uma pessoa é capaz de desempenhá-los. Nesse contexto, o possuir uma competência ou conjunto de competências significa que uma pessoa, ao manifestar uma certa capacidade ou habilidade no exercício de uma tarefa, pode

demonstrar que a realiza de forma tal que permita avaliar o grau de realização da mesma. As competências podem ser verificadas e avaliadas.

(*ibid.*, p. 80)

Recapitulemos: o futuro do EEES repousa na projeção de perfis profissionais que aumentem a empregabilidade dos alunos. Tais perfis serão compostos por um conjunto de competências genéricas e específicas para cada ensino, que dará estrutura uniforme ao currículo universitário em toda Europa.

Antes de passar à crítica, gostaria de revisar, apesar de brevemente, o que está ocorrendo em campos afins, no que tange, também, às competências.

ALÉM DE TUNING: O PROJETO DeSeCo

Não é concebível que apenas um relatório carregue consigo um movimento tão considerável. O certo é que vivemos em um momento temporal em que de diferentes frentes se está pressionando os sistemas educacionais do ensino fundamental até o superior, para que adotem o novo artifício. Uma das frentes mais importantes, para não dizer uma das que mais respaldo internacional possui, é o Projeto DeSeCo, auspiciado pela OCDE desde 1997. DeSeCo é uma sigla que significa *Definition and Selection of Competencies. Theoretical and Conceptual Foundations*, ou seja, "Definição e Seleção de Competências. Bases Teóricas e Conceituais".

> O objetivo do DeSeCo é a construção de uma ampla e compreensiva base conceitual de referência relevante para o desenvolvimento de competências baseadas no indivíduo para uma perspectiva de aprendizagem ao longo da vida, avaliar tais competências de forma internacional e desenvolver e interpretar os indicadores internacionalmente comparáveis.
>
> (Rychen e Hersh Salganik, 2003, p. 2)

E acrescenta: "o projeto se centra em competências que contribuam para uma vida de êxito ou exitosa (*successful life*) e para o bom funcionamento social" (*ibid.*, 2003, p. 3).[13]

Nessa proposta, da mesma forma que ocorre com o Relatório Tuning, faz-se menção ao mundo do trabalho, à qualidade do trabalhador e do trabalho, bem como a suas habilidades (*ibid.*, p. 21-23):

> As atividades relacionadas às competências no setor econômico incluem:
> 1. o desenvolvimento de competências ou habilidades como uma nova estratégia de emprego,
> 2. iniciativas e preocupações dos sindicatos,

3. perfis ocupacionais e análises de tarefas de trabalho,
4. eleição, por parte do empregador, de competências-chave.

No entanto, o conceito de competência que DeSeCo utiliza é bastante mais sofisticado e *denso* do que aquele utilizado no Relatório Tuning.

> Uma competência se define como a habilidade para enfrentar, com êxito, demandas complexas em um contexto particular por meio da mobilização de pré-requisitos psicológicos (incluindo tanto aspectos cognitivos quanto não cognitivos).
>
> (Rychen e Hersh Salganik, 2003, p. 43)[14]

É por isso que DeSeCo define seu enfoque como funcional e orientado para as demandas. São as demandas da vida cotidiana que cada aluno terá que enfrentar – demandas presumivelmente variadas – as que orientam, aqui, a ideia de competência.[15] Esta, no dizer dos autores dos relatórios, adquire um forte sentido holístico e ganha em complexidade.

DeSeCo selecionou três grandes campos que constituem as competências-chave:

- Uso interativo de ferramentas.
- Necessidade de interagir *em* e *com* grupos heterogêneos.
- Agir de modo autônomo.

O primeiro grupo se refere a *ferramentas* tão diversas como a linguagem e a novas tecnologias para poder interagir com o ambiente, o que representa um grande conhecimento das mesas adaptando-as a suas necessidades. O segundo grupo apela ao fato de que, em um mundo "crescentemente independente", os indivíduos devem se relacionar com outros grupos e indivíduos heterogêneos e diversos. O terceiro se refere às "responsabilidades que os indivíduos devem adquirir em suas próprias vidas, situando-as nos contextos sociais e agindo com autonomia" (DeSeCo, 2005, p. 5).

É impossível não estar mais de acordo com tais propostas, sem mais o que dizer. Na realidade, os três âmbitos que acabamos de citar procedem de uma linha de reflexão que pode ser detectada no famoso Relatório Delors (Unesco, 1996).[16] Nele se associará com a ideia de estimular "a criatividade" no ensino, e se distinguirão quatro âmbitos essenciais para a educação do século XXI:

- Aprender a conhecer (p. ex., desenvolvimento da razão).
- Aprender a fazer (p. ex., habilidades práticas e técnicas).
- Aprender a viver juntos (p. ex., habilidades de comunicação).
- Aprender a ser (p. ex., habilidades de gestão da própria vida).

A educação deveria transcender, portanto, "a visão puramente instrumental da educação considerada como a via necessária para obter resultados (dinheiro, carreiras, etc.)", reconsiderando a função que tem em sua globalidade e o papel que desempenha na "realização da pessoa, que, completa, deve aprender a ser" (Unesco, 1996, p. 76).

Não deveria parecer estranho que esse tipo de discurso volte a ser encontrado no Projeto DeSeCo. Quase 10 anos depois seguimos sem avançar muito, à exceção do fato de que onde antes falávamos de *aprendizagem* (aprender algo) agora falamos de "aquisição de competências" (Ver Quadro 5.2).

É certo que se pode dizer que o segundo relatório salienta mais o sentido prático do conhecimento, e por isso introduz a ideia de demanda e de atuação em um mundo complexo e diverso. Mas salvo pela menção direta à aquisição de conhecimentos, o Relatório Delors se mostra também sensível a essas inquietações. Além disso, é louvável o esforço intelectual e teórico que subjaz ao DeSeCo; retomado nas contribuições, algumas muito críticas, de um documento anterior (Rychen e Hersh Salganik, 2001) que, no entanto, não parece conectado com as propostas concretas.[17]

Assim, somos, a essa altura de nossa análise, obrigados a propor a pergunta que nos vem rondando há algumas seções anteriores: por que então utilizar o conceito de competência quando se poderia ter utilizado outros termos mais heurísticos e com raízes menos polêmicas? A pergunta não é fácil de ser respondida. Por exemplo, Pérez Gómez (2007) enfatiza que "o conceito de competências aqui defendido, como habilidade para enfrentar demandas externas ou desenvolver atividades e projetos de maneira satisfatória em contextos complexos, envolve dimensões cognitivas e não cognitivas: conhecimentos, habilidades cognitivas, habilidades práticas, atitudes, valores e emoções. É um conceito muito semelhante ao defendido por Schön (1983, 1987) como característico dos profissionais reflexivos: *o conhecimento prático*" (p. 11).

QUADRO 5.2
COMPARAÇÃO ENTRE O RELATÓRIO DELORS E O PROJETO DESECO

Delors (1996)	DeSeCo (2003)
Aprendizagens genéricas	Competências-chave
Aprender a conhecer	
Aprender a fazer	Uso interativo de ferramentas
Aprender a viver juntos	Interagir em grupos heterogêneos
Aprender a ser	Agir de modo autônomo

Independentemente de que os matizes introduzidos por tal autor, um pouco arbitrariamente, não se encaixam com o sentido utilizado por DeSeCo, por que não utilizar o conceito de conhecimento prático que, de maneira geral, é bastante mais rigoroso que o de competência e, além disso, possui uma maior "potência heurística?[18]"

FORMAÇÃO BASEADA EM COMPETÊNCIAS: ANTES DE TUNING

Comecemos pelo princípio. Da mesma maneira que o microensino e, posteriormente, o assim denominado *coaching*, o ensino baseado em competências (CBTE)[19] é uma modalidade de treinamento para a formação docente (Feiman-Nemser, 1990).[20]

A CBTE é um sistema de treinamento habilitado para que os professores desenvolvam ou adquiram um conjunto de competências estabelecidas, ou o que é o mesmo, o que os alunos deveriam saber, fazer e conseguir ao final de sua formação (Houston, 1987). Os progressos dos alunos são avaliados por meio das competências adquiridas; competências que apenas podem ser detectadas – por exemplo, avaliar – por meio das atividades dos alunos, de suas ações.

Olivia e Heinson (1980, p. 357-358) e Cooper (1980, p. 367) distinguem uma série de características da CBTE:

1. Requer especificação das competências, de tal maneira que possam ser medidas.
2. Insiste-se no progresso autônomo dos alunos.
3. A avaliação se baseia na atividade.
4. A instrução é planejada para a aquisição de competências.
5. Valorizam-se as experiências e os problemas reais.
6. Apoia-se no emprego de tecnologias multimedia.

Junto a essas características Olivia e Henson (1980, p. 358) especificam cinco âmbitos básicos de competência docentes:

- Destrezas de comunicação.
- Conhecimentos básicos.
- Destrezas técnicas.
- Destrezas administrativas.
- Destrezas interpessoais.

O que é similar entre os programas analisados e o CBTE é algo muito mais que circunstancial; como já indicamos em outro momento, parece que estamos voltando a repetir estratégias antigas parcialmente remodeladas. Daí onde se fala de competências docentes, deve-se falar agora de competências para os alunos, e perfis competenciais ou competências profissionais ao estilo Tuning. O CBTE tem uma forte influência no treinamento e no fato de que exige a especificação de *resultados avaliáveis*. A atividade ou metodologia do treinamento requer justamente conhecer de antemão o que se vai adquirir, aprender a dominar; seria impossível treinar alguém com certo sentido se não se tem em mente o que se quer conseguir com isso. Questão que se coaduna com a avaliação baseada em competências (*Competence-based assessment*), um sistema de avaliação centrado na especificação de um conjunto de "resultados" ou "produtos" (*outcomes*) (Wolf, 1995, p. 1 e seguintes), questão que nos leva, mais uma vez, ao mundo laboral.

LABOR OMNIA VINCIT: PERFIS E COMPETÊNCIAS PROFISSIONAIS

> As universidades devem estar a serviço da docência, mas também da economia e das empresas.
> Porta-voz dos Reitores das Universidades Espanholas
>
> (El País, 31/03/08)

Quando Alison Wolf (1995) expõe as raízes do CBA, especialmente na Inglaterra, afirma que podem ser encontradas nas reformas geradas com a introdução, em 1980, do National Qualifications-NVQ (1995, p. 9 e seguintes), com o objetivo de "estabelecer padrões reconhecíveis de competências relevantes para o posto de trabalho", selecionadas inicialmente pelas "organizações industriais, validadas nacionalmente e incorporadas como qualificações vocacionais" (*ibid.*, 1995, p. 15).[21]

Como exemplos, vejamos os quadros seguintes. No Quadro 5.3, são mostrados os níveis estabelecidos no NVQ desenvolvidos nos anos de 1990, nos quais se especifica para que está qualificado(a) – por exemplo, o que pode fazer – o trabalhador ou trabalhadora de acordo com seu nível de *qualificação*. O Quadro 5.4 é uma escala que classifica os indivíduos segundo seu nível de *formação geral* nas três áreas de raciocínio, matemática e linguagem. O que é interessante aqui é que analisadas em detalhe são semelhantes – formalmente – às *especificações* das competências *específicas* que começaram a ser empregadas no ensino universitário.

Por último, o Quadro 5.5 *define funções laborais* em razão de uma série de verbos de ação, também muito parecidos aos verbos que se encontram, repito, nos exemplos que se referem ao modelo de competências.

Os quadros nos indicam duas coisas. Uma evidente: que no mundo laboral o uso das especificações e níveis de competência em relação a postos de trabalho e a complexidade da tarefa a realizar é algo habitual que permite diferenciar, de modo "objetivo", títulos profissionais e ocupações laborais (Gallart e Jacinto, 1995). A outra menos aparente: os quadros representam

QUADRO 5.3
NÍVEIS DO "NATIONAL VOCATIONAL QUALIFICATIONS"

Nível 1	Competência na atuação sobre um variado nível de atividades de trabalho, a maioria das quais pode ser rotineira e previsível.
Nível 2	Competências em um significativo nível de atividades de trabalho variado, ação em contextos variados. Algumas das atividades são complexas e não rotineiras e existe alguma responsabilidade individual e autonomia. A colaboração com outros, por meio do pertencimento a um grupo de trabalho, pode ser, geralmente, um requisito.
Nível 3	Competência em um amplo nível de trabalho e atividades variadas em diversos contextos, muitos dos quais complexos e não rotineiros. Existe uma considerável responsabilidade e autonomia e o controle ou a direção da atividade de outros é, por vezes, requisitado.
Nível 4	Competência em um amplo nível de atividades de trabalho complexo, que envolve técnicas ou profissionais em contextos diversos e com um grau substancial de responsabilidade pessoal e autonomia. Requer-se, muitas vezes, responsabilidade para com o trabalho dos outros e a organização de recursos.
Nível 5	Competência que envolve a aplicação de um nível significativo de princípios fundamentais e técnicas complexas por meio de uma ampla e muitas vezes imprevisível variedade de contextos. Ampla e substancial autonomia pessoal, e responsabilidade significativa para com o trabalho dos outros e a organização de recursos, unida à responsabilidade pessoal para a análise, diagnóstico, projeção, planificação, execução e avaliação.

Fonte: Wolf, A. (1995) Competence-based assessment, p. 101. Open University Press.

o modelo formal empregado sempre que se quer identificar competências e especificá-las; em si mesma é uma planilha de avaliação.

Não pode ser agora descabido afirmar que o movimento de competências tem o *peso* institucional que tem em razão de que está entrelaçado com um processo de transformação muito mais político de mercantilização da educação em geral e da universidade em particular, de mão com o neoliberalismo (Ângulo, 1997; Whitty et al., 1999; Levidow, 2000) desde, pelo menos, os anos de 1980. Sem necessidade de entrar a fundo em todos os elementos que distinguem essa tendência, poderíamos ressituá-la em uma espécie de *remake* do denominado enfoque de capital humano (Becker, 1993; Lanzi, 2004; Robeyns, 2006). Conceituar a educação como capital humano é considerar que a educação relevante como fator de produção, o que supõe ao menos que a educação deverá criar habilidades e conhecimentos que "sirvam como um fator de produção econômica: A educação é importante porque permite aos

QUADRO 5.4
ESCALA DE DESENVOLVIMENTO DE FORMAÇÃO/EDUCAÇÃO GERAL

Nível	Desenvolvimento do raciocínio	Desenvolvimento matemático	Desenvolvimento da linguagem
6	Aplicação de princípios lógicos e científicos a uma ampla categoria de problemas intelectuais e práticos. Tratamento e utilização de simbologismo não verbal em sua ênfase mais complexa (fórmulas, equações científicas, gráficos, notas musicais, etc.). Tratamento e utilização de uma ampla gama de variáveis abstratas e concretas. Entender as classes mais abstratas de conceitos.	• **Cálculo avançado**: Trabalhar com limites, continuidade, sistema de números reais, teoremas e teoremas de função implícita. • **Álgebra moderna**: Aplicação de conceitos fundamentais da teoria de grupos, cadeias e campos. Trabalho com equações diferenciais, álgebra linear, séries infinitas, métodos de operações avançadas e funções de variáveis reais e complexas. • **Estatística**: Trabalho com estatística matemática, probabilidade e aplicações matemáticas, projeto experimental, inferência estatística e econometria.	• **Leitura**: Leitura literária, revisões de livros, revistas científicas e técnicas, "resumos", relatórios financeiros, documentos legais. • **Escrita**: Escrever contos, editoriais, revistas, manuais, discursos, críticas, poemas e canções. • **Fala**: Manter conversações sobre teorias, princípios e métodos com uma fala, voz, dicção e fonética efetiva e persuasiva. Manter discussões e debates.
5	Aplicação de princípios de pensamento lógico e científico para definir problemas, recolher dados, estabelecer fatos e desenvolver conclusões válidas. Interpretar uma variedade extensa de instruções técnicas em forma matemática ou diagrama.	• **Álgebra**: Trabalhar com exponentes e logaritmos, equações lineares, equações quadráticas, indução matemática, teoremas binominais e permutações. • **Cálculo**: Aplicar conceitos de geometria analítica, diferenciações e integração de funções algébricas com aplicações.	Igual ao Nível 6.

(Continua)

QUADRO 5.4
ESCALA DE DESENVOLVIMENTO DE FORMAÇÃO/EDUCAÇÃO GERAL *(continuação)*

Nível	Desenvolvimento do raciocínio	Desenvolvimento matemático	Desenvolvimento da linguagem
5 (cont.)	gramática. Tratar e usar muitas variáveis abstratas e concretas.	• **Estatística:** Aplicação de operações matemáticas a distribuições de frequência, confiabilidade e validade dos testes, curva normal, análise de variação, técnicas de correlação, aplicação de x^2, teoria das mostras e análise fatorial.	
4	Aplicação de princípios de sistemas racionais (máquinas de combustão interna, enfermagem, navegação, contabilidade) para solucionar problemas práticos e tratar com diversidade de variáveis concretas em situações em que exista padronização limitada. Interpretar uma diversidade de instruções em forma escrita, oral ou gráfica.	• **Álgebra:** Lidar com sistemas de números reais: funções lineares, quadráticas, racionais, exponenciais, logarítmicas, angulares, circulares e inversas; solução algébrica com equações e inequações; limites, continuidade, probabilidade e inferência estatística. • **Geometria:** Geometria axiomática dedutiva, plana e sólida; coordenadas retangulares. • **Matemática "comercial":** Aplicação prática de frações, porcentagens, razão, medida, logarítmicos, álgebra prática, construção geométrica e trigonometria básica.	• **Leitura:** Leitura de romances, poemas, jornais, revistas, manuais, dicionários, catálogos e enciclopédias. • **Escrita:** Preparação de cartas comerciais, exposições, resumos e relatórios, utilizando formatos normativos e em conformidade com as regras de pontuação, gramática, dicção e estilo. • **Fala:** Participação em painéis de discussão, dramatização e debates. Poder falar espontaneamente de uma diversidade de assuntos e matérias.

(Continua)

QUADRO 5.4
ESCALA DE DESENVOLVIMENTO DE FORMAÇÃO/EDUCAÇÃO GERAL (continuação)

Nível	Desenvolvimento do raciocínio	Desenvolvimento matemático	Desenvolvimento da linguagem
3	Aplicar compreensão de sentido comum para realizar instruções em forma escrita, oral ou gráfica. Lidar com problemas que suponham muitas variáveis reais em situações padronizadas.	• **Calcular:** Descontos, juros, benefícios e perdas, comissões, preços de venda; proporções e porcentagens, superfícies, volumes, pesos e medidas. • **Álgebra:** Calcular variáveis e fórmulas, monômios e polinômios, razão e variáveis proporcionais raízes quadradas e radicais. • **Geometria:** Calcular figuras planas e sólidas; circunferências e volumes. Compreender as classes de ângulos e as propriedades de pares de ângulos.	• **Leitura:** Ler uma variedade de romances, revistas, atlas e enciclopédias. Ler receitas e instruções no uso e manutenção de equipamentos e instrumentos de lojas; ler métodos e procedimentos de desenho linear e edição. • **Escrita:** Escrever relatórios e ensaios, atentando para a pontuação, ortografia e gramática adequadas, usando todas as partes da linguagem. • **Fala:** Falar diante de uma audiência com controle da voz, entonação e confiança, utilizando o idioma materno de forma correta e bem modulada.
2	Aplicação de compreensão de sentido comum para realizar instruções detalhadas orais ou escritas. Lidar com problemas que representam poucas variáveis concretas em situações padronizadas.	Somar, diminuir, multiplicar e dividir todas as unidades de medida. Realizar as quatro operações com números inteiros e decimais. Calcular a razão, proporção e porcentagem. Traçar e interpretar historiogramas. Realizar operações aritméticas que representem todas as unidades monetárias do país correspondente.	• **Leitura:** Vocabulário passivo de 5.000 e 6.000 palavras. Ler a uma média de 190-215 palavras por minuto. Ler aventuras, quadrinhos, buscar palavras não conhecidas no dicionário, soletrar e pronunciar. Ler instruções de modelo.

(Continua)

QUADRO 5.4
ESCALA DE DESENVOLVIMENTO DE FORMAÇÃO/EDUCAÇÃO GERAL *(continuação)*

Nível	Desenvolvimento do raciocínio	Desenvolvimento matemático	Desenvolvimento da linguagem
2 *(cont.)*			• **Escrita:** Escrever sentenças compostas e complexas. Utilizar estilo e pontuação corretos, usando adjetivos e advérbios. • **Fala:** Falar clara e distintamente com pausas apropriadas e ênfase, pronúncia correta, variações na ordem das palavras, usando os tempos verbais (presente, pretérito e futuro).
1	Aplicação de compreensão de sentido comum para realizar instruções simples de um ou dois passos (etapas). Lidar com situações padronizadas de variáveis ocasionais ou não encontradas em e a partir das situações de trabalho.	Somar e diminuir números de dois dígitos. Multiplicar e dividir dezenas e centenas por 2, 3, 4, 5. Realizar as quatro operações aritméticas básicas com unidades monetárias. Realizar operações com medidas de velocidade, distância e peso.	• **Leitura:** Reconhecer o significado de 2.500 palavras de duas ou três sílabas. Ler uma média de 95-120 palavras por minuto. Comparar semelhanças e diferenças entre palavras e entre série de números. • **Escrita:** Escrever frases simples contendo sujeito, verbo e objeto, e séries de números, nomes e endereços. • **Fala:** Falar usando frases simples, com a ordem normal das palavras e tempos verbais de presente e passado.

Fonte: EE.UU. Department of Labor, Dictionary of occupational titles, 4ª edição revisada. 1991, Vol. 2, Apêndice C; p. 1010-1011; citado por Rowan, 1994, p. 15-16.

QUADRO 5.5
ESCALA DE DEFINIÇÃO DE FUNÇÕES LABORAIS*

Dados	Pessoas	Coisas
0. Sintetizar	0. Autorizar	0. Montar
1. Coordenar	1. Negociar	1. Trabalhar com precisão
2. Analisar	2. Ensinar (instruir)	2. Operar/controlar
3. Compilar	3. Supervisionar	3. Dirigir/operar
4. Calcular	4. Divertir	4. Manipular
5. Copiar	5. Persuadir	5. Vigiar
6. Comparar	6. Falar/indicar	6. Encher/esvaziar
	7. Servir	7. Manipular
	8. Aceitar instruções/ajudar	

Entende-se que a ordem de complexidade é decrescente.
Fonte: EE.UU. Department of Labor, Dictionary of occupational titles, 4ª edição revisada. 1991, Vol. 2, Apêndice B; p. 1005-1007; citado por Rowan, 1994, p. 15-16.

trabalhadores serem mais produtivos e, com isso, poderem alcançar maiores rendimentos" (Robeyns, 2006, p. 72).

A conversão *mercantilista* da educação não se dá sem o pagamento de um preço (*ibid.*, 2006, p. 72). O primeiro é que o plano de discussão está em um terreno econômico-laboral que é externo à educação em si e ao conhecimento e à experiência pedagógica. Com isso, e por mais que se queira mostrar o contrário, bloqueiam-se as dimensões sociais, culturais, valorativas e até políticas da formação e do ensino. Tudo se circunscreve a se o perfil é adequado e assim se acomoda e se adapta aos requisitos e interesses dos empregadores ou, em se preferindo, do mundo produtivo. O segundo é que a educação é agora algo inteiramente instrumental: as aprendizagens (habilidades, conhecimentos) são selecionadas por sua contribuição à produtividade econômica. Barnett (2001, p. 102) prefere utilizar o conceito de vocacionalismo, que se adapta muito bem ao que estamos expondo:

> O vocacionalismo... é uma ideologia que representa interesses corporativos, econômicos e lucrativos. O vocacionalismo afirma o caráter desejável de uma conjunção entre a educação superior e o mundo de trabalho e postula que os graduados nela se insiram.

Indo além e destacando o fenômeno mais geral da privatização das instituições educacionais públicas, Stephen Ball (2004, p. 24-25) nos advertiu com clareza e contundência: "a privatização não é simplesmente uma mudança da gestão do serviço educacional, representa uma mudança no significado da educação, no que se supõe ser um docente e um aluno. Muda o que somos e nossas relações com o que fazemos, permeando todos os aspectos de nossas práticas e pensamentos cotidianos, o modo como pensamos sobre nós mesmos, e nossas mais imediatas relações sociais... Não se trata apenas de uma reforma, mas sim de uma transformação social. Sem o reconhecimento do debate público sobre o que está ocorrendo...., podemos nos encontrar vivendo e trabalhando em um mundo de contingências, com o qual as possibilidades de autenticidade e significado no ensino, a aprendizagem e a pesquisa serão gradual e inexoravelmente apagadas".[22]

E a pergunta que agora teríamos de fazer é se precisamente é isso o que nos interessa como sociedade para a educação em geral e a superior em particular. Estaremos dispostos a transformar o ensino em um processo produtivo? Iremos nos conformar em formular competências que, de acordo com o que nos dizem, são o que o mundo do trabalho exige? Adaptaremos nossos pontos de vista de tal maneira que veremos os alunos como *produtos previsíveis* em lugar de cidadãos e futuros profissionais? Esqueceremos os desafios que temos diante de nós – cheios de incerteza – (Barnett, 2002) substituindo-os pelas necessidades circunstanciais, concretas e *ad hoc* do mundo do trabalho?

Antes de responder a essas perguntas eu gostaria de voltar a dois temas que ficaram pendentes na argumentação anterior. Um se relaciona com o próprio termo de competência, e o outro, com a dicotomia aprendizagem *versus* ensino que subjaz ao movimento de competência na educação superior. Uma vez que tenhamos revisado ambas as questões, estaremos em condições para responder, mesmo que superficialmente, as perguntas citadas.

ALGO MAIS DO QUE PALAVRAS

> As línguas especiais que os corpos especiais produzem e reproduzem por meio de uma alteração sistemática da língua comum.
>
> P. Bourdieu

Nesse ponto nos vemos obrigados a fazer uma análise terminológica e conceitual do termo competência, não apenas porque seu emprego e uso estão distantes de serem adequados e aceitáveis, como também porque nos ajudará a entender os meandros desse artifício.

O que queremos dizer quando falamos de competências? Algumas autoras reconhecem que "não existe acordo quanto a definição" de tal conceito, nem "consistência no uso que dele se faz na literatura" (Blanco Blanco, 2007, p. 34).

Assim, por exemplo, Perrenoud (2004, p. 11)[23] afirma que competência representa "a capacidade de mobilizar vários recursos cognitivos"; Hipkins (2006, p. 87), no contexto de uma proposta curricular para a Nova Zelândia, afirma que "as competências incluem habilidades, conhecimentos, atitudes e valores necessários para apresentar as demandas da tarefa"; Goñi Zabala (2007, p. 87), negando que o conceito deva abarcar habilidades, afirma por sua vez que competência é a *capacidade* "para enfrentar, com êxito, uma tarefa em um contexto determinado"; e Blanco Blanco (2007), defendendo uma ideia de competência profissional sobre a qual nos deteremos mais tarde, afirma – da mesma maneira que Hipkins (2006) – que toda competência "integra conhecimentos, destrezas ou habilidades e atitudes ou valores" (Hipkins, 2007, p. 36).[24]

Não deveria nos deixar perplexos essa enorme indefinição de um conceito que tem a pretensão de ser o eixo curricular tanto na educação básica quanto na superior. A confusão conceitual está muito relacionada com a falta de rigor científico ou, em se preferindo, acadêmico sobre o qual a proposta se apoia. Deveria nos chamar a atenção que nenhum dos documentos analisados realiza uma análise séria e profunda, por exemplo, da psicologia da cognição ou de outras disciplinas afins; uma revisão que ajudaria sem dúvida a entender e a ressituar não apenas o conceito de competência, mas também conceitos anexos como as habilidades, atitudes e inclusive capacidades. Com isso se ganharia um rigor do qual, repito, carece atualmente.

No entanto, essa indefinição, curiosamente, desaparece quando passamos do plano conceitual para o plano operacional. E é aqui onde podemos encontrar o que na realidade significa o novo termo, ou se realmente o emprego de tal termo representa alguma novidade pedagógica ou metodológica.

Goñi Zabala (2007, p. 117) afirma que funcionalmente uma competência é composta de "uma OPERAÇÃO (ação mental) sobre um objeto (que é o que habitualmente chamamos CONHECIMENTO) para a obtenção de um FIM determinado (contexto de aplicação)". A operação se expressa, continua apontando, por meio de um verbo de ação (como analisar, calcular, agrupar, projetar, etc.); a regulamentação como uma "forma adverbial que qualifica o verbo" ("analisar criticamente", "descrever com minúcia", etc.), e os objetivos com "formas substanciais" (por exemplo, "analisar criticamente as circunstâncias nas quais se desenvolve a profissão de enfermeira").

E para que não se creia que se trata de uma opção individual, Hipkins (2006, p. 16) nos oferece um quadro muito preciso para *formular* a competência *pensamento*:

Tudo isso se resumiria em uma espécie de equação como a seguinte: COMPETÊNCIA = (OPERAÇÃO + OBJETIVO) + CONTEXTO E FINALIDADE (Goñi Zabala, 2007, p. 117).

Logo, não faz falta ter uma grande cultura pedagógica para reconhecer imediatamente que nos encontramos diante de um *remix* das taxonomias de Bloom e da pedagogia por objetivos (Gimeno Sacristán, 1982); no entanto,

QUADRO 5.6
ELEMENTOS PARA FORMULAR A COMPETÊNCIA "PENSAMENTO"

Nomes	Verbos	Adjetivos	Expressões de união
Crença	Pensar	Diferente	Mas, no entanto
Evidência	Conectar	Explícito	Porque
Razão	Testar	Observado	Apesar de
Ideia	Criar	Definido	Também
Afirmação	Comparar	Deliberado	De acordo com
Teoria	Generalizar	Especulativo	Portanto
	Especular	Reconhecido	

Fonte: Hipkins (2006, p. 16).

isso sim, com uma diferença. Apesar de ser acertado, como destacou Gimeno Sacristán (1982, pág. 14)[25], que "o movimento da pedagogia por objetivos é a busca de um tipo de racionalidade na forma de agir... coerente com uma visão utilitarista do ensino, das instituições educacionais e da educação em geral"; o ensino por competências, sem desmentir essa visão, acrescenta o traço laboral-profissional. O utilitarismo do movimento em prol dos objetivos operacionais, transforma-se agora em um marcado profissionalismo vocacionista. Com o que voltamos, também por essa via formal, ao que indicávamos na seção anterior. Um exemplo do que digo nos é facilitado pelo trabalho de Blanco Blanco, que, quando compara o enfoque tradicional do currículo universitário com o novo "baseado em competências", aceita que em última instância as competências *universitárias* ou são profissionais ou não são nada. Do mesmo modo na página de internet sobre o EEES da Universidade de Almeria se informa que entre as ferramentas disponíveis para a convergência europeia está a estrutura das titulações, onde o grau vem definido como *capacitação profissional*[26], o mestrado como especialização e o doutorado como pesquisa.

Em resumo, o que temos que fazer na universidade para poder realizar o EEES é programar nossas *disciplinas* fazendo uso dessas estratégias e fórmulas sintáticas, após consulta prévia aos futuros empregadores de nossos alunos.[27] Uma opção que não apenas é mecanicista, como também apesar da exigência profissionalizante que lhe subjaz não deixa de ser enormemente superficial. Detenhamo-nos em outro ponto que se encontra sempre em conjunto com as competências: a suposta mudança de uma pedagogia baseada no ensino para uma nova baseada na aprendizagem, que corresponde a um dos pontos em

QUADRO 5.7
ENFOQUE CURRICULAR

	Tradicional	Baseado em competências
Fontes do currículo (*inputs*)	**Disciplinas** científicas e acadêmicas.	**Disciplinas** científicas e acadêmicas **Práticas profissionais e mundo do trabalho.**
Guia do projeto curricular	Os **conhecimentos** que os docentes consideram que os alunos devem adquirir em cada matéria para um desempenho futuro, que não está claramente definido.	As **competências** identificadas em um processo que incorpora também profissionais, empregadores e outros agentes relevantes. São a expressão do que os estudantes devem poder ser capazes de fazer ao término do período formativo, *em termos de resultados de aprendizagem*.

Fonte: Blanco Blanco, 2007, p. 45; ênfase no original.

que o Relatório Tuning apoiava sua decisão pelas competências (González e Wagenaar, 2003, p. 34 e seguintes).

ENSINAR *VERSUS* APRENDER E VICE-VERSA

Um dos elementos retóricos que com mais insistência se utiliza no EEES é o assim denominado *mudança de mentalidade*[28] ou mudança de paradigma que representa passar de uma formação centrada no ensino para outra centrada na aprendizagem do aluno (MECD, 2003). Essa aparente mudança que significaria passar de uma suposta concepção superada da formação universitária para outra mais atual, de acordo com os tempos, apoia-se, por sua vez, em outras duas ideias de *força*. Uma é a de situar a aprendizagem ao longo de toda a vida como outro dos objetivos essenciais e a médio prazo da formação universitária; a outra, com maior influência nas transformações e adaptações que se têm em vista, é a concepção de crédito europeu. Gostaria de me deter, por seu valor *organizativo*, nessa segunda fonte.

O Crédito Europeu (CE) se tornou a unidade de valoração da atividade acadêmica básica. Como tal, integra ou pretende integrar os ensinos teóricos e práticos, as atividades acadêmicas dirigidas e autônomas e o volume de trabalho que o estudante deve realizar para alcançar os objetivos educativos propostos. O CE não se define em função das *horas de docência* (tal como até agora se tem feito), mas sim em função da *atividade* que o aluno realiza. Expressado dessa maneira é, sem dúvida, uma mudança significativa diante das antigas maneiras de conceber o papel dos alunos e a organização docente.

O CE assentado na noção de "atividades de aprendizagem" dos alunos reclama e apela *diretamente* à diversidade de atividades.[29] Sendo agora o trabalho acadêmico dos alunos o elemento-chave de organização docente, não é conveniente reduzi-lo a sua presença nas aulas expositivas, nem a sua assistência às provas. O CE parece exigir uma radical reestruturação do currículo universitário. Questão que nos obriga a reconhecer que a nova formação curricular deverá assumir a diversidade de atividades acadêmicas e a flexibilidade estrutural (por exemplo, tempos diferentes e múltiplos espaços para a aprendizagem).

Se isso é assim, onde está, realmente, o ponto principal da mudança? Se a diversidade e a flexibilidade são agora qualidades-chave para potencializar a aprendizagem, não teríamos que voltar a nos centrar no ensino e convertê-lo no centro da mudança e da inovação universitária? Parece que este último é que esquecemos completamente. Esquecemos que o valor da atividade dos alunos depende da qualidade de nossas propostas. A qualidade das experiências de aprendizagem que os alunos vivem durante a sua formação é o que deveria estar em primeiro plano de nossas preocupações como professores universitários e não essa chamada retórica para a aprendizagem; porque o planejamento de tais experiências é a responsabilidade fundamental do professor universitário.

A aprendizagem dos alunos deveria certamente nos preocupar. No entanto, é do ensino que deveríamos nos ocupar. Quem projeta, seleciona, organiza as experiências e suas *tarefas*? Claro que é necessário que os alunos tenham reconhecidas suas horas de trabalho autônomo, mas são os professores universitários aqueles que devem preencher com conteúdo esse trabalho autônomo e estruturá-lo com outros contextos de aprendizagem que, por sua vez, deverão ser organizados e selecionados.[30]

Como disse Howard Gardner (1991), "a chave está em idealizar contextos de aprendizagem nos quais os estudantes, de modo natural, explorem seus primeiros modos de conhecer, e em configurar esses contextos de modo que os estudantes possam integrar essas primeiras formas de conhecer com os formatos de conhecimento que são necessários e estão convenientemente presentes na escola" (1991, p. 184).[31]

A qualidade da aprendizagem universitária depende em grande medida da qualidade de nossa docência e do ensino universitário, que, segundo nos indica o novo sentido do Crédito Europeu, não pode seguir sendo um processo antiquado e monótono. Essa é, sem dúvida, a aposta mais arriscada do EEES e a mais interessante; o mais é uma questão de mero ajuste burocrático.

Por que, então, essa ênfase em centrá-lo todo na aprendizagem? Não descarto uma sadia preocupação de alguns dos que enfatizaram essa *mudan-*

ça de mentalidade, por mudar efetivamente um ensino universitário obsoleto, debilitado e desalentador, por algo mais enriquecedor para os alunos. Mas salvo alguns casos,[32] parece-me que detrás dessa proposta se encontra de novo o artifício das competências. Centrar-se na aprendizagem através da elaboração de competências para que sejam adquiridas pelos alunos, em razão de perfis profissionais previamente especificados, é mais simples e fácil que mudar a prática docente na universidade. Uma vez que o conhecimento científico e acadêmico passou para o segundo plano, é relativamente fácil tornar as aprendizagens em competências, visto que as competências e sua realização poderão ser medidas por meio de aprendizagens reais, tal como repetiram até a exaustão os defensores dessa corrente.

Temo que a *mudança de mentalidade* não nos leve a outro lugar que não a nos enredar na definição de competências e em sua operacionalização enquanto aprendizagens; com o que estaremos nos distanciando de nossa responsabilidade primordial: a *qualidade de nossa docência*.

COMPETÊNCIAS, PROFISSIONAIS E UNIVERSIDADE

Até agora analisamos diferentes questões relacionadas com o movimento de competências. Em sessões anteriores nos centramos no peso que as correntes e as práticas que o mundo laboral têm nos assim chamados perfis profissionais e na evidente orientação para implantá-los na formação universitária. A justificativa vem, em todos os casos, da necessidade de adaptação dos futuros universitários (e da universidade em geral) ao mundo laboral e às demandas do mercado. Nesse cenário, tais perfis são medulares para organizar a docência e essenciais para oferecer promessas de futuro laboral – por exemplo, empregabilidade – aos egressos. Nesse sentido, relembremos que trabalhar com competências é, essencialmente, trabalhar com perfis profissionais, sob a justificativa de formar profissionais competentes.

Nessa postura se encontram implícitas duas ideias: primeiro, uma concepção do profissional bastante mecânica e uniforme, à medida que agora parece que podemos formar profissionais se temos perfeitamente delimitado seu perfil por meio das competências que deve adquirir; e, segundo, que a missão da universidade é formar profissionais de acordo com os padrões que o mercado de trabalho exige. A seguir gostaria de analisar com certo detalhe ambas as ideias para mostrar que não apenas simplificam e distorcem o trabalho docente e a formação universitária, como, o que é pior, conjugam um sentido reducionista do que é ser um profissional *competente*.

Desse modo, um dos campos de pesquisa no ensino mais promissor durante os últimos anos, junto aos estudos sobre o conhecimento docente, está nos estudos dedicados ao conhecimento da experiência (Angulo, 1999a, p. 281 e seguintes).[33] A preocupação básica desses trabalhos esteve em delimitar as diferenças entre docentes/profissionais novatos e experientes. Bereiter e Scardamalia (1986, p. 11) identificam quatro características que os profissionais experientes possuem:

- Complexidade das habilidades.
- Quantidade de conhecimento (conhecimento mais profundo de seu âmbito de trabalho).
- Estrutura de conhecimento (estruturas mais profundas, coerentes, úteis e situadas em diferentes níveis).
- Representações superiores para enfrentar e solucionar problemas.

Berliner em um trabalho posterior (1987)[34] diferenciava entre docentes experientes, novatos e postulantes em razão de um conjunto de características similares às anteriores entre as quais se destacam a complexidade do conhecimento sobre os alunos, o desenvolvimento de estruturas mais profundas de ação e as *rotinas* para organizar os primeiros dias de aula de forma fluida e para observar os alunos.

No entanto, talvez os estudos mais interessantes e promissores para o que nos ocupa nesse capítulo sejam aqueles que analisam a *atuação experiente*. Os trabalhos pioneiros de Dreyfus e Dreyfus (1986) já indicaram que a classe de problemas aos que um profissional costuma se deparar não são problemas claramente delimitados e estruturados, para os quais basta a aplicação de modelos formais aprendidos previamente. Pelo contrário, trata-se de situações geralmente *incertas* e problemas não estruturados.

> A classe de problemas não estruturados... contém um número ilimitado de fatos e instâncias relevantes e não estão claras as vias por meio das quais tais elementos se inter-relacionam e determinam. A gestão, a enfermagem, a análise econômica, o ensino e todas essas interações sociais se encontram com essa classe de problemas.
>
> (Dreyfus e Dreyfus, 1986, p. 20)

Os contextos laborais desses profissionais, nos dizem esses estudos, encontram-se constantemente com essas situações para as quais não existe um "conjunto objetivamente definido de fatos e fatores", que, por sua vez, "aponte as ações possíveis e o objetivo da ação" (Dreyfus, 1981, p. 3).

Aqui não valem os modelos formais, as abstrações, nem teorias ou conhecimentos descontextualizados, mais característicos de novatos. Para enfrentar essas circunstâncias é necessário um conhecimento profissional experiente ou, dito de outra maneira, um juízo profissional alicerçado na *compreensão situacional* (Dreyfus e Dreyfus, 1986, p. 5).

As ideias desses autores confirmam os estudos de Donald Schön (1983, 1987). Segundo tal autor, o modo com que se acreditou que os profissionais dos diferentes campos do conhecimento aplicado resolvem os problemas não se adapta ao modelo técnico-mecanicista de entender a relação teoria-prática. Propôs-se que um profissional em ação manipula e emprega técnicas disponíveis para alcançar os objetivos desejados; tais técnicas estariam padronizadas e validadas previamente, assim como os critérios de escolha e os objetivos da ação. A atividade profissional se reduziria, então, a uma solução instrumental dos problemas. Mas suas cuidadosas pesquisas apontam em direção contrária. A ação profissional é uma ação reflexiva na qual conhecimento e ação se encontram entrelaçados e unidos na prática, até o ponto que deveríamos falar de *conhecimento na ação*, um conhecimento fruto do diálogo entre o conhecimento adquirido durante a formação do profissional e a própria realidade sobre a qual se age ou sobre a qual se tem de tomar decisões. O diálogo, por sua vez, implica a transformação da compreensão profissional, reestruturando continuamente sua percepção da situação e da ação. Pois bem, é esse conhecimento fruto da prática profissional (pelo que também poderíamos denominá-lo conhecimento experiencial), o que definitivamente permite que o profissional enfrente os desafios, os problemas e as complexidades com as que, como profissional, deverá se deparar, e o que o distingue de um profissional novato (Schön, 1987).[35]

Adotando essa linha de análise, Eliott (1993) selecionou cinco características-chave que distinguem um docente experiente de um novato.

- Os experientes acumulam um extenso nível de experiência situacional.
- Tomam decisões se baseando em tal experiência e em sua intuição.
- Possuem habilidades de interpretação e *compreensão profunda* dos contextos de atuação.
- Empregam uma racionalidade deliberativa (não calculadora, nem instrumental), para melhorar suas intuições globais.
- Sua ação não está despegada de valores e posições ético-morais.

Em conclusão, formar um profissional experiente depende de questões tão fundamentais como o conhecimento prático, o desenvolvimento de seu juízo, a qualidade de suas experiências e sua intuição ilustrada, mas não da introjeção de modelos formais, e por que não dizer, da aquisição de listas de competências, supostamente "profissionalizantes". Assim, somos obrigados a nos perguntar: o que podemos fazer na formação para que depois de sua passagem pela universidade nossos alunos possam se tornar profissionais reflexivos?

Permitam-me indicar uma obviedade, que, por isso mesmo, parece muitas vezes esquecida. Formar profissionais competentes não é o mesmo que formar com ou por meio de competências. A universidade não tem motivo, realmente não pode, formar profissionais competentes; essa é uma formação que deverá se concretizar no posto de trabalho, no próprio exercício da profissão. A universidade deve, no entanto, criar as condições para que os alunos possam se tornar profissionais responsáveis e cheguem a exercer sua profissão de uma maneira competente. Aceitar essa situação, que não é, de acordo com nenhum conceito, uma deficiência da formação universitária, mas sim um reconhecimento do lugar que cada âmbito ocupa no desenvolvimento e na criação de profissionais, deveria indicar que não é o caminho das competências determinadas pelo mundo laboral, o que a formação universitária deverá seguir.

Há quase 10 anos, o ex-secretário de Estado de Universidades e Pesquisa afirmava: – *o tempora o mores!* – que os "*perfis profissionais e os perfis acadêmicos não têm por que coincidir*" (Quintanilla, 1998, p. 94, destacado no original), acrescentando com bastante sensatez que os *programas generalizadores têm mais valor adaptativo no mercado de trabalho que os estritamente especializados*. Os requerimentos técnicos para o desempenho de postos de trabalho reais mudam a tal velocidade que não tem sentido pretender que a universidade forme no domínio dos últimos avanços tecnológicos. Não porque não tenha capacidade para isso, mas sim porque não tem interesse: *o que é o último* é algo relativo a cada ano, o estudante apenas estará quatro ou cinco anos na universidade, mas a dois anos de se formar *a última coisa* que aprendeu pode ter se tornado obsoleta. A alternativa é formar para *aprender a se atualizar* e oferecer programas de *formação continuada*, não pretender adotar nos programas básicos todo o saber disponível... até o próximo semestre" (1998, p. 93).

Mas esquecemos essas ideias elementares e trocamos o sentido da formação universitária por um comprometido afã por elaborar listas de competências; quando nelas apenas temos um artifício mecânico e obsoleto que além do mais nos impede de aceitar os enormes desafios com os quais a universidade se depara. Efetivamente, inclusive se relegamos a um segundo plano a reflexão sobre o papel formador da universidade, não podemos virar as costas como acadêmicos e como instituição para o mundo mutante no qual vivemos. O que está em questão, indica-nos Barnett (2001, p. 111), "é a crença de que *alguma* competência pode nos habilitar para avançar em um mundo mutante. A profunda mudança social, internacional e ecológica lança por terra a validade da própria noção de competência, considerando que esse termo designa algum conjunto de comportamentos, atividades ou respostas que amanhã terão o valor que atualmente têm". Deparamo-nos, definitivamente, com um mundo, problemático e hipercomplexo, no qual nossas estruturas para compreendê-lo são por sua vez "problemáticas", já que estão sendo postas à prova e desafiadas constantemente (Barnett, 2002, p. 108).

Que ninguém pense que aqui se está defendendo um retorno a um passado pouco recomendável, ou que o futuro se encontra em voltar a reforçar o velho academicismo. Se as competências não podem nos indicar o caminho pelo qual temos de andar, muito menos os métodos obsoletos e o ranço do escolasticismo. Necessitamos de imaginação, criatividade e a aceitação do risco; necessitamos de novas pedagogias universitárias que realmente renovem nossas formas de nos aproximar do conhecimento e que gerem espaços de aprendizagem valiosos.

A tarefa e responsabilidade da educação superior – apontam Barnett e Hallam (1999, p. 151-152) – é a de preparar os "estudantes para um mundo de incerteza, desafio e turbulências. As pedagogias apropriadas para tal mundo não são aquelas que falam de produção de competências e habilidades, por muito genéricas ou transferíveis que sejam. Pelo contrário, deverão ser pedagogias que permitam que os alunos intencionalmente gerem mudanças no mundo e possuam uma sólida vontade para isso, embora reconheçam – por meio da educação superior – que não existe no mundo uma garantia final para suas ações".

MISSÃO DA UNIVERSIDADE

Em 1930 publicou-se um texto de José Ortega e Gasset intitulado *Misión de la Universidad*.* Nele, Ortega indicava que o ensino universitário era integrado por três funções principais: a transmissão da cultura, a formação de futuros profissionais e a pesquisa científica. Mas por razões do momento histórico que viveu, para Ortega a cultura constituía o elemento fundamental dos três indicados. Não menosprezava a formação e a ciência, mas asseverava que à universidade competia a tarefa central de *ilustração* do ser humano, "de ensinar-lhe a plena cultura do tempo, de mostrar-lhe com clareza e precisão o gigantesco mundo presente, onde sua vida terá de se encaixar para ser autêntica" (1930, p. 344).[36]

Recentemente, outro eminente pensador, Edgar Morin, voltou a retomar essa questão. A universidade "inocula na sociedade uma cultura que não foi feita para formas previsíveis ou efêmeras do aqui agora (*hic et nunc*), mas sim foi feita para ajudar os cidadãos a viver seu momento *hic et nunc*; a Universidade descansa, ilustra e fomenta no mundo social e político valores intrínsecos da cultura universitária: a autonomia da consciência, a problematização (com a consequência de que a pesquisa deve permanecer aberta e plural), a primazia da verdade sobre a utilidade, a ética do conhecimento" (Morin, 1998, p. 20-21).

Mas talvez quem com mais precisão destacou onde podemos começar a agir é, sem dúvida, Martha Nussbaum. De acordo com essa autora, o objetivo essencial da Universidade no mundo atual, hipercomplexo, encontra-se não apenas no desenvolvimento do conhecimento científico (algo que o movi-

---

* N. de T. Em tradução livre: Missão da Universidade.

mento das competências parece ter esquecido), como também em sustentar o ensino e a vida universitária em uma tríplice prática.

Em primeiro lugar, fomentar em cada aluno o exame crítico de si mesmo e de suas tradições, de tal maneira que lhe "permita experimentar o que, seguindo Sócrates, poderíamos chamar *vida examinada*"; em segundo lugar, promover a capacidade de ver a si mesmos não apenas como sujeitos pertencentes a uma região, mas sim como "seres humanos vinculados aos demais seres humanos por laços de reconhecimento e mútua preocupação"; e, em terceiro lugar, a extensão da imaginação narrativa, ou seja, a capacidade de pensar "como seria estar em lugar de outra pessoa" (p. 28).[37]

Com isso, Martha Nussbaum não está fazendo outra coisa que nos indicar que o ensino universitário não pode ser exercido sem um estrado ético, e sem um marcado sentido pelos seres humanos. A reflexão sobre si mesmo (nossas crenças religiosas, culturais e costumes), a aceitação da responsabilidade social e a empatia e tolerância sobre outras perspectivas, são ferramentas que nossos futuros profissionais necessitam cada vez com maior urgência (Kapuscinski, 2007).[38]

Poder-se-á afirmar que essas propostas são pouco operacionais. No entanto, não há motivo para o serem. Necessitamos de ideias com um alto poder heurístico[39] que nos ajudem a pensar de outra maneira e a imaginar uma universidade diferente para uma sociedade complexa. Somente assim poderemos recuperar a ideia de uma educação superior como bem público "que enriquece tanto aos indivíduos quanto a toda a sociedade", evitando que fique bloqueada por uma retórica de competências, modelos de negócio, relações de mercado, regulações, auditorias e gerencialismo (Walker, 2006, p. 6). Necessitamos de *marcos heurísticos* para pensar com eles, para experimentar e traçar futuros possíveis em nosso presente; nos sobram listas de competências que não apenas limitam nossa reflexão, como também que, com sua mecânica, tornam nosso pensamento prescindível.

Em todo o caso, devemos evitar que o Espaço da Educação Superior torne a Europa do Conhecimento na Europa das Competências. A universidade, seus pesquisadores e professores não podem estar impassíveis diante desse disparate; não podemos passivamente aceitar estratégias pouco rigorosas e concepções mercantilistas, simplesmente porque nos dizem que é assim que devemos fazer as coisas, sem nos perguntarem, ao menos, a quem servem e o que realmente pretendem; sem questionar seu suposto rigor e excelência; sem verificar seus fundamentos; e sem pensar cenários alternativos.

A Europa do Conhecimento é a da imaginação, da criatividade, da reflexão e da autocrítica profunda, e talvez seja apenas a Universidade – nestes momentos – a única instituição capaz de realizá-la. Devemos isso a nossas sociedades e aos cidadãos. Em lugar de nos enredarmos no artifício das competências poderíamos começar a pensar as pedagogias do século XXI, pensar novos modos de enfrentar os desafios do conhecimento científico, tentar entender como são as gerações que chegarão, futuramente, a nossas salas de aula, projetar espaços para a autonomia, a criatividade, a comunicação e o intercâmbio em nossas universidades, aceitar que a educação e a formação universitária não é neutra e que temos que assumir valores éticos, que temos uma responsabilidade social inevitável, não apenas com o contexto imediato como também com aquelas sociedades que precisam de nós e que, por sua vez, desde logo, necessitamos ensinar para os alunos que nosso mundo é, porque assim o fizemos, diverso, complexo e frágil.

NOTAS

1. Grande parte das ideias que aqui exponho procedem de dois cursos ministrados no INAP de Madri em 2006 e 2007, por convite de Eustaquio Martín, da UNED e de uma conferência para a qual fui convidado por Carmen Alba da Universidade Complutense de Madri no curso de verão (2005) da Universidade Pública de Navarra, denominado *Universidades e Professores diante do EEES*. A ambos agradeço seu apoio constante. Minha companheira e além do mais amiga Rosa Vázquez Recio, que revisou e corrigiu o manuscrito desse trabalho; para ela minha gratidão mais intensa.
2. Para aqueles que querem se distanciar da visão apologética, tão em uso, do EEES, pode ser instrutivo revisar alguns trabalhos incluídos em um dos poucos espaços críticos que nos restam. Refiro-me ao portal Firgoa (http://firgoa.usc.es/drupal/index.php). Aproveito para destacar que o afã inovador é tão premente e decidido que algumas reitorias, tal como talibãs ou guardiães da revolução do EEES, chegaram, em ocasiões, a proibir atos – poucos, de qualquer modo – críticos em relação a esse movimento. Esse é o panorama das coisas.
3. Os documentos podem ser encontrados em diversos *sites* de internet. Muito completos são os da Universidade de Almeria (http://www.ual.es/Universidad/Convergencia/index.htm) e o elaborado depois da reunião de Berlim (http://www.bologna-berlin2003.de/index.htm) que inclui, também, um glossário.
4. No ano anterior – 1997 – se havia assinado a Convenção de Lisboa, na qual se emprega o termo no sentido que no texto indicamos, à exceção de uma vez em que menciona o conceito de *competência linguística*.
5. Tal como meu colega J. Gimeno Sacristán indicou (comunicação pessoal), os relatórios não têm nome dos coordenadores, como os antigos, Fauré ou Delors, e nem sequer nomes relacionados com seu conteúdo. Os relatórios da União Europeia em relação ao Espaço Europeu da Educação Superior têm denominações de cidades e são elaborados pelas burocracias técnicas das administrações educacionais europeias.
6. O comunicado de Praga (2001), quando menciona a adoção de um sistema de grau facilmente comparável, o justifica pela necessidade de os cidadãos poderem fazer uso de suas qualificações, competências e habilidades em todo o EEES (em diversas partes do documento).
7. Itálico meu.
8. O projeto é denominado, em inglês, *Trends in Learning Structures in Higher Education*. Pode-se baixar os três relatórios em http://www.bologna-berlin2003.de/en/main_documents/index.htm (visitado em 17/04/2008).

9. Trata-se do *Standards and Guidelines for Quality Assurance in the European Higher Education Area*, publicado pela *European Association for Quality Assurance in Higher Education*, com sede na Finlândia.
10. Alguém parou para pensar quantas universidades europeias estão envolvidas na elaboração de competências? E quantas das mais importantes e competitivas?
11. Conceito que, de fato, aparece nos documentos fundacionais isso não deve ser ignorado.
12. Nessa medida se entende os desenvolvimentos do mesmo projeto em relação ao aclaramento da carga de trabalho dos alunos, das atividades que deverão ser realizadas, etc., questões que não são mera retórica mas parte de nosso trabalho universitário cotidiano.
13. Resumidamente dito, seria necessário analisar com certa profundidade e detenção a ideia central de DeSeCo de obter uma "vida com êxito"; por exemplo, com base no que Bauman denomina "uma vida de consumo" (Bauman, 2007).
14. Ver também OCDE (2002, p. 8) e DeSeCo (2005, p. 4).
15. O aspecto prático que subjaz à ideia de competência utilizada por DeSeCo é hipertrofiado e aumentado, provavelmente de modo intencional, na definição de competência da qual Pérez Gómez se utiliza (2007, p. 10).
16. Se quisermos buscar "mistérios", podemos comparar essas ideias com o já esquecido Relatório da Comissão Fauré de 1972, também da Unesco.
17. Esse mesmo *descompasso* entre uma teoria aceitável e uma aposta decidida pelas competências é percebido também em Pérez Gómez (2007).
18. Se o leitor se mostra reticente em aceitar essa afirmação, basta que revise os trabalhos de Schön citados no texto ou talvez os seguintes: Angulo (1999) e Brockbank e McGill (2002).
19. *Competency Based Teaching Education*.
20. Para esse ponto, sigo a análise desses temas realizada por Angulo (1999b, p. 484 e seguintes).
21. Ver Blanco Blanco (2007, p. 31) que reconhece, sem rodeios, essa origem do movimento de competências: "Os denominados *enfoques de formação baseados em competências* respondem em sua origem a necessidades econômicas e produtivas, vinculadas à capacitação da mão de obra, e foram aplicados principalmente no contexto da formação *em* e *para* o trabalho" (as ênfases são da autora).
22. Outra questão relacionada com a mercantilização, que não podemos abordar neste capítulo, encontra-se na perda de autonomia e sentido crítico da pesquisa universitária pela pressão de empresas industriais exercida como contrapartida de substanciais contribuições econômicas aos cofres universitários. Vejam-se os exemplos que Naomi Klein (2001, p. 128 e seguintes) cita, também apontados por Fernández Liria e Alegre Zahonero (2004)
23. Certamente um dos participantes na elaboração do documento DeSeCo.
24. Não vamos discutir aqui a confusão entre atitude e valor; mas já adiantamos que mereceria mais de um comentário. Por outro lado, a Universidade de Valência oferece, em uma "divertida" página da *web* elaborada pelo seu Serviço de Formação Permanente e dedicada às competências a seguinte definição: "Combinação dinâmica de atributos referentes a conhecimentos, habilidades, atitudes, valores e virtudes que capacitam um profissional ao exercício e desenvolvimento das características do trabalho nos níveis requeridos pelo posto" (http://www.uv.es/sfp/WEB07/pdi07/rodalies/inicirodalia.htm). Também aqui as competências são

definidas por meio de habilidades, conhecimentos e capacidades e são organizadas de acordo com os níveis de ocupação, tal como mostravam a Escala de Nível de Formação (ver os Quadros 5.3 e 5.4, p. 211-215).
25. Além do texto citado, recomendo a leitura do ainda atual trabalho de Stenhouse (1978).
26. http://www.ual.es/Universidad/Convergencia/ProcesoConv.htm
27. Lembre-se de que no Relatório Tuning as competências apresentadas aos que tal relatório denomina acadêmicos são uma versão reduzida (ou "filtradas") das apresentadas a Egressos e Empregadores. Ver González e Wagenaar (2003, p. 297 e seguintes).
28. A ideia de *mudança de mentalidade* aparece como título de uma apresentação elaborada por A. García Roman da Universidade de Córdoba, para um curso em Baeza, em 19 de fevereiro de 2002.
29. Essa ideia pode ser encontrada no Relatório CIDUA (2005).
30. Ver, por exemplo, os estudos organizados por Jonassen e Land (2000).
31. Apesar de Gardner (1991) se referir ao ensino básico (fundamental e médio), sua reflexão é absolutamente pertinente em relação à pedagogia universitária.
32. Felizmente existem exemplos muito interessantes de enfoques docentes inovadores e criativos. Por exemplo, o emprego do método de solução de problemas na formação de médios na Universidade de Castilla La Mancha. Também os exemplos propostos tanto por Walker (2001) quanto por Nusbaum (2005) são muito interessantes e esclarecedores no que tange às possibilidades de inovar no ensino universitário. Por outro lado, os trabalhos de Brockbank e McGill (2002) sobre a aprendizagem reflexiva e de Barkley, Croos e Howell Major (2007) sobre a aprendizagem colaborativa são outras excelentes referências a considerar.
33. Nesse subcapítulo seguirei de perto o trabalho de Angulo (1999).
34. Ver também Bereiter (1986).
35. A semelhança, *salva veritate*, entre os estudos de Schön e as ideias do Dewey de *How we think* (1989), é mais que evidente.
36. Em termos parecidos se expressam Wilemans e Vanderhoeven (1994, p. 78-79).
37. Ver também os seguintes trabalhos de Nussbaum (2002, 2006).
38. Embora se possa compartilhar muitas das críticas à situação da Universidade no trabalho de Fernández Liria e Alegre Zahonero (2004, p. 242), sua concepção de Universidade não deixa de ser fortemente elitista em sua defesa do *abismo* que deve separar aquela da sociedade (eles falam de *cidade*; o que os aproxima dos documentos sobre o EEES; ver nota 5, p. 175) e um pouco ingênua sua defesa de uma formação *incondicional*; a Universidade, fique isso claro, não pode ser *rentável*, tampouco pode estar isenta dos necessários controles que devem ser exercidos sobre sua gestão dos custos.
39. Podemos encontrar um enorme potencial heurístico em outras propostas como a de Gardner (2005) sobre as *cinco mentes do futuro* ou a de Edgar Morin (2001), sobre os sete saberes necessários para a educação do futuro, publicada inicialmente pela Unesco.

REFERÊNCIAS

ANGULO RASCO, J. F. (1997), "El neoliberalismo o el surgimiento del mercado educativo". En AA. VV. (1997) *Escuela pública y sociedad neoliberal*. Madrid, Miño y Dávila, págs. 15-37.

_____ (1999a), "De la investigación sobre la enseñanza al conocimiento docente". En ANGULO RASCO, J. F., BARQUÍN RUIZ, J. y PÉREZ GÓMEZ, A. I. (Editores.) (1999) *Desarrollo profesional del docente. Política, investigación y práctica.* Madrid, Akal, págs. 261-319.

_____ (1999b), "Entrenamiento y "coaching": los peligros de una vía revitalizada". En ANGULO RASCO, J. F. BARQUÍN RUIZ, J. y PÉREZ GÓMEZ, A. I. (Editores.) (1999). *Desarrollo profesional del docente. Política, investigación y práctica.* Madrid, Akal, págs. 467-505.

BALL, S. (2004), *Education For Sale! The Commodification of Everything?* Institute of Education, University of London. King's Annual Education Lecture 2004. (Disponible en http://epsl.asu.edu/ceru/Articles/CERU-0410-253-0WI.pdf; 11/04/08)

BARKLEY, E. F., CROSS, K. P. y HOWELL MAJOR, C. (2007), *Técnicas de aprendizaje colaborativo.* Madrid, Morata.

BARNETT, R., HALLAM, S. (1999), "Teaching for supercomplexity: a pedagogy for higher education". En MORTIMORE, P. (Ed.). *Understanding Pedagogy and its impact on learning.* Londres, Paul Chapman Publishing.

_____ (2001), *Los límites de la competencia. El conocimiento, la educación superior y la sociedad.* Barcelona, Gedisa.

_____ (2002), *Claves para entender la universidad en una era de supercomplejidad.* Girona, Ediciones Pomares.

BAUMAN, Z. (2007), *Vida de consumo.* México, F.C.E.

BECKER, G. (1993), *Human capital: a theoretical and empirical analuysis, with special reference to education.* 3ª ed. Chicago, University of Chicago Press.

BEREITER, C y SCARDAMALIA, M. (1986), "Educational relevance of the study of expertise" *Interchange,* 17 (2), págs. 10-19.

_____ (1986), "In pursuit of the expert pedagogue" *Educational researcher,* 17 (7), págs. 5-13.

BERLINER, D. C. (1987), "Ways of thinking about students and classroom by more and less experienced teachers". En CALDERHEAD, J. (Ed.) (1987) *Exploring teachers' thinking.* Londres, Cassell, págs. 60-83.

BLANCO BLANCO, A. (2007), "Formación universitaria basada en competencias". En PRIETO NAVARRO, L. (Coord.) (2007), *La enseñanza universitaria centrada en el aprendizaje. Estrategias útiles para el profesorado.* Barcelona, Octaedro /ICE-UB: 31-59.

BROCKBANK, A. y McGILL, I. (2002), *Aprendizaje reflexivo en la educación superior.* Madrid, Morata.

COOPER, J. M. (1980), "La microenseñanza: la precursora de la formación del profesorado basada en competencias". En GIMENO SACRISTÁN, J. y PÉREZ GÓMEZ, A. I. (Eds.) (1980), *La enseñanza. Su teoría y su práctica.* Madrid. Akal, págs. 356-363.

DESECO (2005), *The definition and selection of key competencies. Executive summary.* http://deseco.admin.ch (consultado 27/05/05)

DREYFUS, S. E. (1981), *Formal models vs. Human situational understanding: inherent limitations on the modelling of bussines expertise.* Austia Internacional Institute for Applied Systems Analysis. Nº 2, Julio. Impreso.

DREYFUS, H. L. y DREYFUS, S. E. (1986), *Mind over machina. The power of human intuition and expertise in the era of the computer.* Oxford, Basil Blackwell.

DEWEY, J. (1989), *Cómo pensamos. Nueva exposición de la relación entre pensamiento reflexivo y proceso educativo.* Barcelona, Paidós.

EAQAHE (2005), *Standards and Guidelines for Quality Assurance in the European Higher Education Area.* Helsinki, Finland. DG Education and Culture. EU. (http://www.enqa.eu/bologna_enqastatements.lasso; visitado el 27/04/08).

ELLIOTT, J. (1993), *Reconstructing teacher education. Teacher development.* Londres, The Falmer Press.
FAURÉ, E. (1972), *Aprender a Ser.* París-Madrid, Alianza-UNESCO, 1977.
FEIMAN-NEMSER, S. (1990), "Teacher preparation: structural and conceptual alternatives". En HOUSTON, W. E. (Eds.) *Handbook of research on teacher education.* New Cork, MacMillan Publi. Comp., págs. 212-233.
FERNÁNDEZ LIRIA, C. y ALEGRE ZAHONERO, L. (2004) "La revolución educativa. El reto de la Universidad ante la sociedad del conocimiento", *LOGOS. Anales del Seminario de Metafísica,* 37, págs. 225-253.
FOCUS ON THE STRUCTURE OF HIGHER EDUCATION IN EUROPE (2007), *National Trends in the Bologna Process.* Bruselas. Bélgica. EURYDICE, EU.
GARCÍA ROMÁN, A. (2002), *El cambio de mentalidad.* Comisionado de la UCO. Baeza 19/02/02. (http://www.uca.es/web/estudios/eees/presentaciones; visitado el 17/04/08)
GARDNER, H. (1991), *La mente no escolarizada.* Barcelona, Paidós.
_____ (2005), *Las cinco mentes del futuro. Un ensayo educativo.* Barcelona, Paidós.
GIMENO SACRISTÁN, J. (1982), *La pedagogía por objetivos.* Madrid, Morata.
GONZÁLEZ, J. y WAGENAAR, R. (2003), (Eds.) *Tuning Educational Strucures in Europe. Informe Final- Fase I Bilbao,* Universidad de Deusto.
_____ (2005), (Eds.) *Tuning Educational Strucures in Europe.* Phase-II Bilbao, Universidad de Deusto.
GOÑI ZABALA, J. M.ª (2007), *El espacio europeo de educación superior, un reto para la universidad. Competencias, tareas y evaluación, los ejes del currículo universitario.* Barcelona, Octaedro/ICE-UB
HIPKINS, A. (2006), *The nature of the key competencies. A Background Paper.* New Zealand, New Zealand Council for Educational Research. Wellington.
HOUSTON, W. R. (1987), "Competency-based teacher education". En DUNKIN, M. J. (Ed.) (1987) *The internacional enciclopedia of teaching and teacher education.* Oxford, Pergamon Press, págs. 86-94.
JARVIS, P. (1989), *Sociología de la educación continua y de adultos.* Barcelona, El Roure.
JONASSEN, D. H. y LAND, S. M. (2000), Theoretical foundations of learning environments. New Jersey, Lawrence Erlbaum Ass.
KAPUSCINSKI, A. (2007), *Encuentro con el otro.* Barcelona, Anagrama.
KLEIN, N. (2001), *Nologo. El poder de las marcas.* Barcelona, Paidós.
LANZI, D. (2004), "Capabilities, human capital and education". *Proceedings of the 4th Internacional Conference on the Capability Approach. Pavia 5-7 September.*
LEVIDOW, L. (2000), "Marketizing Higher Education: Neoliberal Strategies and Counter-Strategies", *Cultural Logic. An Electronic Journal of Marxist Theory & Practice,* 4 (1) (http://clogic.eserver.org/4-1/4-1.html; visitado el 30/04/2008)
MINISTERIO DE EDUCACIÓN, CULTURA Y DEPORTE (2003) *Integración del sistema universitario español en el espacio europeo de la educación superior. Documento Marco.* MECD. Multicopiado.
MORIN, E. (1998), "Sobre la reforma de la Universidad", en PORTA, J. y LLADONOSA, M. (Coords.) *La Universidad en el cambio de siglo.* Madrid, Alianza, págs. 19-28.
_____ (2001), *Los siete saberes necesarios para la educación del futuro.* Barcelona, Paidós.
NUSSBAUM, M. C. (2002), "Education for citizenship in an era of global connection" *Studies in Philosophy and Education.* 21 (2), págs. 289-303.
_____ (2005), *El cultivo de la humanidad. Una defensa clásica de la reforma en la educación liberal.* Barcelona, Paidós.

_____ (2006), "Education and Democratic Citizenship: Capabilities and Quality Education" *Journal of Human Development* 7 (3), págs. 385-395.

O.C.D.E. (2002) *Definitions et Selection des Competentes (DeSeCo): Fondements Theroriques et Conceptuels*. OCDE. Neuchâtel, Suiza (http://www.portal-stat.admin.ch/deseco/news. htm; 29-03-2008)

OLIVA, F y HENSON, T. (1980), " ¿Cuáles son las competencias genéricas esenciales de la enseñanza?", en GIMENO SACRISTÁN, J. y PÉREZ GÓMEZ, A. I. (Eds.) (1980) *La enseñanza. Su teoría y su práctica*. Madrid, Akal, págs. 356-363.

ORTEGA y GASSET, J. (1930), *Misión de la Universidad*. Obras Completas (1955), tomo IV. Madrid, Revista de Occidente, págs. 313-356.

PÉREZ GÓMEZ, A. I. (2007), "La naturaleza de las competencias básicas y sus implicaciones pedagógicas". *Consejería de Educación de Cantabria*. Santander. (http://213.0.8.18/ portal/ Educantabria/Congreso%20Competencias%20Basicas/index. html).

PERRENOUD, P. (2004), *Diez nuevas competencias para enseñar*. Barcelona, Graó.

QUINTANILLA, M. A. (1998), "El reto de la calidad en las universidades", en PORTA, J. y LLADONOSA, M. (Coords.) (1998) *La Universidad en el cambio de siglo*. Madrid, Alianza, págs.79-101.

ROBEYNS, I. (2006), "Three models of education: Rights, capabilities and human capital", *Theory and Research in Education* 4 (1), págs. 69-84.

ROWAN, B. (1994), "Comparing Teachers' work with work in other occupations: notes on the professional status of teaching" *Educational Researcher* 23 (6), págs. 4-17 y 21.

RYCHEN, O. S. y HERSH SALGANIK, L. (2001), *Definir y Seleccionar las competencias fundamentales para la vida*. México, D.F., Fondo de Cultura Económica. 2003

_____ y HERSH SALGANIK, L. (2003), *Key competencies for a successful life and a wellfunctioning society*. Göttingen, Gremany, Hogrefe & Haber.

SCHÖN, D. (1983), *The reflective practitioner. How profesional think in action*. Londres, Temple Smith.

_____ (1987), *La formación de profesionales reflexivos. Hacia un nuevo diseño de la enseñanza y el aprendizaje en las profesiones*. Barcelona, Paidós. 1992.

STENHOUSE, L. (1978), *Investigación y desarrollo del curriculo*. Madrid, Morata, 5.a ed., 2003.

UNESCO (1996), *La educación encierra un tesoro*. París. Ediciones UNESCO.

WALKER, M. (2001), *Reconstructing professionalism in university teaching. Teachers and learners in action*. Berkshire-UK, Open University Press.

_____ (2006), *Higher Education Pedagogies*. Berkshire-England. Open University Press.

WHITTY, G., POWER, S., HALPIN, D. (1999) *La escuela, el estado y el mercado*. Madrid. Morata.

WILEMANS, W. y VANDERHOEVEN, J. L. (1994), "La influencia del mercado y la orientación política: la educación superior belga". En NEAVE, G. y VAN VUGHT, F. A. (Coords.) (1994) *Prometeo encadenado. Estado y educación superior en Europa*. Barcelona, Gedisa, págs. 53-89

WOLF, A. (1995), *Competente-based assessment*. Buckingham, UK, Open University Press.

6
AVALIAR A APRENDIZAGEM EM UM ENSINO CENTRADO NAS COMPETÊNCIAS

Juan Manuel Álvarez Méndez

> As pessoas aprendem não porque se lhes transmita a informação, mas sim porque constroem sua versão pessoal da informação.
>
> Rita Levi-Montalcini[1]

Em contextos educativos, a avaliação é chamada a desempenhar funções essencialmente formativas. Isso quer dizer que a avaliação deve estar a serviço de quem aprende e, ao fazê-lo, simultaneamente estará a serviço de quem ensina. Os dois serão os beneficiados diretos da ação pedagógica. Em torno dessa ideia básica articulo a exposição de minhas ideias.

DO PODER DA RETÓRICA DISCURSIVA E OS EFEITOS DA VERDADE

A expressão "ensino centrado em competências" encerra mais uma aspiração que um conceito com significação clara. Com ela, criou-se a necessidade de mudança. Sente-se a urgência de melhorar os sistemas educacionais – em um mundo globalizado as reformas são transnacionais – e a primeira tentação, talvez o caminho mais fácil de concretizar a aspiração que há no fundo, seja a de propor novas reformas, antes de avaliar as precedentes, e antes de conhecer o que funciona bem e o que não funciona no atual estado do sistema educacional ou o que impede que o que as outras reformas prometiam chegue a ser implementado.

A sensação que produz esse estado de permanente anúncio de mudanças e reformas é a de "esgotamento por reformas". Estávamos nos preparando para realizar uma que imediatamente se torna obsoleta e já temos de adotar e nos adaptar a uma nova narrativa. E essa é, em nosso caso, a das competências.

O discurso atual de reforma propõe como palavra mágica, como ícone de identidade, o conceito de *competências*, no plural. Em torno desse conceito propõe-se criar toda a estrutura do sistema educacional. Embora seja um conceito sujeito a múltiplas interpretações, que suscita debates, é como se guardasse em si, como recurso metafórico, a quintessência que garantiria a melhoria de todo o sistema e a superação de tanto mal que se anuncia e diagnostica, apesar de não conhecermos muito bem os resultados da avaliação que tenha sido realizada das reformas que temos e de nem conhecermos a análise e a avaliação das causas que provocam o estado atual. O Relatório PISA, direta ou indiretamente, parece exercer um papel preponderante no diagnóstico. E a avaliação nesse contexto e em suas múltiplas interpretações é chamada a desempenhar um papel relevante que deve agir como catalisador de tanta promessa, de tanta palavra. Força semântica tem suficiente. Falta acreditar em seu poder formativo e se comprometer com o que ela representa. No contexto no qual aparece, não obstante corre o risco de perder seu poder de transformação como recurso de aprendizagem para se tornar em simples instrumento de *medição*, função que se presta mais facilmente para a *prestação de contas* e para estabelecer comparações, que é o que importa.

No entanto, um dos aspectos que mais pode chamar a atenção na nova retórica reformista sobre a educação expressada em termos de competências, "linguagem oficial" da reforma que nos chega, e insistentemente centrada nas mesmas, é que em suas origens não há ideias, creio que tampouco intenções, educativas. Não há discurso curricular. Não há debate, não há crítica, carecendo de análise. Tampouco antes houve, no momento da elaboração. Não conhecemos o ponto de partida nem conhecemos a análise ponderada dos motivos que conduzem a uma proposta de reforma. Não conhecemos as fontes, não está explícita a teoria, não conhecemos as razões que fundamentem as ideias e as mudanças. Não há referências à epistemologia, à construção do conhecimento, ao processo de ensino, ao processo de aprendizagem, à formação dos professores em exercício, à formação dos futuros docentes. Contudo, são poucas as ocasiões em que os conceitos se tenham estendido com tanta rapidez e com tanto alcance. Pouco a pouco a quantidade de produção na literatura especializada aumenta, e talvez contribua para enriquecer e melhorar o próprio discurso com contribuições diversas e ajude a esclarecê-lo, criando a sensação de que o tema sempre esteve sobre a mesa de debates. Podemos adivinhar que o enfoque do ensino em competências tem suas origens nas definições políticas formuladas pela União Europeia, pela OCDE e, como referência obrigatória, o projeto internacional DeSeCo (*Definition and Selection of Competencies*). Mas as definições não são suficientes.

A ideia de competência representa *saber e saber fazer*, teoria e prática, conhecimento e ação, reflexão e ação... Isso representa uma mudança no enfoque do conhecimento: de *o que* saber ao *como* saber. Na prática isso desloca o peso no currículo dos princípios, do marco conceitual aos métodos. Sem dúvida que o método é importante, mas não deixa de ser mera questão técnica, variável dependente dos princípios e do marco conceitual, que lhe dão, dentro da estrutura que representa o currículo como um todo de sentido e significado.

Os elementos que intervêm na implementação do currículo adquirem sentido e significado compreensíveis à luz do marco epistemológico.[2] Se este falta ou não está identificado com clareza é muito difícil encontrar coerência de planejamento e a coesão entre as partes na prática. É difícil compreender que os alunos devem ser responsáveis por sua aprendizagem ou que devem participar em sua avaliação e que aprendem não apenas conteúdos (*o que aprender*) como também aprendem, além disso, a fazer algo com eles (*como utilizá-los*) se não conhecemos previamente aquele marco no qual a proposta se torna compreensível e adquire sentido.

Não se pode reduzir o *o que conhecer* a *como conhecer*, o conteúdo aos métodos e os princípios aos resultados. O processo educacional é mais complexo e mais abrangente. O âmbito dos valores morais não pode estar nunca à margem. Na prática, o discurso das competências reforça a importância dos métodos e abandona os outros elementos constitutivos do processo educativo e, antes, passa por alto ou simplesmente não aparece o marco conceitual de referência que dá luz aos distintos elementos que compõem a estrutura curricular, incluída a avaliação. Sem mais referências às formas de entender o ensino e a aprendizagem, a avaliação se reduz a mero exercício de controle. Talvez apenas se trate disso, de controle de resultados entendidos como produtos acabados, oferecidos para estabelecer comparações, independentemente dos contextos nos quais são gerados e alheios às pessoas que os produzem e que lhes dão significados contextualizados. E a avaliação terminará confundida e reduzida à *qualificação*, que costuma terminar como recurso de classificação, de seleção, de exclusão de alguns grupos frente a outros. Na falta de outro tipo de classificação, os padrões pré-estabelecidos são a referência para a fabricação dos instrumentos de controle.

Nessa linha de ação, poderemos concluir que para realizar uma determinada tarefa o sujeito tem de ser competente, mas não podemos assegurar que para tarefas diferentes, em circunstâncias distintas e desconhecidas, em contextos instáveis e imprevisíveis, a resposta que o sujeito possa dar seja acertada, a indicada ou a desejada. Faltarão para ele os padrões, o controle, sempre externos, alheios à tomada de decisões que ele mesmo possa empreender. O que entra em questão é a previsível "transferibilidade" dos conhecimentos e, sobretudo, a capacidade do sujeito de criar respostas novas diante de casos ou situações desconhecidas, característica substantiva da competência.

Tal como se apresenta, o ensino por competências sugere a imagem de um circuito fechado que não sai do planejamento detalhado das competências que ao fim deve ser controlado ou medido e não apenas *avaliado*, de acordo com o esquema de partida, isto é, de acordo com a lista de competências que constituem o núcleo da programação. Com essa estrutura pretende-se obter não apenas a preparação competente, como também a transferibilidade dos conhecimentos. Chama a atenção que a interdisciplinaridade, que não é citada, não figura como parte substancial na base do raciocínio.

O que está por ser definido, o que está obscuro nos novos formatos de currículo, é o que se entende por *conhecimento*, por *saber*, por *compreensão*, conceitos que praticamente não aparecem devidamente marcados e explicados na nova narrativa curricular. Talvez esse fato explique a razão de tanta divergência nas interpretações feitas sobre as competências, tantas utilizações, tantas expectativas, tantos modos de falar. Sem referentes de conhecimento tudo vale, incluídas aí as contradições, os contrassensos, as lacunas, a falta de clareza. Apenas há respostas de caráter pragmático e programático, com uma tendência marcadamente operacionalista, de forte conotação "eficientista", que apontam para exigências de caráter econômico-produtivo frente a situações socioeconômicas muito competitivas.[3] Isso lhes dá uma aparente uniformidade sobre um consenso pressuposto, dado o peso da autoridade administrativa que as propõe. Mas a educação transcende isso e coloca em jogo outros valores, além dos interesses de mercado e além dessa visão pragmática.

Em nome de interesses e de benefícios difusos dos países que integram a UE – o discurso se estendeu sem limites geográficos definidos, consequência da globalização e de políticas econômicas transnacionais –, as competências são impostas *por decreto* com a aquiescência daqueles que desempenham funções de responsabilidade burocrático-administrativas.[4] Esse fato aponta para uma "hipertrofia prescritiva", em expressão de Perrenoud (2000), o que sem dúvida contribui para o preconceito em relação ao exercício da profissão de docente ao torná-los dependentes na aplicação de decisões e programações nas quais não tiveram arte nem parte. Ao seguir as pautas que surgem em outras instâncias, que obedecem a critérios que não lhe são familiares, os docentes se veem obrigados a agir fielmente às normas e disposições derivadas da padronização,[5] que impõem uma complicada rede de formalismos e de passos técnicos complexos e distanciados da prática cotidiana obedecendo a um único pensamento entregue com devoção à fabricação artificial de um discurso engenhoso (o que é novo é a insistência com que surge) em torno das competências. Com esse objetivo os professores deixam de lado seu próprio conhecimento acumulado e experiente, suas crenças e concepções, seus princípios e suas histórias particulares, sua preparação e seu pensamento para agir e tomar as decisões pertinentes em função de suas competências e conhecimentos profissionais compartilhados pela comunidade docente. Trata-se agora de seguir um discurso que os envolve e os condiciona totalmente, desde os programas de formação de professores até a programação dos conteúdos curriculares escolares; desde os níveis básicos da educação aos níveis superiores e universitários; desde a programação e a implementação até a avaliação dos programas de formação e os programas escolares; desde a avaliação institucional de sistemas educacionais à avaliação do rendimento dos alunos.[6]

De tanto controlar e de tanto propor minuciosamente cada passo se perde o exercício das próprias competências profissionais dos professores.

Surpreende tanta uniformidade nos sistemas educacionais atuais, e nos planos de reforma nacionais nos quais se pode perceber o peso das decisões tecnocráticas acima dos interesses de formação. A "linguagem das competências" se "oficializou" e se apropria com exclusividade dos afãs de reforma educacional. Igualmente surpreende que haja tão pouca crítica. Não pode ser casual que desde os primeiros passos se propusessem medidas que buscavam um espaço educativo comum baseado em critérios administrativos de validação. O papel que se dá aos resultados do Relatório PISA vai nessa direção. O surpreendente é que do Relatório PISA se tiram conclusões sobre os sistemas educacionais nacionais, além do alcance que os próprios responsáveis se propuseram, os quais adquirem valores definitivos, com múltiplas leituras e muitos interesses em jogo, a partir exclusivamente dos resultados obtidos pelos alunos, resultados que aparecem alheios aos contextos sociais, econômicos e culturais em que surgem e distantes das condutas em que os sujeitos os produzem. Também se estabelecem comparações apesar de não se explicitarem os termos da comparação.[7]

Paradoxalmente, o interesse pela avaliação, em um sentido geral empobrecedor, vê-se limitado aos resultados que os estudantes obtêm. Na prática, a atenção se centra e se limita às *qualificações*, as quais materializam os resultados e dão por fechado e concluído um processo que deve permanecer aberto, inacabado. Esses são os elementos básicos dos quais se extraem conclusões que afetam as decisões políticas, burocráticas e administrativas, superando o próprio alcance das *qualificações*.

Nessa "nova" visão da educação – que de *novo* não tem muito, de *inovação* menos ainda[8] – desapareceram do discurso alusões à história e às experiências pedagógicas anteriores, aos resultados da pesquisa socioeducativa, aos autores que foram "criando escola" de pensamento. Desapareceram expressões já assentadas na tradição e na literatura pedagógica (*aprendizagem significativa, aprendizagem por descoberta, autoavaliação, trabalho em equipe, autonomia, interdisciplinaridade, profissionalismo docente, autonomia das escolas, pesquisa em ação, professor reflexivo, compreensão, trabalho cooperativo, negociação*). Às que se mantêm (*pensamento crítico, avaliação formativa, coavaliação...*) lhes são dadas novas perspectivas, significações diferentes, adquirem sentidos distintos, interpretações ingênuas quando não encobridoras de concepções pragmático-funcionais. O conhecimento se torna mais um recurso que garante o crescimento econômico; importa a formação dos trabalhadores "para garantir o crescimento sustentável das economias baseadas no conhecimento", e se pretende "formar mão de obra qualificada de alto nível", de acordo com o documento *As competências-chave* (Eurydice, 2003). Percebe-se um interesse inspirado na formação profissional e técnica, ideia aplicada diretamente à formação geral. O risco é submeter os processos básicos da educação, que prioritariamente interessam à formação integral das pessoas e à transmissão cultural, aos interesses e às necessidades do mercado de trabalho.

AS COMPETÊNCIAS NO PROCESSO DE ENSINO E DE APRENDIZAGEM

É evidente que, em educação, não se pode falar das competências de modo independente dos processos de ensino e de aprendizagem. Assim mesmo, parece óbvio que as competências não substituem o conhecimento. A falta de ideias educacionais e debates, a falta de um esclarecimento da base conceitual que dê sentido e facilite a compreensão do que se propõem no âmbito educacional, temos listas de competências para a programação e listas (fechadas) de *critérios* para avaliá-las, apesar de o mais apropriado ser falar de critérios para *medi-las* com a precisão matemática que facilite a comparação entre os resultados por meio de uma *nota de qualificação*.[9] Digo critérios, apesar de não estar claro se se trata de *capacidades*, talvez sejam os *conteúdos*, tradicionais ou não, travestidos de expressões novas ou talvez sejam os *objetivos* de rendimento. Como explicam Reichert e Tauch (2003, p. 14), "para poder alcançar esse objetivo de dispor de um sistema facilmente compreensível e comparável de titulações no EEES, será primordial que governos e IES (Instituições de Educação Superior) iniciem a seguinte fase do Processo de Bolonha e elaborem bases de qualificações baseadas em parâmetros de referência externos (descritores de qualificações, descritores de nível, competências e resultados da aprendizagem), preferivelmente em sintonia com um Marco Europeu de Qualificações comum".

Para esclarecer esse panorama, não apenas terminológico, necessitamos do marco conceitual que torna compreensível tanta proposta e que nos permite analisar a coerência global do projeto e a coesão de seus elementos na implementação curricular. Do contrário, é fácil cair na obsessão por resultados, atomizando e desagregando os conteúdos em competências dispersas. Nas palavras de Barnett (2002, p. 32), "atualmente estamos abandonando uma "penumbra" para entrar em outra. A mudança consiste, essencialmente, em passar do conhecimento como contemplação para o conhecimento como operação".

Falta clareza no contexto de elaboração e no momento da prática didática. As que existem são inviáveis, além de suas práticas em sala de aula serem complexas. A falta de clareza oculta a pobreza discursiva e a falta de ideias. Apenas aqueles que querem ver nesse discurso o que o próprio discurso não diz encontram resposta ao que a mesma narrativa não dá resposta. Um exemplo palpável é a insistência do enfoque construtivista das competências, que nas palavras de Perrenoud (2000) é questionável (textualmente: "regrettable d'assimiler construtivisme et approche par compétences"). Evidentemente, competências, capacidades, habilidades e demais destrezas sempre houve e há sentido ao se falar de educação, seja em um enfoque construtivista ou outro. Essa não é a questão. O que não parece racional é sustentar a linguagem excludente das competências – não existe margem para outras "leituras" do discurso educacional – dentro de estruturas tecnofuncionalistas fechadas. Não se trata de negar a existência e importância das competências e sua aquisição. Negar seu valor e o papel relevante que podem desempenhar na educação seria deixar de lado um capítulo importante nos processos básicos de formação. Outro assunto é o papel preponderante, e diria que desequilibrante na estrutura do currículo, que desempenham nas distintas narrativas que as explicam e o papel dado a elas na educação. O Condutivismo, aludindo aos objetivos operacionais, fez delas um lema conceitual básico. Como aponta Hambleton (1991), os testes referidos como critério foram construídos para permitir a interpretação do rendimento em relação a uma série de competências bem definidas.

Não obstante, esse fato não importa no momento de fazer propostas em todos os âmbitos programáticos que abarca a implementação de uma educação que gira em torno de um conceito tão pouco claro, tão pouco definido, embora conte com definições lexicais que parece que fixam um significado inquestionável, sem fissuras. Provavelmente seja nesse plano das práticas (impossíveis) que se manifestam todas as contradições às quais a proposta de reforma em torno das competências podem levar. E provavelmente seja no terreno de aplicação onde se comprova a inviabilidade e as dificuldades operativas incontornáveis quando se trata de trabalhar com todas e cada uma das competências que supostamente devem ser consideradas e a necessidade de criar contextos adequados para sua avaliação em práticas específicas.[10] Sem contar a complexidade que algumas representam – a competência comunicativa, por exemplo –, basta fazer um cálculo aproximado de quantas são as competências que supostamente os professores devem programar, ensinar, avaliar de um modo operativo e com previsão milimétrica e calculada em cada uma das áreas de trabalho, para se dar conta que excede o trabalho cotidiano e a própria preparação recebida dos professores. Também seria necessário criar espaços para as aplicações nos quais os alunos possam demonstrar as competências adquiridas. Outro fator a ter em conta é o número de alunos aos quais cada professor pode dedicar a atenção que a proposta exige.

Não deixa de surpreender que, depois de um discurso tão incondicional a favor das competências em que se destacam os pontos fortes da mesma proposta, no momento de fazer propostas para avaliá-las, o discurso se torna ambíguo, difuso, pouco claro, diria até que simples. Insiste-se prioritariamente em que a avaliação das competências deve ser *formativa*, apesar de não se especificar o que essa função essencial na avaliação educacional pode significar em um enfoque direcionado a resultados, e que tão pouca utilização tem para elaborar tabelas de comparação entre sistemas. Tanta palavra para não dizer nada de novo.[11]

A *formativa* é a função tão permanentemente presente nos discursos pedagógicos quanto ausente das práticas de sala de aula, desde que aparece aplicada ao campo educacional por Bloom (1975), nos anos de 1970. Se a ela acrescentamos a *contínua* como função complementar, o discurso não sai de uma tradição que contribuiu muito pouco para reparar as falhas que historicamente tomam a educação, em todos os níveis, e a avaliação particularmente, seleção, fracasso escolar e exclusão entre eles, provavelmente porque as formas de praticar a avaliação nunca responderam à intencionalidade formativa. Faz-se necessário que à reforma das palavras lhe acompanhem a vontade pública e a vontade dos professores para fazer da avaliação um recurso fundamental de aprendizagem, um recurso de formação, um meio que assegura a aprendizagem de qualidade, e não um instrumento de seleção, de exclusão, tão vinculado a uma visão meritocrática da educação.

Segundo o documento *Propostas para a renovação das metodologias educacionais na universidade* (MEC, 2006, p. 140), "devemos nos aproximar dos planejamentos didáticos que subjazem ao EEES: dar maior protagonismo ao estudante em sua formação, incentivar o trabalho colaborativo, organizar o ensino em função das competências que devem ser adquiridas, potencializar a aquisição de ferramentas de aprendizagem autônoma e permanente, etc.". E mais adiante no mesmo documento se assegura que "se evidenciou que a primeira dificuldade se encontra na escassa importância que na prática se atribui às metodologias na obtenção de aprendizagens de qualidade, apesar do consenso generalizado sobre sua relevância estratégica" (MEC, 2006, p. 145). E entre as causas que se identificam para essa situação se aponta "a falta de modelos universalmente aceitos para avaliar competências genéricas". (Essa mesma observação se repete em mais de uma ocasião no mesmo documento.)

Ao refletir sobre a avaliação de competências a tentação é investigar esses modelos universalmente aceitos para avaliar as competências no âmbito educacional. E a surpresa é que não aparecem, nem por *universais* nem por *aceitos*. Algo falha. E não apenas falha a avaliação nesse raciocínio, mas sim que tradicionalmente vem falhando há muito tempo (Eurydice, 1993).[12] Porque sobre esse tema é muito difícil pensar – e aceitar – a validade de respostas universais. Elas nunca existiram e muito provavelmente jamais irão existir, a não ser que cheguem pela via da expedição de normas de caráter burocrático-administrativo que imponha uma uniformidade aparente nas formas de fazer, que não se encaixe com os modos de pensar e de agir dos professores nas práticas da avaliação. O que se pretende então?

De acordo com o documento coordenado por Valcárcel Cases (2003, p. 53), e em sintonia com o documento do MEC (2006), são feitas algumas suposições como contribuição da formação dos professores. "A transparência dos processos formativos pode ser melhor alcançada se deslocamos a atenção do processo de ensino para o processo de aprendizagem, e consideramos *a aprendizagem como eixo central* do processo de formação, do projeto curricular e da interação didática". Sem dúvida o discurso afirma se centrar no aluno.

Também o discurso da LOGSE dizia isso nos anos de 1990. Falava-se então da avaliação *formativa e contínua* (assim se vem "dizendo" desde a Lei do 70). No entanto, mantiveram-se as mesmas práticas com resultados muito parecidos ao de outras experiências de reforma, o que evidencia que as mudanças não são feitas por palavras, nem por retórica; as pessoas é que fazem as mudanças. No entanto, poucas alusões aparecem à formação recebida dos professores e à formação que necessitarão para pôr em prática a nova formulação pedagógica, se excetuamos a ênfase posta na necessidade da renovação dos métodos de ensino. E não aparecem referências a seu trabalho cotidiano em sala de aula e muito pouco aos contextos de aplicação, cada vez mais difíceis, nos quais os professores trabalham. Talvez o que agora seja novo é que os destinatários desse discurso são outros, principalmente professores de níveis superiores, cuja formação e informação didática são realmente escassas. Nesse sentido, tudo o que representa questionar práticas tradicionais imexíveis cai bem. Mas as estruturas seguem sendo as mesmas: na formação inicial e permanente dos professores, no acesso à carreira de professor, nas áreas específicas como o é a avaliação, as teorias curriculares alternativas, as concepções metodológicas inovadoras, os novos enfoques sobre a avaliação que conduzem a modos distintos de avaliar a aprendizagem dos alunos.

As expressões que agora aparecem, distanciadas dos contextos de elaboração em que nasceram, e alheias ao trabalho docente "situado", perdem sentido, perdem significado, perdem valor, perdem credibilidade e perdem o poder de transformação que poderiam ter tido intencionalmente em sua proposta inicial. E agora nos encontramos com a situação de falta desse discuso explicativo que pudessem tornar compreensíveis as propostas pragmáticas reais. E falta a base conceitual de referência. Assim ocorre com a conhecida como *avaliação por portfólios*. Talvez seja uma das expressões mais utilizadas[13] quando se fala da avaliação da aprendizagem na narrativa das competências. Conta já com uma trajetória reconhecida na tradição pedagógica, que agora não aparece, em concepções curriculares alternativas a concepções técnicas e distintas da avaliação tradicional extremamente reprodutora de informação transmitida e centrada em avaliações estilo *teste*, avaliação tradicional obcecada por fórmulas de medição nas quais a elaboração de provas "objetivas" (agora incentivadas) se tornou uma fixação. É surpreendente que sem mudar a concepção curricular, sem mudar os princípios, pretende-se uma mudança em uma das partes que definem o currículo, talvez uma das mais sensíveis pelo que representa e pelo valor agregado que adquirem os resultados no contexto social.

Na raiz desse vazio, que encobre uma tradição significativa, surgem outras perguntas:

- Quem propõe o novo enfoque, quem o *idealiza*, quem o *pensa*?
- Qual é seu marco conceitual de referência?
- De que maneira se torna compatível um ensino centrado no aluno e uma avaliação que deve focar os resultados expressados em termos de competências, avaliação que exige evidências empíricas, resultados passíveis de serem medidos, constatáveis, verificáveis, nos quais o aluno deve testar os conhecimentos adquiridos *fazendo*? Como, por exemplo, um aluno pode testar o pensamento crítico e autônomo se não há uma mudança nas formas de entender o ensino e a aprendizagem, que vá além do método? Como o fará se para demonstrar a competência deve se submeter a uma prova padronizada? Além de aprender a *fazer*, também, como recomendava o Relatório da Unesco presidido por Delors (1996) os alunos necessitam aprender a *ser*, a *conhecer*, a *viver* e a *estar* no mundo, a se *situar* nele, de um modo digno, em uma ordem social democrática. E isso significa abertura das ofertas e opção para a escolha de outras possíveis interpretações do que entendemos por educação.
- Antes dessa proposta faltava compromisso, faltava ação, não identificamos o que faltava. Porque os valores que agora *se descobrem* no novo discurso já estavam presentes em ofertas anteriores. Eram mais fáceis de entender em sua expressão, em sua apresentação e eram menos tecnológicas. Que avaliação de propostas de reformas anteriores se fez, cujas conclusões levam a aceitar o novo discurso e a nova forma de agir em educação? Por que o que agora nos é oferecido pode ser considerado alternativo às formas tradicionais de agir em educação? Que papel os professores desempenharam nesse novo enfoque, posto que são aqueles que o deverão executar?
- O enfoque por competências dota os estudantes da bagagem necessária para se desenvolverem na sociedade atual como cidadãos *educados*? O novo enfoque pode contribuir para assegurar condições de igualdade, de equanimidade, de justiça na obtenção do êxito de todos ou da maioria dos alunos que frequentam a escola? Ao transformar as competências no foco de atenção do currículo, asseguramos bons resultados nos programas de formação básica comum?

- Para pôr em funcionamento o novo enfoque, basta a formação *de antes* recebida pelos professores *de hoje*?

DA CRÍTICA AO ENFOQUE POR COMPETÊNCIAS

Por que é tão difícil a análise ou a crítica ao enfoque da educação por competências?

A educação por competências conduz a um sistema fechado expresso em uma retórica que sugere e convida a pensar em um sistema aberto. Cria a sensação de uma visão ampla e aberta da educação, mas oferece como suporte uma estrutura fechada, limitada. Se lemos ingenuamente os discursos e os textos, temos a impressão de que tudo irá funcionar de um modo perfeito. Como tomar uma postura crítica nessa perspectiva?[14]

Pode-se dizer que existem boas ideias em sua expressão, mas não podemos assegurar, com as referências de que dispomos, que essas mesmas ideias assegurem uma melhoria do sistema de ensino e de aprendizagem, nem que constituam um progresso por si mesmas. Há algo – há muito, em se considerando a importância da educação – que não se encaixa entre tanta grandiloquência. No desajuste, no paradoxo, está a avaliação *de* e *por* competências. E antes, devemos contar com a análise da formação recebida e com a formação necessária dos professores que deverão implementar tão boa intenção e com a análise dos contextos de aplicação, considerados homogêneos, iguais, independentemente da história e da cultura que os formam. Anunciam-se mudanças estruturais, mas não se percebe a vontade de mudança nas estruturas.

Cabe a possibilidade de pensar que as formas de avaliar a partir da atual proposta permitem mais opções que a do simples exame, qualquer que seja sua forma? Serão aceitas formas de avaliar que validam mais de uma resposta? Se dá ao aluno a possibilidade de fazer uso de sua capacidade crítica? Como avaliá-la? Como avaliar, e sobretudo, como *qualificar* a resposta divergente, crítica, diferente? Como avaliar o pensamento criativo? Ou talvez não se contemplem esses casos, nos que cada sujeito pode pôr em prática suas próprias competências, seu próprio *saber fazer* a partir do conhecimento que adquiriu?

Como avaliar, como *qualificar*, a competência comunicativa, que por si só é pessoal, criativa, diante de perguntas que exigem uma única resposta? Como testar a competência criativa diante de um discurso reprodutor, unilateral, uniformizador? Como aplicar conhecimento se o próprio conhecimento transmitido é simples, linear, limitado à informação copiada nas explicações de aula, o conhecimento limitado às anotações de algumas notas que querem reproduzir literalmente o que o professor diz em aula? Como o professor pode pôr em prática seu conhecimento e sua competência profissional se deve seguir fielmente as pautas dadas "desde cima", em uma estrutura piramidal de poder? Que papel desempenha a escola como "organização que aprende", organização dinâmica que pode propor projetos diferenciados adaptados a necessidades específicas, a contextos diferentes? Como atender à diferença?

Como avaliar uma resposta única quando o conhecimento (ou a competência, que não são, não devem ser o mesmo) se aplica a situações complexas, mutantes, instáveis, dependentes dos contextos de aplicação?

Quem pensa o enfoque, onde nasce, o que traz de novo? Se agora descobrem outros conteúdos para avaliar (as competências ao fim das contas, tal é o papel a elas atribuído, que se tornam *conteúdos*, como antes, nas concepções técnicas do currículo – pedagogia por objetivos –, os *objetivos* derivavam em conteúdos que deveriam ser programados minuciosamente para ensinar e, ao final, avaliar), o que os professores devem mudar em relação ao que vêm fazendo? Os processos e os contextos nos quais se formam? Seus métodos de ensino, suas técnicas de avaliação, suas formas de perguntar, seus modos de corrigir, sua maneira de tratar a informação que recebem dos alunos nas provas? Devem seguir *examinando* ou devem começar a *avaliar*? O aluno deixa de ser sujeito passivo na avaliação, por mais que seja reconhecido como referente essencial do processo de ensino e aprendizagem, ou se constitui em parte ativa e participante dela? A *autoavaliação* se tornará realidade, como recurso de *autorregulação* da aprendizagem, que em nenhum caso é permissividade nem negação da responsabilidade do que corresponde ao professor, de acordo com o que se depreende de um enfoque que admite que o aluno é o referente prioritário do processo instrutivo? Contribuirá para pôr realmente em prática a *avaliação formativa*? Permitirá que o aluno avance segundo suas condições, segundo suas necessidades?

Chama a atenção que no discurso é fácil explicar que o novo enfoque da educação por competências não está relacionado com propostas anteriores, especialmente com as ligadas ao condutivismo e, de modo mais concreto, com a pedagogia por objetivos. Diz-se e já se libera o discurso de demônios passados, de cargas pesadas, de elementos incômodos para manter o argumento. Mas também se diz com claridade que toda competência está ligada a uma ação determinada, a um dado objetivo determinado, a um resultado empírico concreto, a uma evidência específica. Ou se faz ou não se faz. No primeiro caso se concluirá que o sujeito *sabe*, enquanto no segundo a conclusão será que o sujeito *não sabe*. A competência tem que ser demonstrável, tem que ser comprovável empiricamente. É o que sempre sustentou o positivismo e em sua versão psicológica, o condutivismo, que em educação se identifica com a *pedagogia por objetivos*. No entanto agora, e diante do desprestígio dessa modalidade tecnofuncionalista, que pensávamos já superada, os discursos procuram estabelecer diferenças com esse enfoque, misturando os conceitos, as ideias, as propostas.

Parece que tudo cabe em um mesmo discurso, no qual não aparecem fundamentos epistemológicos nem curriculares, nem concepções nem teorias da aprendizagem e do ensino, nem opções filosóficas nem prática histórica reconhecida nem contextos socioculturais muito diferentes, nem interesses enfrentados nem conflitos. Tampouco há uma fundamentação didática propriamente educativa. O discurso da eficácia, da racionalidade técnica, da rentabilidade econômica e da projeção sociolaboral deslocou o interesse pelo discurso moral e político da educação e pelo interesse formativo. O conhecimento deixa de ser um valor em si, deixa de ser considerado processo de construção e passa a ser considerado resultado, produto (Barnett, 2001).

A mudança de olhar se produz na sociedade metaforicamente chamada do conhecimento, quando deveria se chamar propriamente "das TIC", quer dizer, das novas Tecnologias de Informação e Comunicação ou do que elas representam. O que prioritariamente importa é a projeção e direção à prática, e não tanto a *racionalidade prática*, projeção utilitária que nas interpretações implícitas se lê como função econômica e laboral. Já não se pede criação, compreensão, cooperação, nem se incentiva o pensamento crítico nem a divergência. Importa o que produz ou o que garante a produção. Com tal finalidade, deve-se demonstrar o conhecimento adquirido, por meio da capacitação explícita, que é o enfoque das competências. Embora também convenha distinguir, como se costuma fazer, que capacitação e competências não são a mesma coisa. Parecem-se, questão de matizes. Mas sobre isso se elaboram grandes discursos, grandes debates.

A forma de falar de competências e o papel de referência total para a implementação curricular representa um voltar a situações que já se mostraram inviáveis, ineficazes e desprofissionalizantes. Se antes eram os objetivos expressados em termos de conduta, também antes o foram as competências; o taylorismo se centrou nelas. Mager (1977) explicava, já faz tempo, com muita precisão o que isso representava: "O objetivo é a descrição da execução (realização de uma atividade) que se pretende que os educandos estejam em condições de realizar antes de serem considerados competentes. O objetivo descreve um *resultado* previsto do ensino e não o próprio *processo* do ensino". E o que não deixa de ser questionável, a aprendizagem se decompõe em unidades menores e em parcelas desagregadas de ações concretas. A atomização das competências em suas manifestações analíticas para inferir um todo vem a ser uma condição da programação minuciosa que exige o controle preciso. Nessa simplificação a noção de *competência* minimiza o poder inovador dela mesma.

A impressão que dão as novas formas de falar de educação por competências é que se mudam as palavras, aparece uma nova retórica, cria-se a necessidade de dizer algo que pareça novo cuidando-se muito para não relembrar tempos passados, quando, entre os primeiros curricularistas (Bobbit, 1918, Charters, 1925), inspirados no "gerencialismo" de Taylor mais radical e mais limitante, propunham copiar os objetivos educacionais das tarefas que os trabalhadores realizavam nas fábricas, e se cria a sensação de verdade. De verdade nova que salvará situações extremamente ancoradas na tradição, porque se propõem mudanças nas formas de dizer sem mudar as estruturas, mudanças nas palavras e não nas formas de compreender, de estudar, de analisar, de avaliar o que é e o que exige a Educação e as mudanças propostas. Nada se diz nesses discursos sobre qual visão particular de educação se fala, que *leitura* interessada se faz do mundo, que marco conceitual de referência se dá, quais são "os grandes pensadores" por trás... E desse tema se falava lá pelos anos de 1970 e antes. Mas está muito próximo do discurso do condutivismo.

O que agora se faz é tão pouco claro que se busca o discurso cientificista, utilizando conceitos aparentemente novos, apoiados em expressões da psicologia construtivista ou qualquer outra, de tal maneira que não se deixa muito claro o fundo funcionalista de tanta proposta. Interessa menos a formação e o desenvolvimento – não digamos já a criação de conhecimento – que a preparação para o desempenho de um determinado ofício, ou melhor, como dizem, para a mobilidade laboral. A inspiração em contextos de formação profissional e técnica é evidente. O enfoque por competências tem uma inspiração pragmática. Desenvolvida em contextos de formação profissional, propõe-se preparar profissionais para agir com eficiência diante de situações diversas, nas que deverão pôr em prática seus conhecimentos, suas habilidades, suas experiências. Não está mal. O que esse enfoque não pode garantir é a aprendizagem compreensiva, reflexiva, conflitiva. Trata de preparar o aluno para *fazer*. Mas *viver* não se reduz a um ofício, uma profissão. A partir disso cabe questionar se a mesma formação que necessitamos para fazer do aluno um cidadão *educado*, além de *instruído*, que acessa o patrimônio cultural comum e participa ativa e criativamente na sociedade.

Se a competência segue ligada a uma ação concreta para comprovar se se alcança ou não, a avaliação igualmente irá ligada a ações concretas que comprovem objetivamente e de um modo demonstrável as competências adquiridas. Foi sempre uma das premissas da pedagogia por objetivos. Mas os defensores cuidam muito para não cair nessa simplificação, apesar de na prática não terem alternativa. A avaliação é, digamos, a prova de fogo que a nova proposta terá de superar, e a tarefa não é fácil. Nela se mostram com clareza as contradições nas que o ensino centrado nas competências cai. E será nesse momento quando a avaliação, se a desligamos da simples qualificação, servirá de referência para torná-la crível, além de viável.

Como se concretiza esse raciocínio no momento de avaliar o conhecimento que representa? (ou se trata apenas de avaliar a competência?) Não aponta para um certo grau de previsibilidade para agir de maneiras desejadas e definidas por outros, algo que reduz a autenticidade da ação humana (Barnett, 2001)?

No momento em que se deve avaliar com intenção formativa a aprendizagem do aluno, poderemos comprovar que as competências não são apenas realizações, não são tão somente demonstrações empíricas executadas por meio de ações concretas, que se reduzem a sua aplicação. Podem ser aplicação, podem ser *uso*, mas não podem ser reduzidas ao imediato.[15] Porque a aprendizagem será mais abarcadora, mais complexa. Limitar a capacidade do sujeito para aprender *o dado, o aplicável,* é limitar a própria competência cognitiva dos sujeitos. O aluno aprende mais do que o professor ensina. E nem tudo o que o aluno aprende é reduzível a uma execução ou realização ou a uma evidência imediata, comprovável, demonstrável, na imediatez da aula. Por um lado, na prática diária escolar seria inviável; por outro, seria dar por fechado um processo que por natureza deve permanecer aberto, porque a própria inteligência é de natureza aberta, dinâmica. Observar – e *qualificar* – apenas o que o aluno faz é reduzir ao mais superficial sua capacidade de aprender e, portanto, sua competência cognitiva. Se tão somente damos por aprendido o que o aluno pode *fazer*, não são satisfatórios nem o contexto nem os recursos humanos e materiais disponíveis para esse controle – normalmente o professor por uma parte e o exame ou prova objetiva, recursos muito limitados para avaliar competências, por outra – porque as competências têm um caráter complexo, global e sua aplicação não responde a um padrão fixo. Necessitamos "inventar" outros recursos que se ajustem às exigências que se derivam do novo enfoque por competências. O importante será a observação, a análise e a valoração das produções dos alunos. Para agir coerentemente, a avaliação deve estar integrada no processo de aprendizagem e deve se integrar no desenvolvimento da competência. O que não é admissível é que se pretenda aplicar as ideias novas aos instrumentos de antes para seguir fazendo o mesmo.

A palavra, o termo *competência*, é atrativa ao mesmo tempo em que traz consigo a confusão, mais em se tornando metáfora que a tudo abarca, porque se pode dizer e fazer com ela o que cada um quiser, tal é o grau de indefinição que a caracteriza. Se lhes dão significados, resistem interpretações distintas e díspares, por vezes contraditórias e confusas. Esse é seu atrativo e esse é o perigo que sua utilização carrega. Por isso mesmo, corre o risco de desaparecer, desacreditada em sua (in)definição, inaplicável em seu uso.

A AVALIAÇÃO COMO FONTE DE APRENDIZAGEM

O novo discurso parte de uma suposição que não se questiona: o ensino tradicional se concentra desproporcionadamente sobre a figura do professor. A mudança propõe um giro de enfoque, e centra a atenção no sujeito que aprende. Se aceitamos esse princípio, a pergunta de partida é: o que deve mudar no ensino?[16] O que deve mudar na avaliação da aprendizagem dos alunos?

A resposta, cuja sustentação argumentativa desenvolverei a seguir, é que a avaliação deve estar, como primeiro axioma, a serviço de quem aprende, sem dúvida nenhuma. E o que é óbvio: deve ser fonte primordialmente de aprendizagem. Em consequência, e como princípio que se deriva de modo lógico do próprio discurso, no enfoque por competências a avaliação deve desempenhar funções essencialmente formativas. Portanto, e paradoxalmente, a avaliação que pretende formar aqueles que são avaliados deve ir além da acumulação de evidências, à soma de partes desconexas de dados observados empiricamente. Em sua função *formativa* a avaliação deve dar informação útil e necessária para assegurar o progresso na aquisição e compreensão de quem aprende. Também de quem ensina.

A partir de agora e em assuntos relacionados com a avaliação, de acordo com Valcárcel Casas (2003, p. 60), a avaliação deverá ser entendida como um processo que se desenvolve durante e não só no final das atividades realizadas pelos estudantes e professores, deverá se proporcionar critérios claros para a avaliação em função do que se vai avaliar, ela deverá também ser oferecida como uma oportunidade para a melhoria e não apenas como um instrumento de controle sobre o realizado, além disso, deverá incorporar na qualificação outros elementos derivados das atividades, a implicação e as atitudes dos estudantes durante o desenvolvimento do curso acadêmico. A avaliação, aponta, deve ser sempre um diálogo. O professor deve se mostrar sempre disposto à negociação e ao diálogo (nesse contexto, ambos os conceitos sobrepõem ou intercambiam o significado) com os alunos. Coincide com essa ideia o documento do MEC (2006, p. 137, 165) ao destacar como elemento inovador das metodologias o valor do diálogo, apesar de o reduzir a seminários, utilizados como "técnica pedagógica" ou "modalidade didática", em que "o diálogo entre professor e estudante se torna mais vivo e direto".[17]

A mudança sugere ou propõe que o aluno seja o centro de todo o processo. Assim vem sendo desde as intenções da ágora grega, Sócrates como mestre dialogante, que trata para que o sujeito que aprende descubra por seu próprio esforço o caminho da verdade. Isso foi proposto também pela Escola Nova, pelos Movimentos de Renovação Pedagógica, pela Pedagogia Crítica e pelas últimas reformas autoproclamadas construtivistas; precisamente no tema da avaliação deixavam de fazê-lo, porque limitam a participação real dos sujeitos que aprendem, relegados a um papel de receptores passivos, e não construtores da aprendizagem que supostamente deve se dar em e com a avaliação.

O ensino deve se centrar nas competências. Consequentemente, a avaliação deve se centrar nas competências desenvolvidas pelos alunos para atestar se foram adquiridas e em que grau e concluir, assim, o que eles aprenderam, não sabemos muito bem se conhecimentos ou competências (não está claro; nas explicações não é possível verificar isso; na prática, é mais difícil estabelecer diferenças claras). Isso é novo para os professores. Devem se deparar com uma situação para a qual, inicialmente, não foram preparados. Somente contam com a preparação tradicional, a "de antes". De modo paradoxal, a mudança não pode esperar. No momento da avaliação os professores devem valorizar a aplicação das competências, devem recolher evidências de aprendizagem.[18] Devem atribuir-lhes *notas* ou *qualificações* em uma escala confusa e convencional, depois de ter corrigido tarefas, trabalhos ou provas que consideram convenientes. Se as provas tradicionais não servem, não deveriam servir para a avaliação do desenvolvimento e aplicação das competências; se o professor se dedicou para elaborar relatórios descritivos sobre as aplicações que refletem a aprendizagem dos alunos, isso traz vários problemas práticos. Entre eles, o número de alunos que cada professor pode atender de acordo com as exigências oriundas das novas tarefas, das novas funções que deve desempenhar. E mais delicado ainda, embora não menos importante, é como o professor deve fazer para "traduzir" seu relatório em uma *nota*, em uma *qualificação*, e como poderá expressar com ela toda a riqueza que pode reunir no relatório.

Com o movimento e interesse pelas competências chega um novo enfoque que enfatiza, entre outros aspectos, o ponto de que o ensino deve ter como centro de atenção não tanto o professor que ensina, mas também o aluno que aprende; não tanto a informação transmitida quanto a capacitação do aluno. Significa que à atenção sobre como o aluno aprende deve corresponder a um novo enfoque sobre de que maneira o professor ensina. O giro representa um novo enfoque na avaliação, identificado com a *avaliação formativa*, expressão que sobrevive a todas as reformas que conhecemos, independentemente da base conceitual em que cada uma se inspira. Nesse sentido podemos dizer que a avaliação orientada para a aprendizagem deve ir além da *qualificação* ou *pontuação* sobre ou a partir da reprodução da informação transmitida, que não costuma coincidir com a informação recebida e, menos ainda, com a informação compreendida.

Trata-se, na nova leitura e na interpretação ingênua e positiva, de avaliar para aprender, avaliar para ensinar a aprender e para ensinar a estudar de modo que se possa evitar erros a tempo e explicar as causas que os motivam com vistas a evitar um resultado negativo (o fracasso) depois de percorrer o caminho da aprendizagem. Trata-se de avaliar em benefício de quem aprende. Longe deve estar aquela prática que limita a avaliação à qualificação final, quando já não existe remédio para melhorar os processos de ensino e de aprendizagem, os dois, ao mesmo tempo. Trata-se de transformar o culto ao exame, à prova, assentado no costume e na rotina como recurso de controle, na *cultura da avaliação*, no exercício de formação. Passar do caráter estático do exame à dinâmica da participação, da construção, do diálogo, da troca, em que a informação seja relevante para a construção da aprendizagem e para superar as dificuldades, incluindo os erros. Como adverte Perrenoud (2001):

> não se constroem competências sem avaliá-las, mas essa avaliação não pode tomar a forma de provas ou dos clássicos exames universitários. A

avaliação das competências deveria ser, em grande medida, formativa, passar por uma análise conjunta do trabalho do aluno e da regulação de seu investimento antes de passar por notas ou classificações.

É a mesma ideia de avaliação quando a aplicamos em outros contextos naturais em que avaliamos, contrastamos, argumentamos, buscamos opiniões e valorações distintas com vistas a tomar decisões ajustadas às situações com as quais nos deparamos. E não esperamos para comprovar que algo falha ao final nem esperamos a conclusão para constatar resultados não desejados, resultados negativos anunciados. Ao contrário, procuramos que tudo funcione em cada momento – *avaliação contínua* –, e quando não ocorre dessa maneira, tomamos decisões convenientes com o fim de sanar a disfunção. Desse modo aprendemos com a avaliação. Em contextos de formação, deveríamos fazer da avaliação um meio para melhorar o ensino e a aprendizagem, melhora que beneficia tanto o professor quanto o aluno.

Porque analisamos e valorizamos nossas decisões, porque refletimos sobre o que fizemos e sobre o que fazemos, porque contrastamos nossas opiniões e confrontamos nossas crenças com as demais, porque avaliamos constantemente as vitórias e os fracassos, as conquistas e o que ainda nos falta para adquirir, e analisamos e valorizamos os *prós* e os *contras* de tudo quanto nos rodeia, os pontos fortes e os pontos fracos de nossas ações e de nossos propósitos, de nossas convicções e de nossos afetos, aprendemos: *avaliação formativa*. Distinguimos entre o que merece esforço e o que não merece, apreciamos o valor do que é objeto de nossa atenção e descartamos aquilo que não carece da mesma, discernimos entre algo que consideramos valioso do que não o é, separamos o substancial e o conjuntural. Esses processos se dão constante e conjunturalmente no dia a dia em nossa vida.

Na educação não há razão para ser de outra maneira. E no momento da avaliação do rendimento dos alunos, momento de valorizar a aprendizagem escolar, não há motivo para que mude esse sentido construtivo e formador do que fazemos quando avaliamos em contextos de normalidade. Em situações da vida cotidiana, avaliamos sempre com a intenção de melhorar, de aprender, de conhecer, de saber, de tomar as decisões adequadas e justas. Não gastamos nosso tempo nem dedicamos atenção a valorizar o que não interessa, o superficial, o sem sentido ou o que simplesmente carece de valor ou é incômodo, inconveniente, a não ser que seja para compreender as razões que provocam situações não desejadas e desse modo poder enfrentá-las ou evitá-las. Mas aprendemos. *Tiramos conclusões*. Dos erros e dos acertos, dos próprios e dos alheios. Constantemente estamos avaliando e ao mesmo tempo estamos aprendendo, enriquecendo nossa experiência, aumentando nossa carga de conhecimento, às vezes individualmente, outras vezes em grupo. Contrastamos, discutimos, defendemos posturas e pontos de vista pessoais.

Toda boa avaliação *de* e *sobre* algo representa aprendizagem, em muitos casos compartilhada, sobre o objeto da avaliação.

Em educação essa interpretação adquire pleno sentido, e nunca deveria ter deixado de ser assim. Porque nos processos de formação a avaliação desempenha – *deve desempenhar* – funções essencialmente formativas a serviço de quem aprende: *função formativa*. E ao avaliar, seja professor, seja aluno que realize esse processo – necessariamente deve ser processual, portanto, *contínua* –, todos deveriam aprender: sobre o que se adquiriu e sobre o que resta a adquirir, sobre os acertos e sobre os erros, sobre o conteúdo das respostas e sobre o conteúdo das perguntas, sobre as respostas que o aluno elabora e dá e sobre os critérios e as formas que o professor utiliza para valorar as respostas, as perguntas que o professor formula e sobre aquelas que o aluno poderia formular como exercício de aprendizagem da própria avaliação, o mesmo serve para o professor. Ao longo do ano acadêmico os professores têm muitas oportunidades de averiguar e avaliar de que forma os estudantes aprendem e podem utilizar essa informação para introduzir mudanças que contribuam para a melhoria do ensino e da aprendizagem. A avaliação formativa atenta a esse objetivo. Como se afirma na Lei Orgânica de Educação (LOE) de 2006, "a avaliação se tornou um valioso instrumento de seguimento e valorização dos resultados obtidos e de melhora dos processos que permitem obtê-los".[19]

Devido a estarmos constantemente aprendendo, constantemente estamos avaliando. E também o contrário: por constantemente avaliarmos, constantemente aprendemos. Se esse princípio parece tão evidente, por que nos contextos educacionais perde tanto a nitidez? Por que aumenta a confusão conceitual e as práticas se tornam tão pouco transparentes? Por que aprendemos tão pouco da avaliação que praticamos, e tão pouco das avaliações que conhecemos? Por que no enfoque por competências o discurso sobre avaliação oferece tão poucas garantias sobre a vontade formativa anunciada? Penso que a confusão é produzida porque em educação interessadamente a avaliação se confunde com muita frequência com o controle, concretizado em qualquer tipo de prova. O que é um recurso, um meio, torna-se objeto e objetivo que termina marcando o currículo. Isso diminui a clareza da exposição do projeto, e também importância do processo de avaliação, confundindo a própria prática da avaliação, que se vê submetida a controles externos, nos quais os matizes semânticos perdem sentido. A avaliação proposta para tornar possível o currículo por competências tem sentido.

Se o ensino e a aprendizagem giram em torno das competências, na avaliação os alunos devem ter a oportunidade de mostrar e demonstrar suas habilidades. E aqui está uma das mudanças oriundas desse raciocínio: em termos gerais, as provas tradicionais não oferecem essa possibilidade. As provas objetivas e todas as do tipo *exame* não parecem oferecer nenhuma garantia. Tampouco temos evidências de que as atuais formas de avaliar reforçam a capacidade de transferência de conhecimento, além da imediatez da aula. O que nos resta? A resposta coerente seria que resta a busca de modos alternativos para avaliar. Em princípio, os que conhecemos até o momento não deveriam servir, como também somos forçados a crer que o que se estava fazendo até agora não era acertado. Dizer que a avaliação deve ser *formativa e contínua*, já o disse, não acrescenta muito, e se trata de *funções* que ocorrem simultaneamente, não de um novo modo de entender a avaliação. O que é difícil de sustentar é a compatibilidade de um discurso orientado aos aspectos formativos que projetado por algumas práticas embasadas exclusivamente nos modos de fazer e orientadas aos resultados.

UMA PROPOSTA COM BASE NO ENFOQUE POR COMPETÊNCIAS: A POSSIBILIDADE DE APRENDER COM A AVALIAÇÃO

A avaliação educacional, em contextos de formação, desempenha funções essencialmente de aprendizagem e apenas quando asseguramos que o aluno aprende podemos falar de avaliação formativa. Nesse sentido, a avaliação deve estar a serviço de quem ensina e sobretudo de quem aprende, porque ela é a garantia da aprendizagem. É aprendizagem. Ambas as atividades, avaliação e aprendizagem, são atividades dinâmicas que interagem dinamicamente no mesmo processo estabelecendo relações de caráter recíproco para encontrar seu próprio sentido e significado. À medida que o ensino e a aprendizagem – os dois – são atividades críticas, a avaliação se torna atividade crítica que culminará na formação do aluno como sujeito com capacidade de autonomia intelectual e com capacidade de distanciamento no que tange à informação que meio escolar lhe transmite e com capacidade para transferir os conhecimentos adquiridos para as situações problemáticas (ou não) com as quais se depara. É preciso lhe dar a oportunidade.

Tradicionalmente, para o sujeito que aprende não se lhe dá margem de iniciativa e de autonomia para participar, de modo responsável, nesse processo e assumir as obrigações e os compromissos delas derivados. Ao agir de um modo em que as obrigações se repartem assimetricamente entre aqueles que ensinam e os que aprendem, limitam-se desde esse fato as próprias capacidades e possibilidades de aprendizagem total, entre elas está a capacidade de avaliar(-se).

Essa interpretação reforça a ideia de que a avaliação, no desenvolvimento global do currículo, é uma ocasião mais de aprendizagem e não uma interrupção da mesma nem uma prestação de contas mecânica e rotineira *de* e *sobre* a informação recebida e acumulada previamente. Tampouco se pode limitar a avaliação à observação de evidências. A aprendizagem, como processo, não pode ser reduzida a simples observação de dados porque, se realmente tem lugar, sempre irá além da imediatez da aula.

Visto que a avaliação educacional se ocupa do processo educativo aberto enquanto sistema permanente, quer dizer, que não se fecha, a avaliação deve ser invariável e constantemente *formativa* e *contínua*: o sujeito deve aprender *com* ela e *por meio* dela graças à informação crítica e relevante que o professor, quando avalia, deve oferecer ao aluno com vistas a melhorar o próprio trabalho ou com a intenção de melhorar o processo educacional. Nessa função essencial, o exercício da avaliação deve ser, antes de tudo, uma garantia de sucesso – não confirmação de um fracasso – e um apoio e reforço no processo de aprendizagem, do qual apenas se espera o benefício para quem aprende, que beneficiará ao mesmo tempo que ensina. A tarefa do professor busca desse modo assegurar sempre uma aprendizagem reflexiva, em cuja base está a compreensão de conteúdos valiosos de conhecimento. Por essa razão, a avaliação educativa é aprendizagem[20] e toda aprendizagem que não significa *autoavaliação* da própria atividade do aprender não forma. Se a aprendizagem necessita do envolvimento ativo do sujeito que aprende, a autoavaliação se apresenta como consequência lógica. A avaliação vem a ser, nesse sentido, uma forma de autorregulação construtiva do mesmo processo que sustenta e justifica os ajustes necessários para garantir o adequado progresso de formação. A penalização por erros cometidos no processo é uma função agregada que não se relaciona com essa visão construtiva do processo educacional. "A história da aprendizagem, explica Postman (1995, p. 145), narra a aventura da superação de nossos erros. Não há nada de mau em se equivocar. O mau está em nossa insistência em reexaminar nossas crenças, bem como em crer que nossas autoridades em cada matéria não podem se enganar".

Uma condição básica para pôr em prática a avaliação que aqui defendo é a de renunciar a busca do êxito acadêmico como valor em si, identificado com o êxito da *qualificações* (*notas*) – tão importantes e tão condicionantes na mente dos alunos –, para tratar de alcançar o êxito educacional que transcende as estreitas margens do ensino orientado à prova. Trata-se de substituir o ensino centrado na transmissão de informação que conduz a uma aprendizagem rotineira e baseada em memorizações – que está orientada à prova e por ela mediada – por um ensino cuja base é a compreensão crítica da informação recebida, apoiada por uma boa explicação e acompanhamento por parte do professor no processo de construção de aprendizagem. Trata-se de passar de uma aprendizagem submissa e dependente, que apenas pode garantir o êxito fugaz para a imediatez da aula e do momento crítico que é a prova, para uma aprendizagem assentada em bases de entendimento e ao desenvolvimento de habilidades intelectuais, não apenas de competências práticas, que facilitam estabelecer nexos interdisciplinares necessários para a formação integral do pensamento de quem aprende.

Os trabalhos de questionamento que permitem e obrigam à reflexão e ao diálogo são meios adequados para percorrer esse caminho de descoberta e de encontro. Importa nessa interpretação averiguar não apenas quanto o aluno sabe, mas também como aprende. As chamadas "pastas de aprendizagem" ou "portfólios" servem para esse propósito, pois devem conter os trabalhos e as tarefas que o aluno realiza ao longo do curso, e será ele, no diálogo com o professor, quem dá sentido e conta dos conteúdos acumulados nas mesmas.[21] O profundo respeito que cada um tem para com todos os demais participantes no mesmo processo de aprendizagem e a firme vontade de querer se entender são os requisitos que possibilitam e impulsionam essa forma racional de proceder. A ela devem se adaptar os programas e seu desenvolvimento. Justamente na medida em que o professor toma decisões prudentes sobre a conveniência do ajuste, ele mesmo põe em prática a responsabilidade derivada do *saber*, do *saber decidir* e do *saber fazer* que identificam seu trabalho profissional e didático. Ou seja, sua *competência profissional*.

A proposta pressupõe que o ritmo de ensino depende da capacidade para compreender do sujeito que aprende. Apenas falando com ele ou lhe dando a oportunidade para que possa mostrar seu próprio processo poderemos nos dar conta, em profundidade, do caminho percorrido, ao mesmo tempo em que podemos lhe ajudar no que ainda está fazendo. A aula tornada espaço natural de aprendizagem, é a forma ideal para descobrir de que forma pensa e como entende o sujeito que aprende. A partir dessa informação pode-se prever onde podem surgir as dificuldades na aprendizagem e como se pode realmente ajudar a quem aprende.

Se pretendemos estimular uma aprendizagem orientada para o desenvolvimento de habilidades superiores (pensamento crítico e criativo, capacidade de resolução de problemas, aplicação de conhecimentos a situações ou novas tarefas, capacidade de análise e de síntese, interpretação de textos ou de fatos, capacidade de elaborar um argumento convincente), será necessário praticar uma avaliação que vá ao encontro daqueles propósitos. Também será condição que seja consoante com a forma que se entende a aprendizagem. Nessa concepção, a aprendizagem abarca o desenvolvimento das capacidades avaliativas dos próprios sujeitos que aprendem, "competências em ação", o que lhes capacita para saber quando usar o conhecimento e como adaptá-lo a situações desconhecidas.

Não devemos esquecer que existe uma relação direta entre o que o professor ensina, o que os alunos aprendem e a forma em que o primeiro controla o que os outros aprendem (Gipps, 1998). Para que isso ocorra é imprescindível que o aluno desenvolva uma mente organizada e informada. Nesse propósito o professor desempenha um papel importante de orientação e de ajuda. Sua valoração racionalmente argumentada e crítica sobre a base de informação acumulada e contrastada procedente de diversas fontes (observação em classe, tarefas, resolução de problemas, apontamentos de aula, participação em debates ou explicações, exercícios feitos no quadro, conversações, pastas de aprendizagem, correção de provas...), bem como o contraste e a confrontação com a informação e ideias dos demais colegas, será o meio pelo qual o aluno poderá desenvolver e contrastar seu próprio pensamento crítico, suas próprias competências cognitivas e de aplicação, atribuindo significado pessoal a partir da informação que o professor lhe transmite e do conhecimento que possui. Com a atitude crítica do professor, o aluno poderá construir criticamente seu pensamento. Para conseguir esse propósito é imprescindível transformar a aula em espaço de encontro onde se dão as aprendizagens e não em locais em que o aluno recorre para obter informação com vistas a adquirir um acúmulo de dados para o consumo imediato que a prova representa, enquanto o professor fala.

Com a mesma informação formadora é igualmente importante incentivar o debate de novas ideias, o pensamento divergente e as respostas múltiplas. Isso exige estabelecer relações, analisar e valorizar as informações disponíveis, sustentar o melhor argumento para defender as próprias ideias. Esse proceder se opõe à realização de provas com uma única resposta correta ou válida, que simplificam o caminho em direção à imediatez do êxito no exame na mesma medida em que reforça a dependência da informação comunicada em aula.

Nessa interpretação da avaliação crítica, as normas e os critérios de avaliação não são elaborados fora do contexto de aprendizagem nem adotam decisões definitivas ou inalteráveis. Ou melhor, das respostas e dos argumentos que cada um coloca em jogo surgem os caminhos de entendimento. É necessária a abertura por parte de quem ensina e de quem aprende para revisar, defender e rebater criticamente as próprias razões, os próprios argumentos (Elliot, 1990, p. 219).

APRENDER COM E *DA* AVALIAÇÃO

Dado seu potencial, a avaliação é o meio mais apropriado para assegurar a aprendizagem. E, por outro lado, é o menos indicado para mostrar o poder do professor diante do aluno. Tampouco serve como recurso disciplinar ou meio para controlar as condutas dos alunos. Fazê-lo perverte além de distorcer o significado da avaliação educativa, confundindo seu sentido. Desde o momento em qu*e a avaliação – e concretamente, a* "nota" ou "qualificação" erigida fielmente sobre a base na qual as decisões que derivam daquele exercício se oriundam – é usada como arma de pressão e de exercício exclusivo de autoridade sobre ou no lugar das funções formativas, deixa de ser educativa – deixa de estar a serviço de quem aprende –, e se torna uma faca de dois gumes porque serve de controle pontual coercitivo, mas ao mesmo tempo exerce controle sobre o próprio professor. Cada docente é avaliado pelas avaliações que faz de seus alunos.

A avaliação é parte integrante do processo educacional. Portanto, a avaliação não é e nem pode ser apêndice do ensino. É parte do mesmo processo em que se dão o ensino e a aprendizagem. À medida que um sujeito *aprende,* simultaneamente *avalia*: discrimina, valoriza, critica, opina, raciocina, fundamenta, decide, delibera, argumenta, opta... entre o que considera que tem um valor em si e aquilo que carece de valor. Essa atividade avaliativa, que se aprende, é parte do processo educacional, que como tal é *continuamente formativo.*

As formas de avaliação que se amparam na chamada avaliação *somativa* vêm a equivaler a juízos sumários sobre processos complexos resolvidos pela via da simplificação do pensamento autônomo e crítico; independentemente dos valores plurais convenientes nas sociedades democráticas; independente do conflito e da discrepância, do tempo e do contexto. E o que é mais difícil de assumir, independentemente dos sujeitos que participaram do mesmo processo e que deveriam ser os beneficiários de todas as ações empreendidas em seu desenvolvimento.

Se a avaliação não é fonte de aprendizagem fica reduzida à aplicação elementar de técnicas que inibem ou ocultam processos complexos ocorridos no ensino e na aprendizagem. Nesses casos, a avaliação se confunde com o instrumento, com a prova, com o resultado final separado do processo em que adquire significado e sentido.

Não se deve entender que aprendem o mesmo nem com o mesmo propósito o professor e o aluno. Para o professor é importante aprender sobre a pergunta ou o problema que seleciona em função do valor formativo ou informativo que em si mesmo encerra o conteúdo, dando por certo que vale a pena respondê-la ou vale o esforço resolver o problema ou aplicar o saber a uma situação dada. Aprende sobre as formas como o aluno responde, e aprende sobre as estratégias que este põe em jogo para chegar à resposta correta.

A responsabilidade daquele que ensina é assegurar, a partir de princípios éticos derivados da profissão e da autoridade moral que confere o saber, que aquilo que se oferece como conteúdo de aprendizagem vale a pena de ser aprendido. Excusar-se ou esconder-se em que "é parte do programa" ou "está assim nos livros didáticos" ou "é exigido pelos parâmetros mínimos curriculares" é renunciar à própria identidade e à autonomia profissionais, características que definem as competências docentes, deixando em outras mãos as decisões que caracterizam o trabalho didático. Simultaneamente se dá por perdida de antemão a capacidade de decisão própria do exercício da responsabilidade que deriva do sentido da profissionalidade, da profissão docente nesse caso, e que representa prudência, juízo, diálogo e interação (Grundy, 1993, p. 74).

Se as perguntas formuladas pelo professor valem a pena serem respondidas ou os problemas que propõe valem a pena serem resolvidos, indagando por caminhos que despertam a curiosidade e afirmam as próprias capacidades e aquisições prévias do aluno, é provável que exista mais de uma via para chegar a uma resposta aceitável ou mais de uma resposta válida. Aqui a força dos argumentos de apoio e as razões que o aluno possa dar para justificar suas respostas desempenham um papel decisivo para decidir sobre o valor das explicações e das respostas e soluções. Nesse sentido, as perguntas ou os problemas serão também atrativos e terão valor formativo em si mesmos. Por outro lado, se o que o professor pede em uma prova é repetir mecanicamente algo que ele mesmo disse antes e tal como ele próprio falou, além de enfadonho por monótono para os alunos no momento de responder e para o professor no momento de corrigir, não estimulará a curiosidade por seguir aprendendo diante do desafio que representam as perguntas que põem à prova o conhecimento.

Perguntas que não indagam mais do que a informação dada tampouco desenvolvem a imaginação e o pensamento. É simples tarefa de rotina que repetidamente volta sobre si mesma, renunciando avançar inclusive antes de levantar o pé. Todo o esforço do aluno se dirigirá a encontrar a resposta correta. O professor se interessará menos por saber de que forma ele chega até ela. E isso repercute de modo negativo no desenvolvimento da profissão, tornado-o mais acomodado com a ordem estabelecida que inovador e incentivador da autoafirmação por meio do desenvolvimento do pensamento, de quem ensina e dos alunos que com o professor aprendem.

É evidente que nem toda a informação dada, explicada ou simplesmente contada se torna automaticamente em conhecimento adquirido e assimilado, nem todo conhecimento adquirido é avaliável nem é pensado ou elaborado para ser objeto de avaliação em termos de qualificação. O aluno aprende muito mais do que pode pôr em uma prova; tampouco a prova garante que aquilo sobre o que se pergunta seja relevante e cheio de valor. O professor pode descobrir por meio de uma prova o que o aluno ignora ou o que não sabe fazer ou simplesmente recorda para a ocasião, mas dificilmente a prova servirá para o professor descobrir e verificar os conhecimentos, as habilidades e os valores assimilados. Dificilmente será útil para distinguir as aquisições fugazes para uma prova – *saber* sem compreensão – daquelas que se incorporam à estrutura do pensamento do aluno. E menos ainda servirá em uma função prognóstica. Nessa direção, a prova deixa à vista suas próprias fraquezas e limitações, com o olhar no passado e sem capacidade para melhorar o futuro.

SUGESTÕES DE ATUAÇÃO PARA PRÁTICAS REFLEXIVAS

No desenvolvimento das ideias precedentes centrei minha atenção na função formativa da avaliação, uma das características mais destacadas no discurso das competências. Não é discurso novo. Conta com uma longa tradição na literatura pedagógica, e nela quis contextualizar minha exposição.

Então, o que encontramos de novo na narrativa atual sobre competências? O que justifica o novo? O que se propõe realmente? Em que pode consistir a mudança?

Necessitamos transformar o "costume da prova" em "cultura da avaliação". Para isso necessitamos fazer da avaliação um exercício de formação.

Uma mudança elementar, mas imprescindível, para levar a cabo outras formas de avaliar é tornar a aula, o tempo de aula, em tempo de e para aprendizagem, contrariamente ao tão assentado costume de dar e de tomar notas, que são normalmente o reduto e a referência do "aprender para a prova". Tirar tempo de aula para dedicá-lo a tarefas de prova, e não de avaliação, como algo distinto da aprendizagem e do ensino significa dispersão de esforços, distrai a atenção do que realmente vale a pena, que é aprender, refletir, compreender, recriar, criticar, desfrutar, descobrir, participar dos bens culturais. O tempo de aula, tornado tempo de aprendizagem compartilhada, facilitada, estimulada, ajudada e orientada pelo ensino, deve se tornar uma oportunidade simultânea de avaliação, que será também formativa. Não devem ser atividades distintas se com elas queremos a emancipação que dá acesso à cultura, à ciência e à apropriação do saber. Apenas por esse caminho o professor poderá fazer do processo de ensinar e de aprender um único processo interativo, de integração e de colaboração.

Falo de avaliação entendida como ato educativo de inequívoca intenção formativa. Para isso, é necessário partir de uma atitude e de uma vontade educadora decidida do professor, que dependerá de sua posição teórica e ideológica, entendida em um sentido político, ou de um modo restrito, em um sentido pedagógico, que ao final coincidem. Mas também a avaliação está ligada às práticas sociais, com o que se reforça a dimensão da justiça social (Dubet, 2005). É artificial pretender uma qualidade na educação que não busque ou que não considere a qualidade de vida em que vivem os sujeitos aos quais aquela aspiração de qualidade está direcionada. Por essa razão, além de aprender a *fazer*, como sugere o ensino por competências, o sujeito que aprende necessita também aprender a *ser*, a *conhecer*, a *viver* e a *estar* em um mundo e *se situar* nele. E a partir desse posicionamento, que possa fazer sua própria leitura do mundo que lhe rodeia. Nesse contexto básico de formação, o aluno poderá construir sua própria aprendizagem, com o apoio e a orientação de quem ensina e de quem forma, simultaneamente.

Em sua intenção formativa e no contexto escolar, a avaliação apenas nos serve, apenas deveria servir, se informa sobre o estado de aprendizagem dos alunos, se ajuda a conhecer o modo como estão aprendendo além do que estão aprendendo e informa sobre o grau de compreensão daquilo que estudam. Quando os alunos não progridem, quando não entendem, quando não aprendem, a avaliação é um bom recurso e um bom momento para questionar os motivos que provocam esse desajuste, os obstáculos que freiam esse progresso constante na construção da aprendizagem, e uma fonte insubstituível para conhecer em que pontos a ação pedagógica do professor pode ser de ajuda, estímulo, de superação. Mas também quando aprendem, convém atestar que realmente entendem aquilo que dizem que aprendem. Menos útil para aprendizagem é a avaliação quando utilizada apenas para demonstrar ao aluno quão ignorante é (atenção ao *déficit*, e não tanto a capacidade de aprender).

Da análise e da reflexão sobre esses aspectos deve se seguir uma intervenção criticamente informada, moralmente exercida e responsavelmente assumida por parte do professor que fundamente e justifique qualquer decisão de melhoria das práticas de ensinar e de aprender. Apenas nessa direção e com esse ânimo a avaliação poderá ser exercida em um sentido formativo, intenção tão permanentemente proclamada e onipresente nos discursos pedagógicos como ausente nas concretizações práticas de tanto desejo. De outro modo, que é habitual, a avaliação desempenha mais funções coercitivas, de controle e de qualificação, que terminam em classificação e discriminação ou segregação, quando não mero exercício de poder desmedido e desigual, que as funções diretamente formativas. Quando isso ocorre, cabe falar mais de *qualificação* ou *notas* ou *prova* – cria menos confusão –, que de avaliação, ação esta que supõe um processo mais complexo e ao mesmo tempo mais rico; processo de deliberação, de contraste, de diálogo e de crítica e que remete ou deveria remeter ao âmbito dos valores, prioritariamente morais, pois quando se avalia o rendimento de um aluno indiretamente se avalia todo o sujeito. E é dessa forma que ele vive, em sentido e em intensidade.

Entre tanta palavra que envolve e oculta a avaliação, como conceito e como prática, não podemos perder de vista que prioritariamente se trata de um ato de justiça, de equanimidade, de um exercício que necessariamente deve ser desempenhado dentro das pautas derivadas das normas que regem a profissão docente.

São exigências que derivam da competência profissional de quem ensina. À medida que isso se dá, poderemos acreditar que o ensino centrado em competências avalia formativamente a aprendizagem daqueles que aprendem.

NOTAS

1. Neurologista, Prêmio Nobel de Medicina, 1986. Entrevistada por Enric González. El País, 15-05-2005.
2. De acordo com Lakoff (2007, p. 17), "os marcos são estruturas mentais que formam nosso modo de ver o mundo. Como consequência disso, formam as metas a que nos propomos, os planos que fazemos, nossa maneira de agir e o que conta como resultado bom ou mau de nossas ações. Em política, nossos marcos formam nossas políticas sociais e as instituições que criamos para efetuarem tais políticas. Mudar nossos marcos é mudar tudo isso. A mudança de marco é mudança social.

Os marcos de referência não podem ser vistos nem ouvidos. Fazem parte do que os pesquisadores cognitivos chamam o 'inconsciente cognitivo'".
3. São claras as ideias no texto da OECD (*Definition and Selection of Competencies, DeSeCo)*, quando explica o significado das competências e esclarece diretamente que o impulso principal para esse movimento provém do setor dos negócios e do setor dos empregadores. É uma declaração de princípios que não se pode perder de vista. E dá uma visão puramente econômica que, em sua previsão, contribui para aumentar a produtividade e a competitividade de mercado reduzindo o desempenho ao desenvolver uma força laboral qualificada e adaptativa
4. Poder-se-ia citar casos que abarcam todos os níveis. Bastaria analisar a dinâmica na qual os planejadores dos centros educacionais estão entrando. Como exemplo, destaco o que segue: "Os planos de estudo com vistas à obtenção dos títulos universitários oficiais que habilitem para o exercício da profissão de Professor de Educação Infantil garantirão a aquisição das competências necessárias para exercer a profissão de acordo com a regulamentação da normativa aplicável" (Anexo à Resolução de 17 de dezembro de 2007, da Secretaria de Estado e Universidades e Pesquisa, pela qual se publica o Acordo do Conselho de Ministros de 14 de dezembro de 2007, no qual são estabelecidas as condições às quais os planos de estudos com vistas à obtenção de títulos que habilitem para o exercício da profissão regulamentada e Professor de Educação Infantil deverão se adequar).
5. Convém relembrar as ideias de Elliot (1989, p. 168 e 170), que foi um dos inspiradores de movimentos de reformas anteriores. "Se o sistema de avaliação é uma estratégia para padronizar as práticas dos professores, então controlará a natureza da formação permanente e aqueles que a ela têm acesso. O currículo de formação permanente tenderá a se centrar na aquisição de competências e técnicas específicas, definidas como rendimentos passíveis de medição... Quando a competência do professor se constrói como execução mais do que como exercício de suas qualidades pessoais, tal competência pode se padronizar". E S. Ball (1993): "Em termos gerais, há um aumento nos elementos técnicos do trabalho dos professores e uma redução nos elementos profissionais. Reduzem-se os espaços de autonomia e de raciocínio profissionais. Sobre a prática escolar são impostas uma padronização e normatização (...) Isso começa com a aplicação dos *testes* nos estudantes, mas surge a possibilidade de dirigir o rendimento dos professores e das escolas e estabelecer comparações entre eles. Também surge a possibilidade de unir essas comparações para avaliação e para o rendimento relacionados com prêmios".
6. No texto da LOE podemos ler: "A definição e a organização do currículo constituem um dos elementos centrais do sistema educacional. O título Preliminar dedica um capítulo a esse assunto, estabelecendo seus componentes e a distribuição de competências em sua definição e seu processo de desenvolvimento. Especial interesse reveste a inclusão das competências básicas entre os componentes do currículo, *porquanto deve caracterizar de maneira precisa a formação que os estudantes devem receber*" (destaque meu).
7. Seu principal objetivo, como se diz no relatório referente ao sistema educacional espanhol, "é gerar indicadores de rendimento educacional; não é propriamente um projeto ou trabalho de pesquisa em si, apesar de que os dados obtidos possam ser de grande interesse para os pesquisadores da educação. Tampouco é um estudo orientado diretamente para as escolas e para os processos de ensino-aprendizagem,

mas sim para a definição e formulação de políticas educativas de mais longo alcance" (OCDE, 2006).
8. Antes já funcionaram propostas similares, como os conhecidos CBS (*Competency Based Systems*).
9. No *Comunicado da Conferência de Ministros responsáveis pela Educação Superior*, mantida em Berlim em 19 de setembro de 2003, "os Ministros desafiaram os estados-
-membros a elaborarem uma base de qualificações comparáveis e compatíveis, para seus sistemas de educação superior. Tal marco deveria descrever as qualificações em termos de trabalho realizado, nível, aprendizagem, competências e perfil. Do mesmo modo devem elaborar uma base de qualificações para a área da Educação Superior Europeia".
10. De acordo com o documento do MEC (2006, p. 28), encontram-se várias dificuldades no processo de renovação, entre as que está a falta de fórmulas adequadas de avaliação das competências e destrezas dos estudantes.
11. Comparem-se as duas definições dadas sobre o currículo, a primeira recolhida da LOGSE: Art. 4. 1 LOGSE: "Para efeito do disposto nessa lei, entende-se por currículo o conjunto de objetivos, conteúdos, métodos pedagógicos e critérios de avaliação..."; a segunda, na LOE: Artigo 5. Elementos do Currículo. 1. "Entende-se por currículo da Educação Secundária Obrigatória o conjunto de objetivos, *competências básicas*, conteúdos, métodos pedagógicos e critérios de avaliação..." (as marcações são minhas). As competências se mostram como novas, mas não sabemos o que trazem, nem conhecemos as razões de sua introdução. Por acaso delas se espera a salvação de uma educação que falha em suas bases, que falha em seus objetivos, que falha em sua qualidade ou que falha na comparação internacional do Relatório PISA? Se é assim, bastaria declarar mais diretamente: preparemos os alunos para serem exitosos nas provas do PISA e, assim, subiremos de nível.
12. Como se reconhece neste documento (EURYDICE, 1993, pág. 4), "o fracasso escolar, considerado em princípio como um fenômeno educativo sem consequências sociais relevantes, impõem-se cada vez mais como um problema social preocupante, a partir do momento em que a padronização se estende como obrigatória para todos. Aqueles jovens que se encontram excluídos de qualquer participação social muitas vezes foram vítimas, de fato, do fracasso escolar em um momento ou outro de seu percurso escolar".
13. Entre as *possíveis iniciativas para a renovação das metodologias,* a 28 alude à "Potencialização dos portfólios como instrumento para a avaliação e para o desenvolvimento profissional dos docentes". Dele se diz: "o portfólio é um instrumento muito potente para refletir tanto a 'visão' que os docentes têm do ensino, quanto as práticas docentes que põem em ação e os resultados que tais práticas trazem consigo. Possibilita, além disso, combinar a visão sincrônica e diacrônica (o que se está fazendo em um momento determinado e o que se fez em momentos anteriores visibilizando a evolução ocorrida)" (MEC, 2006, p. 115).
14. Pouco pode ser dito contra o conteúdo da Orden ECI/2220/2007, de 12 de julho, por meio da qual é estabelecido o currículo e se regula a ordenação da educação secundária obrigatória ao falar das *Competências básicas*. A razão apresentada deixa pouca margem para a crítica. Cito: "A incorporação de competências básicas ao currículo permite pôr o acento naquelas aprendizagens consideradas imprescindíveis, por meio de uma proposta integrada e orientada à aplicação dos saberes adquiridos.

Daí seu caráter básico. São aquelas competências que o jovem deverá ter desenvolvido ao finalizar o ensino obrigatório para poder obter sua realização pessoal, exercer a cidadania ativa, incorporar-se à vida adulta de maneira satisfatória e ser capaz de desenvolver uma aprendizagem permanente o longo da vida". A mesma atitude quando se justifica a inclusão das competências básicas no currículo e os objetivos que possui: "Em primeiro lugar, integrar as diferentes aprendizagens, tanto as formais, incorporadas às diferentes áreas ou matérias, quanto as informais e não formais. Em segundo lugar, permitir a todos os estudantes integrar suas aprendizagens, pô-los em relação com diferentes tipos de conteúdos e utilizá-los de maneira efetiva quando necessários em distintas situações e contextos. E, por último, orientar o ensino, ao permitir identificar os conteúdos e os critérios de avaliação que têm caráter imprescindível e, em geral, inspirar múltiplas decisões relativas ao processo de ensino e aprendizagem". O que aqui se diz vem a coincidir basicamente com a definição do que é a competência no Projeto DeSeCo.

15. A perspectiva "de competências" do Relatório PISA "se centra em averiguar até que ponto os alunos são capazes de usar os conhecimentos e destrezas que aprenderam e praticaram na escola quando se veem diante de situações, muitas vezes novas para eles, nas quais esses conhecimentos podem ser relevantes" (MEC, 2007, p. 15).
16. Algumas sugestões podem ser encontradas em: Margalef, L. e J. M. Álvarez Méndez (2005).
17. Também se esclarece, no mesmo documento, que para o diálogo "é imprescindível que o número de participantes seja reduzido". O mesmo poderíamos dizer a respeito do ensino centrado nas competências.
18. Pode ser ilustrativa dessa forma de agir a sugestão que aparece no seguinte documento que parafraseio da Universidade de Valência (http://www.uv.es/sfp/WEB07/pdi07/rodalies/linia4/linia4.htm) em que se propõe o seguinte *Processo para a avaliação*: para realizar uma avaliação correta de competências é necessário ter definidos os perfis estruturados com conhecimentos, habilidades e atitudes. Em seguida, definir os critérios de avaliação: o que se irá avaliar e quais serão os indicadores. O passo seguinte será definir as evidências de cada uma das competências, para, finalmente, comprovar se os resultados coincidem com as evidências da aprendizagem (Universitat de Valencia. *La evaluación de los estudiantes en la Educación Superior. Avaluació de competències*, 2007).
19. *Lei Orgânica 2/2006, de 3 de maio, de Educação*. Quinta-feira, 4 de maio de 2006, BOE nº 106.
20. Entre os aspectos que o documento do MEC destaca, *Propostas para a renovação das metodologias educacionais na Universidade*, propõem-se "as ações orientadas a propiciar atitudes e aptidões nos professores adequadas para a compreensão das novas formas de aprendizagem, a avaliação como ferramenta de aprendizagem eficaz e o emprego satisfatório das TIC nos processos educacionais" (MEC, 2006, p. 28).
21. Nas palavras de Dochy, Segers e Dierick (2002), "o portfólio é uma 'ferramenta para a aprendizagem' que integra o ensino e a avaliação e se emprega para uma avaliação longitudinal de processos e produtos. Porque o diálogo e a cooperação entre os estudantes e o professor, em que os dois colaboram na avaliação dos resultados e no futuro desenvolvimento do estudante em relação a uma matéria. Além disso, o portfólio constitui um método que reflete de forma compreensiva, que conta a

história do estudante como aprendiz, apontando seus pontos fortes e suas fraquezas. A elaboração de portfólios anima os estudantes a participarem e a tomarem as responsabilidades de sua aprendizagem (...). Também proporciona uma ideia sobre o conhecimento prévio do estudante, por meio da qual a avaliação pode se vincular com esse conhecimento (...). Finalmente as habilidades e as estratégias de aprendizagem que os estudantes desenvolverão para construir seus portfólios (busca de dados, organização das análises de dados, interpretação e reflexão) são competências fundamentais na ideia da aprendizagem ao longo da vida".

REFERÊNCIAS

ÁLVAREZ MÉNDEZ, J. M., (2008), *Evaluar para conocer, examinar para excluir*. Madrid, Morata, (3.ª ed.).

BARNETT, R., (2001), *Los límites de la competencia; el conocimiento, la educación superior la sociedad*. Barcelona, Gedisa.

BLOOM, B. J., J. T. HASTINGS y G. F. MADAUS, (1971), *Evaluación del aprendizaje*. Buenos Aires, (1.er vol.).

COMISIÓN EUROPEA, (1993), *La lucha contra el fracaso escolar: un desafío para la construcción europea*. Bruselas.

DOCHY, F., M. SEGERS y S. DIERICK, (2002), "Nuevas vías de aprendizaje y enseñanza y sus consecuencias: una nueva era de evaluación", en: *Boletín de la Red Estatal de Docencia Universitaria*, Volumen 2, n.o 2, Mayo. (http://www.redu.um.es/publicaciones/publicaciones.htm)

DUBET, F., (2005), *La escuela de las oportunidades. ¿Qué es una escuela justa?* Barcelona, Gedisa.

ELLIOTT, J., (2005), *La investigación-acción en educación*. Madrid, Morata.

EURYDICE, (1993), *La lucha contra el fracaso escolar: un desafío para la construcción europea*.

GIPPS, C., (1998), "La evaluación del alumno y el aprendizaje en una sociedad en evolución", en: *Perspectivas*, vol. XXVIII, n.º 1, 1998, págs. 33-49.

GRUNDY, S., (1993), "Más allá de la profesionalidad", en: CARR, W. (Ed.) *Calidad de la enseñanza e investigación-acción*. Sevilla, Diada, págs. 65-85.

HAMBLETON, R. H., (1991), "Criterion-referenced Measurement", en: LEWY, A. (Ed.) *The International Encyclopedia of Curriculum*. Oxford, Pergamon Press, págs. 454-459.

LAKOFF, G., (2007), *No pienses en un elefante. Lenguaje y debate político*. Madrid, Editorial Complutense.

MAGER, R. F., (1997), *Formulación operativa de objetivos didácticos*. Madrid, Marova, 1977.

MARGALEF, L. y J. M. ÁLVAREZ MÉNDEZ, (2005), "La formación del profesorado universitario para la innovación en el marco de la Integración del Espacio Europeo de Educación Superior", en: *Revista de Educación*, n.º 337, págs. 51-60.

MINISTERIO DE EDUCACIÓN y CIENCIA (2006), *Propuestas para la renovación de las metodologías educativas en la universidad*. Secretaría de Estado de Universidades e Investigación. Consejo de Coordinación Universitaria. Subdirección General de Información y Publicaciones.

_____ (2007), *PISA 2006. Programa para la Evaluación Internacional de alumnos de la OCDE. Informe español*. Madrid, Secretaría General de Educación. Instituto de Evaluación.

OECD. *Definition and Selection of Competences (DeSeCo)* (2002), "Theoretical and Conceptual Foundations: Strategy Paper".
(www.oecd.org/document/17/0,3343,fr_2649_39263238_2669073_1_1_1_1,00.html)

_____ (2006). *PISA 2006. Programa para la Evaluación Internacional de Alumnos de la OCDE. INFORME ESPAÑOL*. 19/11/07

PERRENOUD, Ph., (2000), *Du curriculum aux pratiques: question d'adhésion, d'énergie ou de compétence?* Texto de una conferencia presentada en Québec el 10 octubre 2000.

_____ (2001), "La formación de los docentes en el siglo XXI", en: *Revista de Tecnología Educativa*. Santiago (Chile), XIV, n.º 3, págs. 503-523.

POSTMAN, N. (2001), *El fin de la educación. Una nueva definición del valor de la escuela*. Barcelona, Octaedro.

REICHERT, S. y C. TAUCH (2003), *Tendencias 2003. Progreso hacia el Espacio Europeo de Educación Superior. Cuatro años después de Bolonia: Pasos hacia una reforma sostenible de la Educación Superior en Europa*. Informe elaborado para la Asociación Europea de Universidades. Julio.

STERNBERG. R. K., (1997), *Inteligencia exitosa. Cómo una inteligencia práctica y creativa determina el éxito en la vida*. Barcelona, Paidós.

UNESCO (1996), La educación encierra un tesoro. Madrid, Santillana.

VALCÁRCEL CASES, M. (Coord.) (2003), *La preparación del profesorado universitario español para la convergencia europea en Educación Superior*. Córdoba. http://turan.ue3m.es/CG/EEES/preparacion_profesorado_universitario.pdf